权威·前沿·原创

皮书系列为

“十二五”“十三五”国家重点图书出版规划项目

智库成果出版与传播平台

甘肃文化和旅游发展报告（2022）（下册）

ANNUAL REPORT ON CULTURAL AND TOURISM OF GANSU (2022)

主　编 / 陈卫中　陈富荣　戚晓萍　侯宗辉

社会科学文献出版社
SOCIAL SCIENCES ACADEMIC PRESS (CHINA)

图书在版编目（CIP）数据

甘肃文化和旅游发展报告. 2022：上下册 / 陈卫中等主编. --北京：社会科学文献出版社，2022.1
（甘肃蓝皮书）
ISBN 978-7-5201-9445-7

Ⅰ.①甘… Ⅱ.①陈… Ⅲ.①文化发展-研究报告-甘肃-2022②旅游业发展-研究报告-甘肃-2022 Ⅳ.①G127.42②F592.742

中国版本图书馆 CIP 数据核字（2021）第 249372 号

甘肃蓝皮书
甘肃文化和旅游发展报告（2022）（上下册）

主　　编 / 陈卫中　陈富荣　戚晓萍　侯宗辉

出 版 人 / 王利民
组稿编辑 / 邓泳红
责任编辑 / 宋　静　张　超
责任印制 / 王京美

出　　版 / 社会科学文献出版社 · 皮书出版分社（010）59367127
地址：北京市北三环中路甲 29 号院华龙大厦　邮编：100029
网址：www. ssap. com. cn
发　　行 / 市场营销中心（010）59367081　59367083
印　　装 / 天津千鹤文化传播有限公司

规　　格 / 开　本：787mm × 1092mm　1/16
印　张：19.5　字　数：291 千字
版　　次 / 2022 年 1 月第 1 版　2022 年 1 月第 1 次印刷
书　　号 / ISBN 978-7-5201-9445-7
定　　价 / 198.00 元（上下册）

《甘肃文化和旅游发展报告（2022）》（下册）编辑委员会

主要编撰者简介

陈卫中 中共甘肃省委宣传部副部长，甘肃省文化和旅游厅党组书记、厅长。曾任甘肃省外事（侨务、港澳事务）办公室副主任、主任、党组书记，甘肃省人民对外友好协会会长，中共甘肃省委组织部副部长（正厅级），甘肃省旅游发展委员会党组书记、主任。

陈富荣 甘肃省社会科学院党委书记。历任兰州商学院党委委员、副院长，甘肃省科协党组成员、副书记，甘肃民族师范学院院长、党委副书记。主持的课题“甘肃民族师范学院转型发展的探索与实践”2016年获评教育厅级奖；作为主任委员，完成《甘南民族文化研究》（藏文版），指导甘肃民族师范学院藏区“非遗讲堂”暨国家级非遗项目“甘南藏族唐卡格萨尔百米长卷绘画工程”，为优秀的藏区非物质文化遗产艺术的传承与弘扬做出了贡献。在《人民日报》《经济日报》《甘肃日报》《甘肃社会科学》等报刊发表理论文章多篇，主编完成“甘肃蓝皮书”多本。

戚晓萍 甘肃省社会科学院文化研究所副研究员。长期从事民间文学、民俗学、甘肃文化发展研究。主持完成国家社会科学基金项目、国家社会科学基金重大委托课题子课题，以及其他各级各类课题多项。在《民俗研究》《民族文学研究》等期刊发表论文数十篇。出版个人学术著作一部，主编《中国民间文学大系·歌谣·甘肃卷》两卷，主编《甘肃文化发展分析与预测》数部。

侯宗辉 甘肃省社会科学院丝绸之路研究所所长、研究员。主要从事秦汉史和甘肃地方历史文化研究。近年来，陆续在《中国边疆史地研究》《敦煌研究》《甘肃社会科学》等刊物发表学术论文20余篇。主持完成国家社会科学基金项目、甘肃省哲学社会科学规划项目以及其他地厅级委托项目30多项，参与完成“甘肃省文化资源普查”“交响丝路·如意甘肃”“陇上学人文存”“甘肃蓝皮书”“甘肃概览”等各类项目30余项。

总　序

时代是思想之母，实践是理论之源。站在“十四五”开局之年的新起点，甘肃省社会科学院在习近平新时代中国特色社会主义思想的指引下，在省委省政府的正确领导和有关部门、单位的大力支持下，传承伟大建党精神，赓续红色血脉，砥砺奋进，守正创新，继续倾力打造“甘肃蓝皮书”这一陇原智库著名品牌。

“甘肃蓝皮书”作为甘肃经济社会各领域发展的年度性智库成果，从研究的角度记录了甘肃经济社会的巨大变迁和发展历程。2006 年《甘肃经济社会发展分析与预测》《甘肃舆情分析与预测》面世，标志着“甘肃蓝皮书”正式诞生。至“十一五”末，《甘肃社会发展分析与预测》《甘肃县域和农村发展报告》《甘肃文化发展分析与预测》相继面世，“甘肃蓝皮书”由原来的 2 种增加到 5 种。2011 年，我院首倡甘肃、陕西、宁夏、青海、新疆西北五省区社科院联合编研出版《中国西北发展报告》。从 2014 年起，加强与省直部门和市州合作，先后与省住房和城乡建设厅、省民族事务委员会、省商务厅、省统计局、酒泉市合作编研出版《甘肃住房和城乡建设发展分析与预测》《甘肃民族地区发展报告》《甘肃商贸流通发展报告》《甘肃酒泉经济社会发展报告》。2018 年与省精神文明办、平凉市合作编研出版《甘肃精神文明发展报告》《甘肃平凉经济社会发展报告》。2019 年与省文化和旅游厅、临夏州合作编研出版《甘肃旅游业发展报告》《临夏回族自治州经济社会发展形势分析与预测》。2020 年与兰州市社会科学院合作编研出版《兰州市经济社会发展形势分析与预测》，沿黄九省区——青海、四川、甘肃、宁夏、内蒙古、陕西、山西、河南、山东等地社科院合作编研《黄河流域蓝皮书：黄河流域生态保护和高质量发展报告》。2021 年与省人力资源和社会保障厅合作编研出版《甘肃人力资源和社会保障发展报告》。至此“甘肃蓝皮书”的编研出版规模发展到 17 种，形成“5+2+N”的格局，涵盖了经济、社会、文化、生态、舆情、住建、商贸、旅游、民族、人力资源和社会保障等领域，地域范围从酒泉、临夏、平凉、兰州等省内市州拓展到“丝绸之路经济带”、黄河流域以及西北五省区等主要相关区域。

十六年筚路蓝缕，十六年开拓耕耘。如今“甘肃蓝皮书”编研种类不断拓展，社会影响力逐渐扩大，品牌效应日益凸显，已由院内科研平台，发展成为众多省内智库专家学者集聚的学术共享交流平台和省内外智库研究成果传播转化平台，发展成为社会各界全面系统了解甘肃推进“一带一路”建设、西部大开发形成新格局、黄河流域生态保护和高质量发展等国家战略实施，以及甘肃经济发展、生态保护、乡村振兴、文化强省等领域生动实践和发展成就的重要窗口，成为凝结甘肃哲学社会科学最新成果的学术品牌，体现甘肃思想文化创新发展的标志品牌，展示甘肃有关部门、行业和市州崭新成就的工作品牌，在服务省委省政府重大决策和全省经济社会高质量发展中发挥了越来越突出的重要作用。

2021 年“甘肃蓝皮书”秉持稳定规模、完善机制，提升质量、扩大影响的编研理念，始终站位大局、融入大局、服务大局，始终服务党委政府决策，始终坚持目标导向和问题导向，坚定不移走高质量编研之路。在编研过程中遵循原创性、实证性和专业性要求，聚焦省委省政府中心工作和全省经济社会发展中的热点难点问题，充分运用科学方法，深入分析研判全省经济建设、社会建设、生态建设、文化建设总体趋势、进展成效和存在的问题，提出具有前瞻性、针对性的研究结论和政策建议，以便更好地为党委政府决策提供事实依据充分、分析深入准确、结论科学可靠、对策具体可行的参考依据。

2022 年，甘肃省社会科学院将高举中国特色社会主义伟大旗帜，深入学习贯彻习近平新时代中国特色社会主义思想，全面落实习近平总书记对甘肃重要讲话和指示精神，坚持为人民做学问，以社科之长和智库之为，积极围绕国家发展大局和省委省政府中心工作，进一步厚植“甘肃蓝皮书”沃土，展现陇原特色新型智库新风貌，书写好甘肃高质量发展新篇章，为加快建设幸福美好新甘肃、不断开创富民兴陇新局面贡献社科智慧和力量。

此为序。

王福生

2021年12月6日

摘　要

《甘肃文化和旅游发展报告（2022）》（下册）是甘肃省社会科学院与甘肃省文化和旅游厅合作编研的甘肃文化和旅游业发展年度报告，分为总报告、发展篇、专题篇、展望篇和附录五个部分，共 17 个专题子报告。

《甘肃文化和旅游发展报告（2022）》（下册）在全面梳理“十三五”时期甘肃文化和旅游业发展成效与进展的基础上，深入分析当前文化和旅游业发展中存在的短板与弱项，结合“十四五”时期文化旅游发展机遇和挑战，针对性地提出推动全省文化事业全面繁荣、文化旅游产业提质增效、旅游业强劲复苏的对策建议，期冀为甘肃文化强省旅游强省建设提供借鉴。

2021 年，甘肃统筹新冠肺炎疫情防控和文化旅游改革发展，持续放大文化旅游业综合效应，全省文化旅游业呈现繁荣发展和强劲复苏态势。甘肃文化和旅游厅抢抓“一带一路”发展机遇，创意营销宣传，“交响丝路·如意甘肃”文旅品牌的知名度、美誉度和影响力不断提升。注重文化遗产保护传承和创新发展相结合，坚持文化引领与产业融合发展，推动文化资源优势向文旅产业高质量发展转化，利用献礼“建党百年”和重大节庆赛事等契机，丰富文化旅游产品供给，大力实施“文化 +”“旅游 +”战略，促进康养、研学、演艺等新业态培育，为开创“十四五”时期文化旅游高质量发展新局面夯实了基础。进入新阶段，文化和旅游业将迎来更大发展空间，在构建“双循环”新发展格局、贯彻新发展理念进程中，甘肃文化旅游具有独特优势，需主动抓住国家重大战略机遇，坚持文化铸魂、旅游为民，培

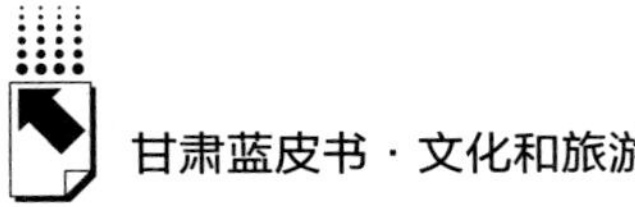

育文旅康养产业链，丰富产品供给，提升服务水平，不断满足人民日益增长的美好生活需要。

关键词： 甘肃　文化和旅游　高质量发展

Abstract

Annual Report on Cultural and Tourism of Gansu (*2022*) (*Volume II*) is an annual report on Gan cultural tourism development, which is by Gansu Academy of Social Sciences and Department of Culture and Tourism of Gansu Province. The book is divided into five parts: namely, General Report, Development Reports, Special Reports, Prospect Reports and Appendix, with a total of 17 special sub-reports.

Based on a comprehensive review of the achievements and progress of Gansu cultural tourism development during the 13th Five-Year Plan period, *Annual Report on Cultural and Tourism of Gansu* (*2022*) (*Volume II*) analyzes the current shortcomings and weaknesses in the development of cultural tourism, and the opportunities and challenges of cultural tourism development during the "14th Five-Year Plan" period, put forward countermeasures and suggestions to improve the quality and efficiency of Gansu cultural tourism industry.

In 2021, Gansu coordinate COVID-19 and the integrated development of cultural tourism, the comprehensive effect of cultural tourism is significant. There is a strong recovery in cultural tourism in Gansu Province. Seizing the opportunities of "the Belt and Road Initiatives", the Department of Culture and Tourism of Gansu Province innovative publicity model, the visibility and influence of "Harmonized Silk Road, Beautiful Gansu" has further improved. Gansu Province pays more attention to the combination of cultural heritage protection and innovative development, adheres to cultural guidance and industrial integration development, and promotes the transformation of cultural resource advantages into the high-quality development of the cultural tourism industry. At the same time, taking the opportunity of celebrating the centenary of Party anniversary and Large-

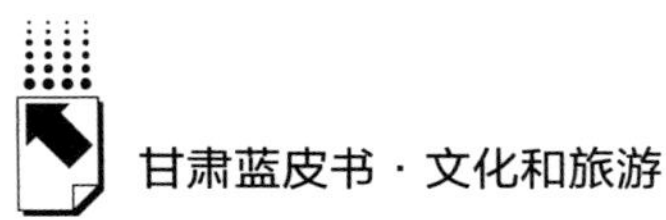

scale festivals and sports events, Gansu Province implements the "tourism +" strategy to promote new format of the creative industries, such as health tourism, research tourism and performance, etc. These measures laid a solid foundation for the development of cultural tourism in "14th Five-Year Plan" period. In the future, the cultural tourism of Gansu Province will bound to usher in a greater and more broad space for development. In the process of building a new development pattern of "double cycle" and implementing the new development concept, using the unique advantages of cultural tourism , Gansu should enrich the supply of cultural tourism products to meet the growing needs of the people for a better life.

Keywords: Gansu; Cultural Tourism; High-quality Development

目 录

Ⅰ 总报告

Ⅱ 发展篇

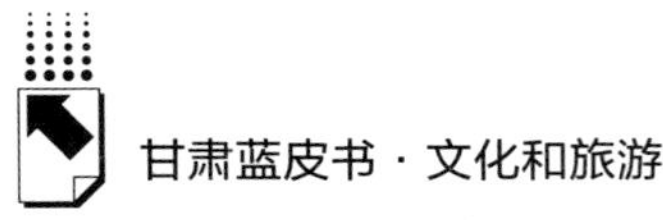

Ⅲ　专题篇

Ⅳ　展望篇

Ⅴ　附　录

皮书数据库阅读**使用指南**

CONTENTS

I General Report

II Development Reports

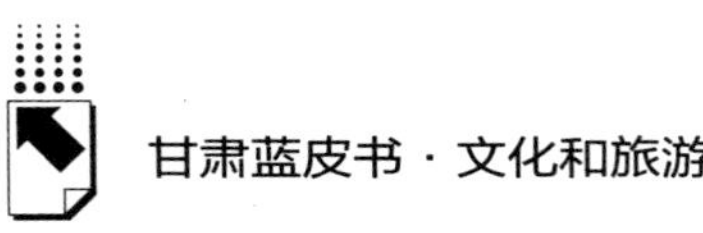

Ⅲ Special Reports

Ⅳ Prospect Reports

V Appendix

总 报 告

General Report

B.1
2021年甘肃文化和旅游业发展分析与展望

季慧琳　侯宗辉*

摘　要： 甘肃省坚持“以文塑旅、以旅彰文”，注重文化遗产保护传承利用和创新发展相结合，持续放大文化和旅游业综合效应，统筹疫情防控和促进文化旅游产业提质增效，全省文化和旅游业呈现蓬勃发展态势，文化旅游工作迈上了新台阶，为“十四五”发展开好了局、起好了步。当前文化旅游产业链培育不足，市场主体偏弱、龙头企业偏少、体验式项目欠缺、消费水平不高、人才队伍建设滞后等短板弱项依旧制约文化旅游高质量发展。进入新发展阶段，甘肃文化和旅游业将迎来更大发展空间，充分发挥自然遗产和历史资源厚重优势，借助“陆海丝”空间格局，推动“一会一节”“一机一包”“一区三园”“三圈四带”等平台建

* 季慧琳，甘肃省文化和旅游厅政策法规处处长；侯宗辉，博士，甘肃省社会科学院研究员，主要研究方向为甘肃地方历史文化。

设，积极融入“一带一路”建设、新一轮“西部大开发”和长城、长征、黄河等国家文化公园建设国家重大战略，主动服务全省经济社会发展大局，丰富文化旅游产品供给，更好地满足人们对美好生活的新期待。

关键词： 文化旅游　法治建设　甘肃

2021 年是“十四五”规划开局之年，甘肃省文化和旅游系统深入学习贯彻习近平总书记关于文化和旅游工作的重要论述、习近平总书记对甘肃重要讲话和指示精神，紧盯“打造文化兴、生态美、百姓富的文化旅游强省”目标，严格落实 A 级景区“限量、预约、错峰”疫情防控常态化管理要求，以“定了就干，马上就办”的工作作风，着力推动文旅融合发展，持续放大文化和旅游业综合效应，推动全省文化旅游产业提质增效高质量发展。抢抓“一带一路”发展机遇，创意营销宣传，搭建“空中丝路快线”，继续推广“环西部火车游”，提升“交响丝路·如意甘肃”文旅品牌的知名度；及时督查、主动对接，推动文旅重大项目建设，持续深化“放管服”改革，营造良好营商环境，不断壮大市场主体；坚持文化引领、产业融合，推动敦煌文化、黄河文化、长城文化等优秀传统文化保护传承弘扬，培育文化资源向文旅产业高质量发展转化新优势；以文艺创排演出为结合点推进文旅融合，助力“春绿陇原”惠民演出，增强游客文化体验；以献礼“建党百年”和重大节庆为契机，不断推出特色鲜明的文化旅游主题精品线路产品，打响甘肃自然和文化资源品牌；大力实施“旅游+”战略，促进产业融合，发展康养旅游、研学旅游、旅游演艺、体育旅游、工业旅游等新业态，提升文旅消费水平，等等。2021 年，甘肃文化和旅游工作任务主线清晰、目标明确、重点突出，有力地推动了文化事业全面繁荣、文化产业快速发展和旅游产业提质增效，为新时代开创文化和旅游发展新局面奠定了良好基础。

一 甘肃文化和旅游业发展状况与总体态势

《甘肃省国民经济和社会发展第十四个五年规划和2035年远景目标纲要》明确提出"实现文化旅游资源大省向文化强省旅游大省迈进"目标，为全省文化和旅游业发展擘画了新蓝图。甘肃省文化和旅游系统深化理论学习，大力推动疫情后文化和旅游复工复产复业，编制出台一系列规划，引领文旅融合创新发展，推动文化和旅游高质量发展，服务国家重大战略和全省发展大局。

（一）不断夯实理论根基，凸显文化旅游规划引领力

理论创新是指导实践、推动工作的思想武器。甘肃省文化和旅游厅把持续学习贯彻落实党的十九届五中、六中全会精神与党史学习教育、与贯彻习近平总书记"七一"重要讲话精神、与习近平总书记对甘肃重要讲话和指示精神结合起来，尤其是针对敦煌文化研究弘扬、长城价值挖掘阐释、文物遗产保护传承、红色基因传承、生态治理保护、书香社会建设、文化产业发展等内容进行系统研讨交流，提升文旅管理者理论水平，推进学习成果转化应用。按照甘肃省委省政府的部署，不断优化顶层设计，强化文化和旅游规划科学编制，发挥规划指导实践的引领力。在加快推进华夏文明传承创新区平台建设过程中，组织力量编制《甘肃省黄河文化保护传承弘扬规划》《甘肃省黄河文化遗产保护利用规划》《甘肃省黄河流域非遗保护传承弘扬规划》《长城国家文化公园甘肃建设保护规划（建议稿）》《长征国家文化公园甘肃建设保护规划（建议稿）》《甘肃省"十四五"公共文化服务体系建设规划》《甘肃省"十四五"艺术创作演出规划》《甘肃省"十四五"文化旅游产业发展规划》等规划，推进了全省文物保护工作，提高了文化遗产利用水平，推动了中华优秀传统文化创造性转化、创新性发展。着眼于服务国家发展战略，编制完成《"十四五"时

期甘肃文化和旅游国际及港澳台交流与合作发展规划》，起草《甘肃省“一带一路”文化和旅游发展行动计划（2021～2025年）》等，推动甘肃打造文化制高点，积极融入“一带一路”建设。从文化强国建设和文化旅游强省定位出发，高标准编制《甘肃省“十四五”文化和旅游发展规划》，为全省文化和旅游业发展开新局、谋新篇。为系统推进文化和旅游业发展，配套编制《甘肃省“十四五”红色旅游发展规划》《甘肃省“十四五”乡村旅游发展规划》《祁连山生态旅游发展规划纲要》等专项规划、子规划、部门发展规划近40部。出台《关于推进全省公共文化服务高质量发展实施意见（意见稿）》，制定《全民阅读推广工作实施意见（意见稿）》，编制《〈甘肃省基本公共服务实施标准〉涉及文旅部门事项的实施标准（讨论稿）》。依托甘肃的特色资源禀赋，密集编制与印发各类发展规划，为甘肃省“十四五”文化和旅游高质量发展提供根本遵循，开启文化和旅游融合发展新征程，为全省经济社会发展注入“文旅智慧”和“文旅力量”。

（二）持续深化改革，培育壮大市场主体显成效

1. 文化和旅游领域改革取得阶段性成效

甘肃省文化和旅游厅为统筹推动全省文化事业、文化产业和旅游业高质量发展，持续推进文化和旅游领域改革，按照相关改革任务，梳理任务台账，建立健全体制机制。一是公共文化领域改革有序推进。在全省试点基础上，开展市级以上图书馆、文化馆、美术馆法人治理结构改革，全省43个改革单位全部完成了理事会组建、章程制定等基本任务。积极推进文化馆、图书馆达标建设，全省文化场馆免费开放，正常开展文化活动。① 二是推进院团改革。推进兰州飞天剧院转企改制工作。深入甘肃演艺集团歌舞剧院、甘肃演艺集团敦煌艺术团等省直国有文艺院团

① 《甘肃省文化和旅游厅全面深化改革工作取得阶段性成效》，甘肃省文化和旅游厅网站，http：//wlt. gansu. gov. cn/wlt/c108541/202104/77f357414db74886a2b8599d641d36e0. shtml。

调研，研究制定甘肃《关于深化国有文艺院团改革的实施意见（送审稿）》，用好政府和市场“两只手”，积极妥善解决改革遗留问题。安排专项补助资金用于省直八大文艺院团舞台艺术精品创排、演出和设施改善提升。三是着力营造人才成长发展环境。以实绩为导向，推行代表作制度，探索建立人才评价体系，修订完善艺术系列、文博系列、图书资料系列和农村实用文化人才的职称评价条件标准，抓好“陇原人才绿卡”政策落实，打通服务群众的“最后一公里”，激发文旅队伍活力，为促进全省文旅融合、推动优秀传统文化创造性转化和创新性发展夯实人才基础。①

2. 持续深化“放管服”改革，营造良好营商环境

一是持续提升网上政务服务质量。全面推行审批业务“全程网办”“一网通办”，通过夯基础、破堵点、减跑动和转方式等举措，规范服务事项，打通数据壁垒，完善“不来即享”机制，提高执法监管效能，进一步提升政务服务水平。二是全力支持民营企业发展壮大。整合全省旅游发展专项资金救助文旅困难民营企业，在“引客入甘”补贴、文化旅游产业提质增效、恢复文化和旅游市场、文旅企业融资支持等方面研究出台一系列政策帮助文旅企业复工复业解困纾难。编印《甘肃省文化和旅游企业基本账》，建立5000家民营文旅企业基础信息库，加大惠企力度，支持民营企业参与各类重大文化旅游宣传活动，打造民营文旅企业“政策洼地”和“服务高地”。三是全方位营造良好营商环境。积极推动数据共享，实现甘肃政务服务网与全国平台互联互通，提升政务服务效率。聚焦便民利民，对变相审批开展专项清理整治。以甘当“店小二”姿态，营造清亲政商关系和“人人都是营商环境”“事事都是营商环境”氛围，不断壮大文旅市场主体（见表1）。

① 《打破常规 简化手续 人才松绑——文旅厅人才职称评价改革工作迈上新台阶》，甘肃省文化和旅游厅网站，http：//wlt. gansu. gov. cn/wlt/c111386/202109/1796497. shtml。

表 1　甘肃优化营商环境举措及成效

序号	措施	具体内容	成效
1	产业政策	《加快恢复甘肃文化和旅游市场的若干措施》《关于大力促进全省文化旅游产业提质增效的意见》《"引客入甘"补贴实施办法》《文旅康养产业发展倍增计划》《关于进一步做好全省文旅企业融资支持工作的通知》《关于支持文旅企业复工复产优选文旅普惠融资项目的通知》《关于助力文旅企业纾困做好文旅产业项目融资对接工作的通知》等	为文旅企业解困纾难,在政策精准推送和"不来即享"服务平台推送有关政策信息 140 多条,有效解决中小微企业政策对接问题
2	项目建设	编印《文化旅游产业发展招商引资项目册》,推荐招商项目,推进文旅项目建设,建立健全文旅产业发展项目库	储备全省文旅产业项目库项目 476 个,总投资 2962.46 亿元;重点续建项目 243 个,新建项目 152 个;世界银行贷款 2.6 亿美元,9 个文旅项目启动;奥地利贷款 2500 万欧元(合计约 2 亿元人民币),建设丝绸之路非物质文化遗产博览中心
3	对外营销	加大"引客入甘"力度,在浙江、湖北等地举办"畅游交响丝路·启航如意甘肃"文化旅游推介营销系列活动	签订 22 份合作协议,与鄂浙苏 500 多家文旅企业洽谈对接,搭建"空中丝绸之路"
4	市场监管	开展扫黑除恶专项斗争及文旅市场专项整治活动	2021 年第一季度共检查文旅经营单位 10474 家次,出动执法人员 22351 人次,行政处罚 32 件
5	培育市场	建立文化和旅游企业基础信息库,编印《甘肃省文化和旅游企业基本账》	共录入文旅企业 5140 家。其中,文化企业 1476 家,旅游企业 292 家,文旅融合企业 2207 家,旅行社 784 家,星级饭店 381 家

3. 大景区改革与文物保护利用迈上新台阶

经过持续推进,甘肃大景区体制改革进展顺利,已经构建了多点带动、多极突破的发展格局,为推动全省文旅产业高质量发展做出积极贡献。如今 18 个大景区均建成了"管委会 + 开发公司"的管理运营模式,理顺了管理体制,激发了发展潜能,为探索大景区综合执法方式、经营权移交、文化资源保护、项目建设、5A 级旅游景区申报创建工作奠定了坚实基础。在敦煌研究院的统一管理与协助下，全省石窟文物保护水平得到进一步提高。武威市、张掖市、大地湾等8个博物馆成立理事会后召开了第一次理事会议，推动法人治理结构改革，为博物馆良性发展起到积极助推作用。

（三）创意营销宣传，扩大“交响丝路·如意甘肃”影响力

1. 各种主题推广全面开花，文旅品牌美誉度不断提升

甘肃省文化和旅游厅紧盯市场做热春游经济，组团赴安徽合肥举办“环西部火车游”旅游推介活动，持续扩大“环西部火车游”品牌影响。开行“陇南直通”春游专列，分别推出省内游、跨省游、周末游等21条精品旅游产品，“陆上游轮”呈现加速度。推出“三区三州”红色旅游专列，串联兰州、甘南、陇南、河西走廊，形成红色旅游大环线。借助新东方快车“圆梦丝路”高端旅游产品吸引入甘高端游客，提升甘肃文旅品牌影响力。人间最美四月天。依托季节节点，策划推出“不负人间四月天·如意甘肃邀您来”主题宣传推广活动，总共分为四期对全省各市州优质文化旅游资源分篇目逐个推介，采取线上方式以短视频形式传播甘肃文旅好声音，讲好甘肃故事、树立甘肃形象，并在人民网+客户端、人民视频、人民网甘肃频道官方微博等平台全面推送，用可视、可听、可感的形式和内容向全国开展宣传推广，全面展示甘肃多彩多元旅游资源和特色旅游产品，营造火热的出游氛围，加速文旅市场复苏，提振文旅消费信心。在天津举办“牵手京津冀·畅游新甘肃”文化旅游主题推介系列展览活动；在兰州举行“搭建丝路快线·加快引客入甘”航旅融合主题推广活动；在上海举办面向泰国、新加坡、马来西亚、韩国“交响丝路·如意甘肃”文化旅游系列4场专题推介会；在曼谷媒体平台推出《丝路花雨》经典舞剧和《丝路花雨》大型京剧视频；在老挝首都万象举办庆祝中老建交60周年暨“交响丝路·如意甘肃”文化旅游宣传周，开发潜在国际市场。2020年全国旅游宣传推广典型案例中，“环西部火车游”活动成功入选。

2. 搭建“空中丝路”，“引客入甘”持续扩大朋友圈

甘肃省文化和旅游厅紧扣“一带一路”“双循环”“三区三州”“东西

协作”等国家战略部署，创意营销传播，助力“十四五”开局。修订完善《“引客入甘”补贴实施办法》，拓展客源市场。利用“空中快线”红利，与浙江长龙航空有限公司合作，“畅游交响丝路·启航如意甘肃”推广营销活动分别走进湖北恩施州、浙江杭州市、江苏南京市，举办甘肃美景美食推介会、合作项目精准洽谈对接、游客互送协议签约、文创产品展示演出、考察交流学习先进经验等形式多样的系列活动内容，开拓了江浙鄂等客源市场，实现了文化互融、生态互鉴、资源互补、经验互学，共同带动四省文化旅游市场四季繁荣。每周一、三、五、日“杭州—恩施—兰州”和每周二、四、六“南京—延安—兰州”当天往返航线的开通，使兰州、延安、杭州、南京、恩施五座城市的游客互访进入了“航”时代，激活“航空＋旅游＋产业”产业链条，联通“陆丝海丝空丝”，实现了甘肃与江浙鄂之间客源互送、串点连线、抱团取暖，为“引客入甘”注入源源不断的活力，用“甘肃文旅声音”扩大甘肃文化旅游品牌影响力。

3. 依托节庆赛会强化宣传推广，共塑文旅品牌形象

甘肃省文化和旅游厅借助文旅部面向海外推广的“欢乐春节”品牌活动，与韩国、日本、马来西亚、老挝、加拿大等驻外机构联合举办线上交流活动，向海外游客展示甘肃优秀传统文化的魅力。在“中国品牌日”，联合万达商业管理集团在兰州举行“探见博物馆之旅”系列活动，通过线上线下双线合力，甘肃文化旅游宣传片在220多个城市的360多座万达广场全天轮播，在消费者群体中提高了全省文旅资源的知名度。委托西班牙甘肃商会参加第41届西班牙国际旅游交易会，向西班牙旅游界推介甘肃特色旅游资源，展示甘肃丰富的文化元素。组织重点文旅企业先后参加第十七届海峡旅游博览会和2021第七届中国（厦门）国际休闲旅博会、第九届澳门国际旅游（产业）博览会、2021西安丝绸之路国际旅游博览会、第八届四川国际旅游交易博览会，以景区景点图片和展台展位形式重点宣传甘肃文旅资源禀赋、精品旅游线路、特色旅游商品，集中展示了“交响丝路·如意甘肃”的风采和魅力。组织参加第十八届西北五省（区）“花儿”演唱会，展现甘肃非遗保护利用成就。在“一会一节”期间，举办的各类文化旅游活动展

示了甘肃文化和旅游最新成果，向全国乃至世界广泛宣传了“交响丝路·如意甘肃”整体形象，进一步扩大了甘肃文化和旅游的知名度和影响力。“丰收了·游甘肃”已经成为文化惠民的亮丽品牌。

（四）持续放大文旅综合效应，市场复苏势头强劲

“十三五”时期，甘肃文化和旅游注重保护传承和发展创新结合，文化事业、文化产业和旅游业相得益彰，全省累计接待游客人次和综合收入两项指标年均增长25%以上，分别是“十二五”时期的2.5倍和2.8倍，文化和旅游业发展整体呈现稳中有进、提质增效的良好态势。2020年，甘肃文化和旅游厅统筹新冠肺炎疫情防控和文旅产业发展，做好“六稳”工作，落实“六保”任务，文旅行业复工复产复游取得了好于预期的成绩，更加巩固了全省“十四五”文化和旅游业发展的基础优势（见表2）。

表2　“十三五”及2018～2020年甘肃文化和旅游业发展情况

年份	接待游客总数（亿人次）	同比增幅（%）	旅游综合收入（亿元）	同比增幅（%）
2016～2020	13.20	150	8995	180
2020	2.13	—	1455	—
2019	3.74	24	2680	30
2018	3.02	26	2060	30

资料来源：根据甘肃省文化和旅游厅提供的资料整理。

2021年，甘肃文化旅游行业持续发力，以跳出甘肃发展甘肃的大格局和大视野，强化举措、统筹用力，推动资源和产业融合，以“定了就干、马上就办、办就办好”的工作作风，促进文化旅游深度融合，持续放大文化和旅游业综合效应。阳春三月，首先以“建党百年·春绿陇原”百部百场文艺展演启幕为全省文化旅游大发展营造氛围，随后以“万车游陇南”开启相约陇原万车游活动，助力全省乡村旅游产业快速发展。跨省推广“环西部火车游”，开行“三区三州”红色旅游专列，创意营销搭建“空中

丝绸之路”，联通“陆海丝”、助推“双循环”、融入“一带一路”建设。整合全省优势旅游资源，依据不同季节，根据各异的主题，相继发布39条乡村旅游线路，策划寻根探源、健康养生等九大主题旅游产品、26条精品旅游线路，公布六大主题20条“建党百年·红色之旅”精品线路，推出15条金秋乡村旅游精品线路，为游客提供文化旅游新体验和新感受，促使甘肃文化旅游市场热度不断走高（见图1）。凭借得力的措施、丰富的产品，文旅市场活力逐渐恢复，游客体验时间逐渐延长，文化和旅游业复苏整体呈现强劲势头（见表3）。

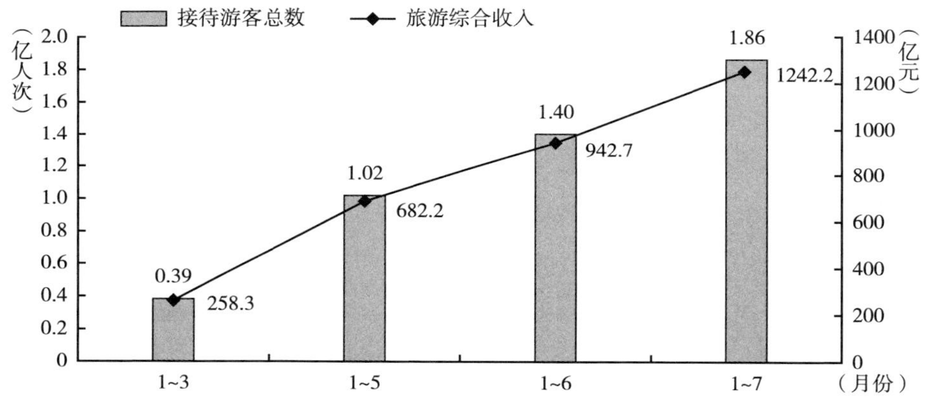

图1　甘肃省2021年1~7月接待游客总数和旅游综合收入增长情况

资料来源：根据甘肃省文化和旅游厅提供的资料整理。

表3　2021年1~7月甘肃接待游客总数与旅游综合收入增长与恢复情况

月份	2021年		同比增幅(%)		恢复至2019年同期水平(%)	
	接待游客总数(亿人次)	旅游综合收入(亿元)	接待游客总数	旅游综合收入	接待游客总数	旅游综合收入
1~3月	0.39	258.3	219.6	200	77.6	73.1
1~5月	1.02	682.2	130.7	128.2	86.4	82.6
1~6月	1.40	942.7	104	103	86	83
1~7月	1.86	1242.2	87.6	87.1	88.6	84.6

资料来源：根据甘肃省文化和旅游厅提供的资料整理。

围绕清明、端午、“五一”、中秋、“十一”等节假日，甘肃省文化和旅游厅提前谋划，做好疫情防控，加强市场治理，做足宣传营销，策划推出系列旅游精品路线产品，结合展览、演出、论坛、观光等一系列活动，做火做热景区景点，引导游客尽享文旅盛宴，节假日文旅市场增长势头强劲（见表4）。与2019年相比，2021年“五一”假期接待游客和实现旅游收入分别恢复至2019年同期的102.4%和95%，端午假期接待游客和实现旅游收入分别恢复至2019年同期的71%和72.2%，“十一”国庆七天接待游客和实现旅游收入分别恢复至2019年同期的79%和68.4%。

表4　2021年甘肃节假日文化旅游市场发展态势

节假日	接待游客总数（万人次）	同比增幅（%）	旅游综合收入（亿元）	同比增幅（%）
清明节期间	289	69.6	17.4	50.4
“五一”期间	1690	59.4	104.5	59.7
端午节期间	965.6	36.4	66.1	38
“十一”期间	1700	17	102.6	21.7

资料来源：根据甘肃省文化和旅游厅网站资料整理。

（五）旅游深化融合，激发文旅高质量发展新动能

1.文化遗产保护传承成效显著提升

文化遗产保护是利用的前提，是促进文化和旅游深度融合的基础。甘肃始终坚持把文物保护放在第一位，文旅厅结合庆祝“建党百年”活动，制定《关于革命文物保护利用工程的实施意见》，贯彻落实甘肃革命文物工作会议精神，围绕红色纪念馆打造一批革命文物保护和利用示范基地，依据长城、长征国家文化公园建设保护规划，积极推进革命文物项目建设和红色旅游发展，推动全省革命文物保护水平上新台阶。推进敦煌文化遗产保护国家研究中心和丝绸之路文化遗产数据中心建设。深入贯彻落实《关于进一步加强非物质文化遗产保护工作的意见》，研究制定《甘肃省“十四五”非物质文化遗产保护规划》《甘肃省黄河流域非物质文化遗产保护规划》，为全省优秀传统文化创造性转化和创新性发展提供工作遵循。嘉峪关深度挖掘长

城资源，以关城为主题开发建设的旅游景区带动了全市文化旅游产业的蓬勃发展。与陕西白鹿仓投资控股集团正在打造大型边塞史诗剧《天下雄关》，将对拓展文化旅游市场起到极大推动作用。编制《甘肃省黄河文化保护传承弘扬规划》，开展黄河文化课题研究，启动黄河文化遗产和非物质文化遗产资源普查，精心创排《大禹治水》《八步沙》《达玛花开》等一批黄河主题舞台艺术精品，举办“黄河之滨艺术节”等系列惠民演出，召开黄河文化保护传承弘扬视频座谈会，举行黄河文化产业带投融资促进活动，打造黄河文化旅游特色景区及线路产品等，加强对黄河文化内涵的阐释和黄河文化遗产保护，促进黄河文化和旅游融合，深度融入文旅部发布的十条黄河主题国家级旅游线路，“黄河之滨也很美”主题品牌越来越响，“涛涛黄河非遗之旅”等2条线路入选全国非遗主题旅游线路。

2. 文艺精品创排展演成为文旅融合紧密结合点

甘肃系列文艺精品的创作展演为文旅融合创造了良好结合点。据统计，截至2021年8月底，“建党百年·春绿陇原”文艺展演展播已达296场次、吸引现场观众39.2万，网络访问人数3160万人次[①]。话剧《八步沙》、陇剧《大禹治水》、音乐剧《达玛花开》、舞剧《飞将军李广》、话剧《兰州好家》等精品力作都是反映黄河文化题材的舞台艺术作品，在演绎黄河文化、讲述黄河故事中发挥了文艺作品铸根培魂的作用。儿童剧《大豆谣》、音乐剧《焉支花开》、皮影戏《陇原第一枪》、交响合唱组曲《南梁颂》等红色题材文艺作品的创作演出，展示了甘肃丰富多彩的红色文化，是讲好党的故事、红军的故事，传承好红色基因的集中体现。花儿剧《幸福像花儿一样》、《花儿组曲》音乐会、民族歌舞晚会《石榴花开红似火》、音乐舞蹈史诗《裕固儿女心向党》等剧种的上演，则是甘肃民族民俗文化与艺术结合的典范。在“建党百年·春绿陇原”惠民演出活动中，精选《大梦敦煌》《丝路花雨》《官鹅情歌》《锁麟囊》等历久弥新且最具代表性的经典剧（节）目，为中国共产党成立100周年隆重献礼。话

① 施秀萍、吴永斌：《花繁果硕 香溢四方》，《甘肃日报》2021年8月24日。

剧《七先生》入选2021年全国舞台艺术优秀剧目网络演播活动，南木特藏戏《唐东杰布》参加第六届全国少数民族文艺会演，话剧《八步沙》、音乐剧《达玛花开》、舞剧《彩虹之路》3部艺术作品入选“庆祝中国共产党成立100周年”优秀舞台艺术作品展演，以及民谣电影《黄河尕谣》上映，“大路西行——第二届中国油画作品展”在兰州举办，都是利用丰盛的“艺术大餐”把甘肃的优质文化旅游资源推介给大众，助力旅游市场持续升温。

3. 非遗活化利用推动文旅融合迈上新台阶

甘肃紧盯非遗保护、传承、弘扬与传播，加大综合开发利用力度，2020年“交响丝路非遗之旅”和“涛涛黄河非遗之旅”2条非遗主题旅游线路同时入选“全国非遗主题旅游线路征集宣传活动”名单。2021年，甘肃整合中央和省上非遗保护专项资金，补助全省22个国家级非遗项目、13个省级非遗项目、3期国家级非遗传承人群研培计划培训班、12名国家级非遗代表性传承人记录工程以及国家级和省级非遗传承人传习活动等，持续推进非遗工坊建设，目前有22家工坊纳入脱贫攻坚项目库，有42家工坊设有网店。积极推动非遗传承人群研培计划，提高非遗保护传承能力，充分用好非遗展播平台，展示甘肃非遗发展成就。2021年春节和元宵节期间，遴选10个非遗项目和全省其他年俗非遗项目参加“非遗过大年文化进万家”——“视频直播家乡年”活动，在抖音、快手、微信公众号、微博等新媒体平台广泛宣传推介，深受网友热捧。在陇南市武都区举办全省非遗助力乡村振兴产品展示展销活动，三天销售额达22.456万元，带动传承人群增收，刺激文化消费。论证《甘肃非遗》形象宣传片拍摄工作，非遗大数据平台建设工作取得阶段性成绩，非遗代表性项目名录体系日益完善（见表5）。在兰州老街举办2021年甘肃省“文化和自然遗产日”非遗宣传展示，开展“非遗购物节”线上线下活动。参加上海“百年百艺·薪火相传”中国传统工艺邀请展，保安族腰刀、庆阳香包、皮影、剪纸等制作精良的非遗经典作品引起社会广泛好评。在兰州上演“如意甘肃·多彩非遗”全省非物质文化遗产展演，开办丝绸之路染缬研修班，对黄河流域（甘肃段）非遗资源进行调研调查，延续历史文脉，提升甘肃非遗可见度、美誉度和影响力。

表 5　非遗代表性项目名录体系建设状况（截至 2021 年 6 月）

序号	类别	数量	具体内容	备注
1	入选联合国教科文组织非遗代表作名录	3 个	花儿、环县道情皮影戏、格萨(斯)尔	
2	国家级非物质文化遗产代表性项目	83 项	甘南藏族民歌、拉卜楞寺音乐道得尔等	具体名录从略
3	第五批国家级非物质文化遗产代表性项目名录和国家级非物质文化遗产代表性项目名录扩展项目名录	15 项	兰州牛肉面制作技艺、甘州小调等	累计 325 项，与青海省并列西北五省(区)第一位
4	国家级非物质文化遗产代表性传承人	68 个	乔玉安、贺梅英等	具体名录从略
5	省级非物质文化遗产代表性传承人	617 个	—	具体名录从略
6	国家级非物质文化遗产生产性保护示范基地	3 个	夏河县拉卜楞摩尼宝藏族文化艺术有限公司、甘肃省庆阳祁黄文化传播有限公司、甘肃省环县道情皮影保护中心(皮影雕刻)	
7	第一批国家传统工艺振兴目录	15 个	临夏砖雕、保安族腰刀锻制技艺等	具体名录从略

资料来源：根据甘肃省文化和旅游厅网站资料整理。

4. 产业项目带动进一步夯实文旅融合基础

文旅产业项目建设是拓存量、创增量的重要举措，2020 年甘肃省文旅产业项目建设取得不凡成绩，全年累计完成项目投资 2024364.23 万元，完工项目 77 个，累计完成投资 200428.9896 万元。[①] 2021 年，制定《2021 年

① 《抓实十项措施　推动甘肃省文化和旅游产业提质增效》，甘肃省文化和旅游厅网站，http://wlt.gansu.gov.cn/wlt/c108541/202104/8083860401bc481bb1769601db41d168.shtml。

全省重点文旅产业项目库基本账》，全省储备文旅产业发展项目库共计468个，总投资29326786万元，1～5月累计完成投资624602.825万元，同比增长40%。持续加强与中国旅游集团、华侨城集团等大型企业洽谈推介项目，与《山海经》文化城项目组对接座谈。2021年，酒泉市丝绸之路文化研究中心、张掖市文化遗产展示及传统村开发、天水市文化传承创新、临洮县马家窑文化研究中心及传统村落改造提升、通渭县翰墨文化中心等世行贷款项目进展顺利。对全省2020年村级综合性文化服务中心、戏曲进乡村及公共数字文化建设等惠民项目进行验收，完成了全省2020年公共文化的绩效评价工作，推动文溯阁“四库全书”藏书馆维修提升项目建设。大敦煌文旅经济圈、读者印象精品街区、榆中康养小镇等重点项目和省列文化旅游重大项目建设顺利推进。实施文化和旅游产业项目投融资促进行动。这些项目的启动与实施夯实了文旅产业基础，为文化和旅游融合提供了更加有力的支撑（见表6）。

表6　甘肃省“十三五”文旅产业发展成效

项目	2016年	2019年
文化产业增加值(亿元)	146	200
国内旅游接待人次(万人次)	19089	37000
国内旅游收入(亿元)	1219.2	2676.0
入境旅游接待人次(万人次)	7.15	19.82
入境旅游外汇收入(万美元)	1890.0	5904.6

5.红色旅游与乡村旅游快速发展促进文旅融合

甘肃厚重的红色文化和丰富的乡村旅游资源是文旅融合的重要承载体。经过近几年的大力发展，全省红色资源及其文旅产品十分丰富（见表7）。[①]

① 吴永斌：《红色旅游赋能乡村振兴 乡村旅游赓续红色基因》，《甘肃日报》2021年5月17日；张栎：《红色旅游赋能乡村振兴》，《甘肃经济日报》2021年6月8日。

表 7 甘肃红色文化旅游资源及产品概况

类别	数量	具体内容
革命旧址	682 处	两当兵变旧址、虎豹口红军强渡黄河旧址等
不可移动革命文物	483 处	会宁红军会师纪念塔、梨园口战役纪念馆烈士公墓等
全国重点文物保护单位	10 处	八路军兰州办事处旧址、会宁红军会师旧址、玉门油田老一井、南梁陕甘边区革命政府旧址、榜罗镇会议旧址、哈达铺会议旧址、俄界会议旧址、洮州卫城——新城苏维埃旧址、山城堡战役旧址、河连湾陕甘宁省苏维埃政府旧址
全国爱国主义教育基地	19 个	陕甘边革命根据地南梁纪念馆、哈达铺红军长征纪念馆、红军长征胜利会师纪念馆、兰州八路军驻甘办事处纪念馆、兰州战役纪念馆、兰州市烈士陵园、中国工农红军西路军纪念馆、敦煌莫高窟、嘉峪关城楼、甘肃省博物馆、中共中央西北局岷州会议纪念馆、腊子口战役纪念馆、梨园口战役纪念馆、中共中央政治局榜罗会议纪念馆、两当兵变纪念馆、甘工委纪念馆、舟曲特大山洪泥石流抢险救援纪念馆、环县山城堡战役纪念馆、静宁县界石铺红军长征毛泽东旧居纪念馆
4A 级旅游景区	7 处	中国工农红军西路军纪念馆、白银市会宁县红军会宁会师旧址、武威市古浪县古浪战役纪念馆景区、庆阳市华池南梁红色旅游景区、通渭榜罗镇革命遗址景区、两当兵变红色旅游景区、宕昌县哈达铺红色旅游景区
“全国红色旅游经典景区”名录	10 个系列 16 个景区	甘肃红军长征红色旅游系列景区、兰州市城关区八路军兰州办事处旧址、庆阳市华池县陕甘边区苏维埃政府旧址、张掖市高台县高台烈士陵园、庆阳市环县山城堡战役遗址、平凉市中国工农红军长征界石铺纪念园、陇南市两当县两当兵变旧址、酒泉市玉门油田、张掖市山丹艾黎纪念馆、甘南州舟曲特大山洪泥石流地质灾害纪念公园
“建党百年”精品线路	六大主题 20 条	长征丰碑:“红色飘带·会师华章”“攻克天险·北上通途”“指向陕甘·胜利曙光”;红色沃土:“滔滔黄河·红色兰州”“平庆沃土·峥嵘岁月”“会师圣地·先辈足迹”“陇南山青·革命花红”;浴血河西:“赤色丝路·西征长歌”“红色高台·光照驼城”“祁连山丹·石窝火种”;时代楷模:“一脉相承·英雄古浪”“油城玉门·铁人精神”“文化之都·古今飞天”;脱贫攻坚:“苦尽甘来·陇东新绿”“陇中胜迹·美丽乡村”“化石之乡·脱贫标杆”;生态文明:“绿进沙退·春到凉州”“陇上江南·邂逅乡愁”“生态甘南·碧草蓝天”“张掖绿洲·绿水青山”
“全国百条红色旅游精品线路”	3 条	“红色沃土”“长征丰碑”“浴血河西”红色旅游精品线路

资料来源：根据甘肃省文化和旅游厅提供的资料及网站资料整理。

“十三五”期间，甘肃红色旅游产业发展势头迅猛，2016~2019 年全省红色旅游接待人次和旅游收入增长率均在 20% 以上（见图 2、图 3）。2021 年，围绕庆祝“建党百年”重大主题宣传策划系列活动。在甘肃省广电总台都市调频广播正式开播“如意甘肃红色之旅”广播专栏，联合中国铁路兰州局集团和携程集团开行“三区三州”红色旅游专列，发布六大主题20条党史学习教育主题红色精品文旅线路，启动177场（次）红色文旅活动。开行“环西部火车游·美丽铁路”红色研学专列，开展“追寻红色足迹逐梦砥砺前行”红色经典诵读比赛、“舞动陇原”广场舞展演、“唱响新时代”群众大合唱等“陇原儿女心向党”系列群众文化活动和“百名红色讲解员讲百年党史”宣讲，《大豆谣》《焉支花开》《肝胆祁连》等红色题材剧目亮相“建党百年·春绿陇原”文艺展演，印制“甘肃红色之旅”纪念登机牌100万张投入使用，举办“一心向党 爱我中华”何鄂雕塑作品及图片展、“百年华章·红色陇原”书法作品展、甘肃省剪纸展等活动，传播陇原红色文化。

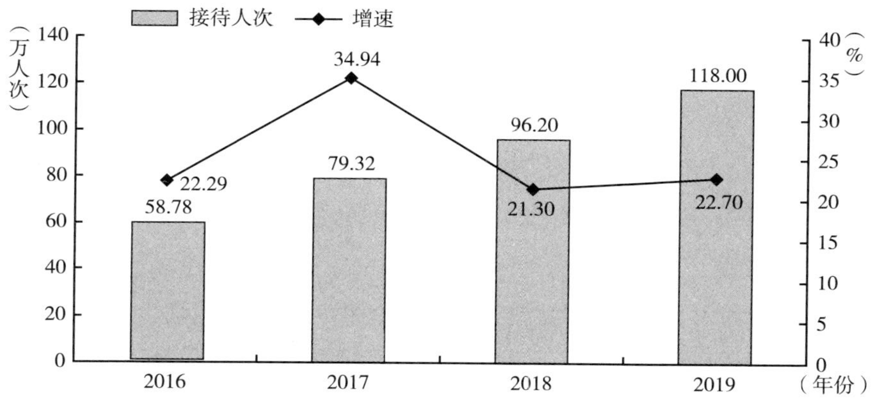

图2　2016～2019年甘肃红色旅游接待人次及增长情况

甘肃70%的旅游资源集中在乡村，乡村旅游占据甘肃全省文化旅游市场的半壁江山，是甘肃旅游的新名片（见表8）。2020年底，“一带一路”美丽乡村国际论坛在陇南成功举办。2021年，甘肃省文化和旅游厅与携程集团就乡村振兴战略下如何做热省会兰州和甘青大环线，将红色旅游创新融入乡村旅游发展等问题举行座谈，并与携程集团合作签约美丽乡村国际学院建设项目，推动乡村旅游人才培养。整合乡村自然生态、人文环境、科技资

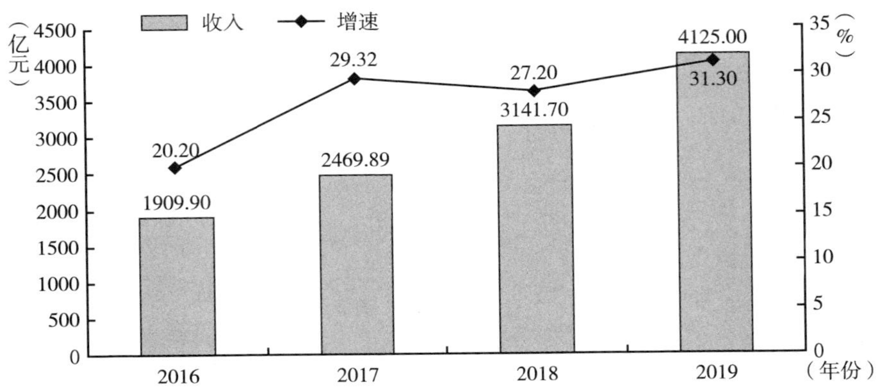

图3　2016～2019年甘肃红色旅游收入及增长情况（亿元）

资料来源：根据甘肃省文化和旅游厅提供的资料整理。

源，推出山水田园、现代科技、人文秀景、红色记忆等15条金秋乡村旅游精品线路，促进乡村旅游产业融合。2021年9月，第三批全国乡村旅游重点村和第一批全国乡村旅游重点镇（乡）名录公布，甘肃省6个村3个镇入选（见表9），截至目前，全省共有38个全国乡村旅游重点村和3个全国乡村旅游重点镇（乡）。

表8　“十三五”时期甘肃乡村旅游发展成就与“十四五”预期目标

序号	时间节点	总体成就与预期目标	旅游接待人数与收入
1	“十三五”时期	建成32个全国乡村旅游重点村、310个省级乡村旅游示范村、1270个乡村旅游专业村、301个合作社、3500家乡村民宿、21500户农牧家乐、10个田园综合体，推出60多条乡村旅游精品线路、27个乡村旅游模范村、8个全国休闲农业与乡村旅游示范县、12个“双带双加”旅游扶贫先进典型	2019年接待游客达到1.27亿人次，实现总收入340亿元；2020年乡村旅游人数共计8012万人次，收入237.2亿元，分别恢复至2019年同期的63%和69.8%
2	“十四五”时期	300个乡村振兴文化旅游样板村，100个全国乡村旅游重点村，1000家星级民宿，10000家上网民宿，10个民宿集群，300家乡村旅游合作社，50家乡村旅游龙头企业	乡村旅游接待人数年增长25%以上，总数超过2亿人次。乡村旅游综合收入年增长30%以上

续表

	时间节点	总体成就与预期目标	旅游接待人数与收入
3	2021 年	60 个乡村振兴文化旅游样板村,20 个全国乡村旅游重点村,200 家星级民宿,2000 家上网民宿,2 个民宿集群,60 家乡村旅游合作社,10 家左右乡村旅游龙头企业	2021 年 1 ~5 月,乡村旅游游客达到 5532 万人次,实现旅游收入 164 亿元,分别恢复至 2019 年同期的 109% 和 121% ;1 ~7 月全省乡村旅游接待人数突破 8100 万人次

资料来源：陈卫中，《富了口袋富脑袋 甘肃文旅接续奋斗谱写推进乡村振兴新篇章》，《甘肃日报》2021 年 3 月 15 日；张万宏，《我省五十九万余贫困人口靠乡村旅游走上稳定致富路》，《兰州日报》2021 年 3 月 16 日；《以文化旅游筑就乡村振兴的美途佳境》，《甘肃日报》2021 年 2 月 5 日。

表 9　甘肃省三批全国旅游重点村镇入选全国名单情况

批次	具体名单	全国数量(个)	甘肃入选数(个)	甘肃占全国比重(%)
第一批(2019 年)	敦煌市月牙泉镇月牙泉村、庆阳市华池县南梁镇荔园堡村、甘南藏族自治州卓尼县木耳镇博峪村、武威市天祝藏族自治县天堂镇天堂村、临夏回族自治州临夏市折桥镇折桥村、甘南藏族自治州碌曲县尕海乡尕秀村、酒泉市敦煌市阳关镇龙勒村、陇南市康县长坝镇花桥村、张掖市民乐县民联镇东寨村、甘南藏族自治州夏河县曲奥乡香告村、庆阳市西峰区显胜乡毛寺村、张掖市临泽县板桥镇红沟村	320(村)	12(村)	3. 75
第二批(2020 年)	临夏回族自治州临夏市南龙镇马家庄村、陇南市康县王坝镇何家庄村、平凉市泾川县汭丰镇郑家沟村、陇南市康县岸门口镇街道村(朱家沟)、兰州市皋兰县什川镇上车村、张掖市肃南裕固族自治县康乐镇榆木庄村、临夏回族自治州临夏县北塬镇钱家村、敦煌市月牙泉镇杨家桥村、张掖市甘州区长安镇前进村、酒泉市肃州区泉湖镇永久村、天水市秦州区玉泉镇李官湾村、庆阳市宁县瓦斜乡永吉村、嘉峪关市峪泉镇黄草营村、甘南藏族自治州迭部县达拉乡高吉村、武威市天族藏族自治县大红沟镇大红沟村、金昌市金川区宁远堡镇龙景村、陇南市两党县杨店镇灵官村、甘南藏族自治州迭部县电尕镇谢协村、张掖市山丹县李桥乡高庙村、白银市景泰县喜泉镇大水爹村	680(村)	20(村)	2. 94

续表

批次	具体名单	全国数量（个）	甘肃入选数（个）	甘肃占全国比重（%）
第三批（2021年）	兰州市榆中县小康营乡浪街村、定西市渭源县田家河乡元古堆村、武威市凉州区高坝镇蜻蜓村、白银市白银区水川镇顾家善村、临夏州康乐县八松乡纳沟村、庆阳市庆城县庆城镇药王洞村	199（村）	6（村）	3.02
	酒泉市敦煌市月牙泉镇、陇南市康县长坝镇、庆阳市华池县南梁镇	100（镇）	3（镇）	3

资料来源：根据文化和旅游部、甘肃省文化和旅游厅网站资料整理。

6. 借助知名节会精心打造文旅融合新典范

重大节庆会展已经成为文旅融合发展的“陇原路径”。2019年首次联合举办的“一会一节”被文化和旅游部赞誉为文旅融合的典范。2021年9月，在敦煌举行的第五届丝绸之路（敦煌）国际文化博览会和第十届敦煌行·丝绸之路国际旅游节，采取线上线下结合方式，以会议、论坛、展览、演艺等五大类23项活动尽情演绎“交响丝路·文博天下”的主题。通过举办敦煌论坛、“一带一路”交流与合作文化论坛和“五凉”文化论坛，举行文化文创展、敦煌流散海外文物复制展、丝路文化旅游商品展以及2021甘肃文化旅游商品大赛，演出大型民族器乐剧《玄奘西行》等系列活动，推动丝绸之路沿线国家文化交流合作，加速甘肃文化旅游融合发展。策划推出《读者欣赏》“一会一节”特刊，打响文化品牌，推进文化交流。此外，以“建党百年”、公祭伏羲大典、海峡两岸共祭西王母大典、马家窑文化节、张芝文化艺术节等省内重要节会为“催化剂”、“润滑剂”和“黏合剂”，促动文旅融合。在甘肃张掖召开的第八届文化和旅游融合创新论坛，围绕“多元化文旅融合再赋能”主题为甘肃文化旅游融合创新发展建言献策，助力甘肃文旅深度融合、创新发展。

（六）加速数字化建设，带动文化和旅游进入智慧化时代

全力推进甘肃文旅数字化、信息化建设。第一，加快数字图书馆、文化

馆、乡村基层数字服务点部署，推进公共数字文化智能服务。推进古籍保护数字化利用，推动文溯阁四库全书数字化项目。推进旅游厕所智慧化规范化建设。第二，加大“一部手机游甘肃”综合服务平台建设。以景区、公安、公路、移动、气象等数据为支撑打造的“一部手机游甘肃”自2018年上线以来，已接入全省A级景区和文博场馆共计405个，实现773家农家乐、577条旅行线路、9596名注册导游信息在线展示，以及6843家酒店和家庭旅馆预订。按照“限量、预约、错峰”要求，有效助力常态化疫情防控工作开展。平台建成以来累计服务游客1220万人次，2020年获评为文化和旅游部年度信息化发展典型。结合建设“数字政府”契机，在“一部手机游甘肃”平台加载在线订票、视频直播、厕所定位、语音讲解、车位查找等功能，建成智慧博物馆（文化馆）10家、智慧景区36家，5A级景区实现全覆盖。第三，在兰州大学设立文化和旅游部重点实验室，加强文化旅游科研领域大数据服务平台建设，加快大数据、区块链、人工智能等技术在文旅行业的应用。推进省级文化旅游大数据中心提升改造工程，指导基层文旅部门建设市县级文旅大数据中心，提升全省文化旅游大数据采集、分析、监测与应急指挥能力。第四，发挥新媒体平台联动效应，提升甘肃文旅知名度。2021年上半年，甘肃文旅微信公众号发布信息888篇，粉丝为23303人；今日头条发布信息508条，粉丝为12107人，阅读量达428.3万次；新甘肃客户端发布信息1530篇。第五，数字化宣传推广助力文旅品牌影响力提升见实效。2021年春节期间，甘肃省文化和旅游厅组织文艺云展播活动，微电影、陇剧、花儿剧、歌舞剧、戏曲、杂技、综艺晚会、非遗展演等文艺节目陆续上映，打造“云端春节”盛宴。联合携程、马蜂窝、快手、抖音等网络平台，推出“就地过年·团圆甘肃”系列线上文旅产品，与韩国、老挝、马来西亚、加拿大等国驻外机构联合开展2021“欢乐春节”交流活动，为甘肃文旅产业提质增效贡献智慧力量。

（七）着力培育新业态，提升文化和旅游发展竞争力

甘肃立足特色文旅资源优势，探索新路径，实施“文化+旅游+”

战略，积极引导生态康养、红色励志、文创产品、文化演艺、节庆会展、田园休闲、户外运动、非遗体验、研学旅行、特色美食等领域和行业与旅游融合发展，推出新产品，培育新业态。一是围绕把文旅康养产业培育成“千亿级产业集群”目标要求，制订“全省文化旅游康养产业发展倍增计划”，编印《甘肃省文化旅游康养产业发展一本账》，指导各市州加快文旅康养项目建设，推进文化旅游康养产业发展倍增计划实施（见表10）。联合甘肃省气象局等单位开展“甘肃特色气候小镇”评选活动，举办第三届“甘肃特色气候小镇”授牌仪式，为发展“气候小镇+养生”，培育康养生态园地奠定基础（见表11）。在成都举办“南北过渡带·康养陇之南”文旅推介活动，推动合作交流。二是重视文化旅游商品研发宣传。按照品牌性、创新性、实用性等要素仔细遴选评审各市州推荐的特色文化旅游商品，选出20类76件套“交响丝路·如意甘肃”特色旅游商品参加2021中国特色旅游商品大赛，取得1金8银15铜的优异成绩，评选的15件（套）72件文化旅游商品参加2021中国旅游商品大赛，获得1银、2铜三个奖项。在敦煌举办2021年丝绸之路国际旅游节文化旅游商品展和2021甘肃文化旅游商品大赛，向世界展示甘肃文创产品和旅游商品最新研发水平和创新成果，加快了甘肃文化旅游商品“走出去”步伐。三是联合其他资源打造文旅发展新模式。在嘉峪关市举办河西五市旅游联盟联席会暨研学旅行资源链接会，以“好学不倦·悠游河西”为主题开发多种类型的研学旅游产品，推动河西走廊成为享誉全国的研学旅游目的地。甘肃省博物馆申报的“丝路学史大课堂”与靖远县博物馆“乐知游学——我家住在黄河沿”研学旅游项目入选“2021全国文化遗产旅游百强案例”名单。在澳门旅游博览会上，甘肃文旅企业重点介绍“丝绸之路深度精品游”“河西走廊之梦”等各具特色的游学线路产品，为开发特色旅游产品做贡献。甘肃省文化和旅游厅与美团深化合作，打造“文化旅游+农产品”联动发展新模式，帮助农民增收致富。

表 10 “文化旅游康养产业发展倍增计划”基础与预期目标

2019 年(发展基础)	2020 年(企业与项目)	2025 年(预期目标)	“十四五”期间(计划)
文旅综合收入 3000 亿元，年平均增长 15%；文化旅游康养综合收入 390 亿元，年平均增长 15%	注册经营文旅康养企业 50 家；谋划储备文旅康养重点投资项目 316 个	文旅综合收入 6000 亿元以上；文化旅游康养综合收入 780 亿元以上	10 个文化旅游康养园区；50 个文旅康养小镇；200 个文旅康养产业示范项目；100 个文旅康养新业态；100 种以上文旅康养品牌产品；200 种以上“甘肃文化旅游康养特色商品”；100 个文旅康养企业

资料来源：根据甘肃省文化和旅游厅网站资料整理。

表 11 “甘肃特色气候小镇”名单

时间	具体名称	时间	具体名称	时间	具体名称
第一届 2019 年	陇南康县阳坝镇	第二届 2020 年	酒泉党城湾	第三届 2021 年	临夏州和政县松鸣镇
	甘南临潭冶力关镇		甘南扎尕那		陇南市康县王坝镇
	临夏永靖太极镇		酒泉赤金镇		张掖市临泽县倪家营镇
	陇南文县碧口镇		陇南裕河镇		甘南州卓尼县大峪沟景区
	酒泉金塔沙漠胡杨林景区		金昌城关镇		定西市通渭县华家岭镇
	兰州榆中青城镇		张掖新坝镇		酒泉市瓜州县锁阳城镇
	临夏州临夏市折桥镇		酒泉昌马镇		武威市民勤县苏武镇
			陇南陈院镇		阿克塞哈萨克族自治县阿克旗乡
			张掖大马营		庆阳市宁县湘乐镇
			武威安远镇		兰州市榆中县马坡乡

资料来源：根据甘肃省文化和旅游厅网站资料整理。

（八）建立健全法治建设体制机制，保驾护航文化旅游发展

1. 聚焦责任落实，夯实法治建设基础

一是强化理论武装。2021 年，甘肃省文化和旅游厅通过党组集中组织学法，召开法治建设工作党组会议、专题会议，举办习近平法治思想、《中华人民共和国宪法》、《中华人民共和国行政处罚法》、《中华人民共和国民

法典》专题法治讲座活动提高法治思维能力。二是严格落实第一责任人责任。制定《甘肃省文化和旅游厅系统党政主要负责人履行推进法治建设第一责任人职责规定》，建立健全推进法治建设第一责任人职责规定体制机制。三是把法治建设真正摆在文化和旅游工作的突出位置，及时研究解决法治建设重大问题。甘肃省文化和旅游厅在2020年度全省法治建设绩效考核中获优秀等次。四是注重法治建设督导考核。组织开展全省文化和旅游系统法治建设督导调研工作，推进法治建设第一责任人职责、法治政府建设、法治文化建设、文化市场综合行政执法工作，夯实法治建设的社会基础。

2. 聚焦数字政府建设，优化法治化营商环境

一是积极推进数字政府建设各项工作。成立甘肃省文化和旅游厅推进数字政府建设工作领导小组及办公室，加快推进数字政府第一、二批政务服务事项梳理工作，编制完成省级政务服务事项基本目录77项，完成率在全省率先达到100%。二是积极推进便民利民服务。以“回头看”方式对重复审批、变相审批等事项开展专项整治。三是积极推行柔性执法。建立“两轻一免”清单，在法定权限、范围内给予企业容错纠错的空间，进行适度、有效监管。四是积极推进“互联网+监管”。对接完成平台监管基础数据录入，梳理编制了检查实施清单96条。五是不断加快市场信用体系建设。将严重违法企业列入“黑名单”管理，严格落实市级信用联合奖惩措施，督促3621家文旅经营单位完成统计直报工作。六是营造公平竞争市场环境。制定《省文旅厅公平竞争审查工作实施方案》《省文旅厅公平竞争审查工作规定》，并对“十三五”期间与此相关的政策文件开展自查整改。

3. 聚焦制度保障，提高法规制度质量

一是加快立法工作进程。2021年7月28日，《甘肃省旅游条例》经省十三届人大常委会第二十次会议修订通过，2021年10月1日起《甘肃省旅游条例》正式实施，对推进全省旅游业高质量发展具有重要意义；制定《甘肃省文化和旅游厅立法草案起草工作规定》。二是加强法治建设规划制度建设。制定《甘肃省文化和旅游系统关于开展法治宣传教育的第八个五年规划（2021~2025年）》《甘肃省文化和旅游厅政策法规处“十四五”发

展规划》，出台《全省文化市场综合行政执法能力提升行动实施方案》《关于加强社会主义法治文化建设实施方案》等，对“十四五”期间法治建设进行规划。三是加强法治建设课题研究。委托高校开展《文化旅游立法亟待解决的问题调查与思考》和《甘肃省文化市场综合行政执法的问题与对策》研究，为立法和执法工作提供理论支撑。四是加强规范性文件管理。制定《行政规范性文件管理办法》《完善行政规范性文件合法性审核机制的实施办法》，做好公平竞争审查、合法性审查、清理等工作。

4. 聚焦行政执法，规范综合执法行为

一是持续深入推动文化市场综合执法改革。截至目前，甘肃省文化市场综合行政执法改革任务基本完成，文化市场执法管理体制基本理顺，工作机制基本建立。二是全面推行行政执法“三项制度”。建立健全《全面推行行政执法三项制度实施方案》等各项制度。举办全省文化和旅游系统“三项制度”培训班。加强执法人员管理，扎实做好行政执法资格认证工作。三是加强事中事后监管。全面推进“互联网 + 监管”，共梳理监管事项 96 个子项，编制 96 项检查实施清单，完成率 100%。

5. 聚焦普法依法治理，营造遵法学法守法用法良好氛围

一是全面落实领导干部学法用法制度。制定《甘肃省文化和旅游厅党组会前学法制度》《甘肃省文化和旅游厅国家工作人员学法用法制度》2021年学法用法计划，策划利用省图书馆周末讲坛，每月开展一次法治专题讲座。二是大力加强法治文化建设。组织创排大型法治文艺晚会“永远的忠诚”，举办“建党一百年 · 奋进新时代”法治文化基层行等法治宣传活动。三是加大普法宣传教育力度。积极开展“优化营商法治宣传周”系列活动、“民法典进景区、进图书馆、进博物馆、进学校、进社区”等活动。四是着力夯实普法宣传根基。组织编撰《文旅行业法律法规文件汇编》（上下册）、《甘肃省文化和旅游系统依法行政常用法律法规汇集》（1 ~4 册）、《法律法规知识百问百答》等。

6. 聚焦专项整治，扎实开展“雷霆行动2021”专项行动

“雷霆行动 2021”专项行动被列为 2021 年甘肃省法治为民办实事（省

级）项目。从2021年4月起至11月底，在全省文化市场开展“雷霆行动2021”。截至10月底，全省共出动执法人员2万余人（次），检查经营单位7388家（次），立案调查90件，当场处罚41家，责令改正92家，警告46家，责令停业整顿3家，吊销许可证2家，办结案件100件。

二 “十四五”时期甘肃文化和旅游业发展机遇与趋势

“十四五”时期，甘肃文化和旅游业发展将处于重要战略机遇期，但机遇和挑战都有新的发展变化。

一是进入新发展阶段，文化和旅游业迎来更大发展空间，也面临高质量发展新要求。全面建成小康社会后，人民美好生活需要和文化旅游新期盼日益广泛，人民群众的文化旅游需求更是质量双升，旅游消费需求将得到更大释放，并从低层次向高品质、由粗放向精致、由注重观光向兼顾观光与休闲体验多元转变，从“美丽风景”向“美好生活”全面转变。文化旅游产品多样化、特色化、品质化发展是文化和旅游业走高质量发展的必由之路。

二是构建新发展格局，文化和旅游业具有独特优势，也肩负扩大内需的重要任务。当今世界正经历百年未有之大变局，国际环境严峻复杂，国内发展环境也经历着深刻变化，随着“双循环”新发展格局的加快构建，作为综合性产业，文化和旅游业涉及面广、带动力强、开放度高，在稳增长、稳投资、稳就业、促消费方面具有独特优势，正从资源驱动型转向金融、创意、人才等集成创新型，是促进国民经济增长的重要引擎。

三是贯彻新发展理念，为文化旅游强省建设明确了方式路径，也更需主动抓住国家重大战略机遇。国家把创新摆在现代化建设全局高度，加快建设文化强国，新一轮“西部大开发”、“一带一路”建设的纵深发展，“黄河流域生态保护和高质量发展”，以及长城、长征等国家文化公园建设的重大战略机遇叠加，站在中国“强起来”的历史高度，全面认识旅游发展在文化强国建设和构建“双循环”新发展格局中的重要意义，必须更加注重文旅融合与区域城乡协调发展，更加突出绿色发展，提供更加丰富的文化旅游产品，更加满足人民日益增长的美好生活需要。

三　当前甘肃文化和旅游业发展存在的突出问题

综合目前文化事业、文化产业发展不平衡、不充分的矛盾，城乡差距、区域差距较大，以及文化和旅游产品的供给与需求不完全匹配等现状，主要问题有如下几个方面。

一是公共文化服务设施陈旧、空间布局不合理、功能不健全，文化事业经费保障机制不完善。比如，市州、县区层面财政在非遗经费投入方面不足，部分市州、县区政府没有将非遗保护、保存工作纳入本级国民经济和社会发展规划，个别市州在财政预算中没有列入非遗经费，绝大多数县没有依法设立非遗保护专项资金。

二是公共文化服务激励制度不健全。重建设、轻管理，重设施、轻服务，基层文化服务工作缺乏有效监管，对一些乡镇、村文化设施不经常开放等问题，追责问责落实不力。公共图书馆、文化馆、美术馆激励制度还不健全，服务质量效益没有评价和奖惩尺度，服务效能没有引起足够重视。

三是文化旅游产业链条培育不足。文化旅游市场主体弱小，文化旅游龙头企业少，带动功能弱，特别是缺少具有品牌影响的文化产业园、景区、酒店、旅行社、民宿等企业。全省旅游人气旺、消费低，文化旅游产品结构单一，娱乐性、体验性产品少，产业链条附加值不高等，各地参与式、体验式消费项目较少，“留不住人”“赚不到钱”的问题一定程度存在。

四是文化旅游市场投资运营主体整体偏弱。项目投资运营市场化水平较低，项目融资渠道较为单一，重大文旅项目辐射带动效应有待提升。

五是全省文化旅游人才队伍建设滞后。跨界、融合、复合型人才严重缺乏，全产业运营管理能力有待提升，专业型、高水平的非遗研究型人才缺乏。这些深层次体制机制障碍尚未破除，补短板、强弱项任务依然繁重。

四 “十四五”时期甘肃文化和旅游业发展态势及展望

“十四五”时期，随着全省文化和旅游发展深层次体制机制障碍的破除，在新发展格局和新发展理念的推动下，甘肃发展政策机遇叠加效应必将进一步显现，文化和旅游发展空间大、韧性强、潜力足的优势将得到更充分的释放，持续稳中向好的发展态势令人向往。

（一）文化遗产保护传承工作迈上新台阶

“十四五”期间，甘肃文化和旅游系统将围绕深入学习贯彻习近平总书记在敦煌研究院座谈时重要讲话精神，持续推进敦煌研究院“典范”“高地”建设，推动甘肃文物和文化保护传承弘扬工作走深走实。以敦煌文化研究与展示为重点，带动全省优秀传统文化价值发掘和文物遗产传承保护；通过《甘肃省涉案文物管理移交暂行办法》《甘肃省长城保护条例》《关于加强石窟寺保护利用工作的实施意见》《关于革命文物保护利用工程的实施意见》《关于利用博物馆资源开展中小学教育教学的实施意见》《甘肃麦积山石窟保护条例》等法规政策的出台与编制，不断完善法规体系，探索文物与文化保护传承的新路径；以科技为支撑，通过数字化手段不断加强考古研究、文物修复、古籍保护、非遗传承，使文化遗产活起来；以长城、长征、黄河国家文化公园和祁连山国家公园建设为契机，推动中华优秀传统文化创造性转化、创新性发展，提升人与自然和谐共生水平；以旅游发展保护为先的理念，发挥文物保护和文化弘扬在文明交流互鉴中的积极作用，讲好甘肃故事，积极服务国家重大发展战略，主动融入全省经济社会发展大局。

（二）文化旅游高质量发展取得新成效

一是文化事业全面繁荣。新时代艺术创作体系不断完善，社会主义文艺繁荣发展，坚持以人民为中心的创作导向，实施陇原文艺攀登工程，推出一批彰显甘肃特色、思想性艺术性观赏性相统一、人民群众喜闻乐见的精品力作。华夏文明传承创新区加快推进，文化遗产保护传承利用体系基本形成，文物、非物质文化遗产和古籍实现系统性保护。现代公共文化服务体系更加健全，公共文化服务效能提升。二是文化产业快速发展。文化旅游现代产业结构不断优化，文化旅游产品供给质量显著提升，现代文化旅游产业体系和市场体系基本健全，文化产业规模持续壮大，文化旅游产业发展的综合效益显著提升，成为实现共同富裕的重要途径、新时代人民群众体验美好生活的重要方式和消费时尚。三是旅游经济取得新成效。旅游基础设施进一步完善，体制机制更加顺畅，产品业态更加丰富，产业体系更加健全，产业链条拓展延伸，产业效益更加优良，旅游经济综合贡献显著提高。“十四五”期间，在2020年国内旅游2.13亿人次、总收入1455亿元基础上，到2025年，实现旅游人数突破5亿人次，总收入达到4000亿元，力争两项指标年均增长20%以上。

（三）文化旅游成为满足人民对美好生活新期待的重要内容

随着小康社会全面建成，人民生活水平和生活质量显著提升，文化旅游大众化时代已经来临，文化旅游行为已成为生活的一部分，高水平、深层次的文旅产品供给将成为满足人民美好生活新期待的必需品。一是“快进慢游”旅游交通网络体系的完善不断丰富文化旅游体验。随着全省“十四五”期间重大交通项目的推进，以及“两廊六轴十直联”通道空间格局优化，高铁、城铁、高速公路、机场、国省道综合网络建立，“交通+旅游”融合发展，“快进”与“慢游”相得益彰，文化旅游的通达性、便捷性和安全性普遍提升。二是书香社会建设促进文化体验游成为新热点。当全民阅读持续推进后，“读万卷书，行万里路”“跟着书本去旅行”“追寻光辉足迹”等理念必将盛行，“走出书斋，畅游天下”成为生活时尚，成为获取知识的重要渠道。三是文化旅游供给侧结构性改革不断满足人们精神需求。随着文旅管理体制机制的健全和供给体系的完善，全省文化旅游服务水平日益提升，产品供给不断扩大，产品质量不断提高，品牌塑造不断增强，业态更具特色化，内容实现多样化，管理富有创新性，社会效益、经济效益和生态效益相统一，人们差异化的精神需求将得以充分满足。四是文化旅游成为坚定文化自信激发内生动力的源泉。在游历祖国名川大河、遍览陇原文化胜迹的过程中，感悟中华文化独特内涵，树立文化自信，焕发创造创新活力，激发更加磅礴的奋进力量，推动经济社会发展。

（四）社会文明、生态文明建设和社会治理体系不断完善

一是社会文明促进和提升工程成效显著。习近平新时代中国特色社会主义思想深入人心，社会主义核心价值观蔚然成风，社会主义文艺繁荣发展，丝路精神和时代精神广为传播，中华优秀传统文化、革命文化、社会主义先进文化广为弘扬，国民素质和社会文明程度不断提高。长城、长征、黄河国家文化公园甘肃段建设基本完成，对外文化交流和多层次文明对话拓展深化，甘肃文化影响力不断扩大。二是生态文明建设实现新突破。大力发展生态优先、环境友好型文化旅游产业，保护自然文化遗产，提高文旅生态文明价值，探索将文化旅游发展作为生态文明建设的有效路径，为甘肃绿色发展崛起贡献力量。初步建成体系完整、功能齐全、类型多样的生态旅游产品体系，生态环境质量持续改善，生态安全屏障更加牢固，城乡人居环境明显提升，生产生活方式绿色转型成效显著，为建设绿色低碳循环发展的经济体系奠定了坚实基础。三是现代治理体系更加健全。文化旅游法治体系更加完善，行政执法改革实现新突破，国有文艺院团改革取得明显进展，现代文化和旅游市场体系不断健全完善，营商环境全面优化，数字赋能、科技驱动、人才创业、创新创造的氛围更加浓厚，信用监管、安全保障、智慧治理等体系更加健全，文明旅游蔚然成风。

（五）文化旅游成为对外整体形象高品质提升的重要窗口

随着经济高质量发展和消费结构的不断优化升级，观光游、研学游、定制游、体验游、秘境游等形式将持续火爆，游客文化旅游参与度不断增强，体验感不断深化，文化旅游将成为塑造旅游目的地第一印象或终身印象的关键。一是紧抓“一带一路”建设机遇，以文化旅游为切入点促进国际多边

双边合作机制不断深化，为共建“一带一路”国家民心相通注入甘肃文旅元素，加速形成甘肃“东出、西进、南向、北拓”开放新格局。二是依托“一会一节”，推动高端会议、文化论坛、旅游营销、商品展览、文艺展播等领域形成合力，持续放大文化旅游综合效应，加快文化旅游融合发展、互利共赢。三是借助“一机一包”智慧文旅平台，推进甘肃数字政府建设，不断提升游客对政府管理端和文化旅游体验端的感知度和美誉度。四是发展“一区三园”，促进华夏文明传承创新区和长城、长征、黄河国家文化公园协同建设，发挥文化旅游在展示文明、传播文化、培育社会主义核心价值观方面的阵地作用。五是打造“三圈四带”，构建“大敦煌文化旅游经济圈”、“中国黄河之都”文旅产业集聚圈、“陇东南始祖文化旅游经济圈”和丝绸之路、黄河、长城、长征文化旅游示范带联动发展格局，加速资源优势向产业优势和经济优势转化，助力幸福美好新甘肃建设。

（六）文化旅游融合发展成为乡村振兴战略实施的新引擎

随着党中央和文旅部“推动文化旅游融合发展”战略部署的推进，根据“宜融则融、能融尽融”原则，甘肃从部门职能融合、文旅资源融合、产业融合、市场融合等方面深入推进，推动文化旅游工作各领域、多方位、全链条实现融合，助力乡村振兴战略深入推进。一是按照乡村旅游“十四五”规划发展目标，在巩固脱贫攻坚成果基础上，有序推进乡村旅游示范县、文旅振兴乡村样板村创建，开发丰富多样的乡村旅游产品，形成特色化产品品牌，培育差异化业态，提升乡村旅游消费，带动农民增收，发挥乡村旅游在乡村振兴中的示范引领作用。二是加快红色旅游与乡村旅游的融合。甘肃大部分的红色文旅资源集中在农村地区，红色文化资源与乡村旅游资源的契合度高，二者在文化旅游线路产品设计和景区景点发展布局上协同性强，坚持“富了口袋富脑袋”理念，推动红色文化、古村落、绿色田园发展“红、古、绿”融合产业，打好“组合拳”，红色沃土美丽乡村联合滋养文化旅游结硕果，形成助力乡村振兴的增长点。三是通过非遗保护传承利用能力提升赋能乡村振兴。完善非遗保护传承体系，大力支持非遗工坊发展，

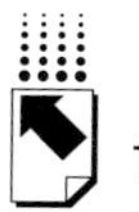

重视非遗传承人培训，做好文创队伍建设，加强非遗数字化推广营销，不断提升全省非遗产品的美誉度和影响力，助力乡村振兴产业发展。四是立足全域旅游激发乡村振兴新动能。以推动国家和省级全域旅游示范区创建工作为基点，深入实施“旅游+”“+旅游”战略，促进生态康养、农耕文化、休闲观光、文体赛事、工业遗产、医疗卫生等产业与旅游融合，带动乡村基础设施不断完善，生态环境持续美化，激发乡村振兴活力。

发展篇

Development Reports

B.2
创新实践抓融合　文旅发展出新彩
——甘肃文旅融合理论创新的实践经验及其对策研究

谢晓军　许　波*

摘　要： 自甘肃省文化和旅游厅组建以来，全省文旅系统深入推动文化和旅游融合发展，持续放大文化和旅游业综合效应，着力促进文化事业、文化产业和旅游业高质量发展。通过文旅融合践行“两山”理念、加快构建新时代敦煌文化制高点、着力构建丝路旅游枢纽站、繁荣先进文化大舞台、创新非遗传承模式、持续推进文化市场综合执法改革等举措，确保了全省文旅市场健康有序、文明发展。“十四五”期间将进一步发挥规划引领、智力支撑作用，构建新时代“一带一路”旅游大环线、快通道，建设“数字文旅”，推动文化事业繁荣发展、旅游产业蓬勃发展。

* 谢晓军，甘肃省文化博览一级主任科员；许波，兰州文理学院讲师，甘肃旅游智库科研秘书，主要研究方向为旅游规划与乡村旅游建设运营。

关键词： 文旅融合 理论创新 甘肃

2018 年 10 月，为顺应国务院机构改革，甘肃省文化和旅游厅正式组建，“诗与远方”实现最美邂逅。省文旅厅紧扣富民兴陇工作大局，深入推动文化和旅游融合发展，持续放大文化和旅游业综合效应，将文旅资源富集优势转化为文旅融合发展优势，着力促进文化事业、文化产业和旅游业高质量发展，走出一条“1 +1 >2”的蝶变发展之路。

一 创新做法

（一）挑起文旅融合金扁担

生态文明昭示：绿水青山就是金山银山。发展实践证明：“诗与远方”也是金山银山。甘肃省文旅厅认为：文化与旅游融合，是两方面资源的整合。甘肃有厚重的文化历史，是全国文物大省；有奇崛的山水资源，是旅游富矿之地。文旅融合是一条金扁担，一头挑起“绿水青山”，另一头挑起“金山银山”，是践行“两山”理念的最好范本。甘肃省委省政府立足新时代发展要求，贯彻新发展理念，将文旅产业作为十大生态产业的首位产业来培育，制定出台《新时代甘肃融入“一带一路”建设，打造文化制高点实施方案》《关于加快建设旅游强省的意见》《关于大力促进全省文化旅游产业提质增效的意见》等政策措施，研究制定“1 +9 +15 +12”的“十四五”文旅发展系列规划，从顶层设计为文旅融合构建“四梁八柱”。省文旅厅自觉践行绿色发展理念，一手抓生态环境保护的顶端，按期完成祁连山保护区 25 个旅游设施项目及全省自然保护区旅游项目整改工作，建立常态化管护机制；一手抓绿色旅游产业的末端，推动全省 364 个 A 级旅游景区提质增效高质量发展，纵深推进绿色旅游饭店创建，已评定金叶级绿色旅游饭店 4 家、银叶级绿色旅游饭店 109 家，占全省星级饭店的 30%，让游客出门游览“绿水青山”景区，归来享受“绿色文明”服务。实施“文旅+”战略，率先建立文旅产业发展“一本账”，摸清家底归类建档文旅企业5140家，注册文旅康养企业49家，在此基础上实施文旅康养产业发展倍增计划，已储备文旅康养重点投资项目469个，总投资2931亿元，文旅康养融合的千亿级产业集群发展加快。

（二）打造敦煌文化制高点

甘肃省文旅厅党组书记、厅长陈卫中认为：“加快构建新时代敦煌文化制高点，要发挥好敦煌文物保护研究中心作用，打造敦煌学院高地，以敦煌学研究为核心，以文物保护为前提，以数字化创新为捷径，以国际化交流为坐标，以传承莫高精神为保障，为新时代坚持和发展中国特色社会主义提供精神支撑。”甘肃省文旅厅、文物局大力践行莫高精神，实施敦煌文化工程，推动河西走廊国家遗产线路保护利用行动计划实施，支持敦煌研究院建成国家文化遗产领域首个多场耦合实验室。加快实施敦煌文化遗产保护传承创新基地、文化遗产保护国家研究中心、莫高窟游客服务体验中心“一基地两中心”建设项目，支持敦煌研究院50个项目申请国家文物保护专项资金1.57亿元、省级资金1100多万元。敦煌旱峡玉矿遗址项目被评为2019年全国十大考古新发现。全力配合推动大敦煌文化旅游经济圈建设，实施鸣沙山月牙泉基础设施提升、悬泉置遗址保护利用等30个支撑性带动项目，已有10个项目建成运营。实施交通提升项目，8条高速公路、旅游公路项目建成通车；嘉峪关、敦煌机场培育新航线11条，通航城市29个；开通敦煌至天水、银川、新疆等旅游列车。连续举办十六届玄奘之路商学院戈壁挑战赛，大敦煌文化旅游经济圈旅游热度持续攀升。2021年9月24日，第五届丝绸之路（敦煌）国际文化博览会和第十届敦煌行·丝绸之路国际旅游节开幕式在敦煌如期举行，举办了论、展、演等一系列活动，有重点、有亮点、有看点、有观点，为疫情之下的中国乃至世界文旅产业复苏增强了信心。

（三）构建丝路旅游枢纽站

按照甘肃省委加快建设“一带一路”上的大通道、大枢纽、大平台的部署，省文旅厅面向全国策划实施声势浩大的宣传推介活动，把“如意甘肃”文旅名片推向全国各地，培育打造品牌文旅产品，着力构建丝路旅游枢纽站。一是“富了口袋富脑袋”。2018 年 10 月，省文旅厅率先在全国策划开展“丰收了·游甘肃”冬春旅游惠民活动，至今已连续举办 4 年，在 10 多个客源城市举办主题推介活动，引导 200 多家旅游景区实施门票免费或半价，惠利全国农民朋友游甘肃。仅 2020 年 12 月 1 日至 2021 年 3 月 31 日活动吸引游客 5110 万人次，实现旅游收入 344 亿元，同比增长 90% 和 76%。这一品牌荣获中国旅游影响力营销推广活动 TOP10 大奖和中国旅游影响力品牌案例。二是联通旅游大环线。2020 年，省文旅厅支持兰铁集团打造“环西部火车游”品牌列车，联合开展以“联通陆海丝·助推双循环”为主题的“1+5”跨省宣传交流推介活动，签约 66 份文旅合作和跨省“引客入甘”协议，以“三级跳”方式开行“环西部火车游”专列 144 列，已发送游客 12.17 万人，实现旅游收入 1.15 亿元，成为中国文旅营销创新典范。三是拓展航空新干线。2021 年 3 月，省文旅厅联合新华社甘肃分社、省民航机场集团组团赴浙江、湖北等地举办“畅游交响丝路·启航如意甘肃”文旅推介营销活动，协调浙江长龙航空有限公司新增“杭州—恩施—兰州”“南京—延安—兰州”等全新优质航线，合作开展为期 3 年的“交响丝路·如意甘肃”飞机机身冠名宣传，与鄂浙苏 500 多家文旅企业签订 22 份战略合作协议，精心打造“一带一路”最美航线。四是智慧旅游显身手。加快建设甘肃文旅大数据中心，精心打造“一部手机游甘肃”平台，整合公安、交通、移动、气象、景区等部门单位数据资源，接入全省 405 个 A 级景区和文博场馆，实现 773 家农家乐、577 条旅行线路、9596 名注册导游信息在线展示，累计服务游客 1200 万人次，这个平台 2020 年获评文旅部年度信息化发展典型。五是对外交流谋新篇。围绕“一路一带”建设，精心举办 2021 “东亚文化之都·中国敦煌活动年”活动，让甘肃“文旅热”冲淡疫情带来的“倒春寒”。近年来先后组团赴俄罗斯、匈牙利、英国等 30 多个国家开展演出推介、学术交流等活动，与韩国、泰国等在华商会在上海举办入甘旅游专场推介会，构建“国内开花国外香”的文化旅游营销圈。“十三五”时期，全省接待国内外游客 13.2 亿人次，实现旅游综合收入 8995.4 亿元，分别较“十二五”时期增长 153.5% 和 182.8%，年均分别增长 24.4% 和 28.8%。

（四）跑出产业发展加速度

甘肃省文旅厅立足“双循环”新发展格局，牢固树立事业靠产业、产业靠企业、企业靠项目的理念，走开放合作、招商共赢之路，着力壮大文化旅游产业。坚持招大引强搭建文旅合作平台，主动对接新奥集团、复星集团、泰康集团、华侨城集团、依文集团、万达实业等重量级企业进入甘肃文旅产业领域。倡导发起成立甘肃文旅企业家俱乐部，近百家企业参加，强强联合，抱团发展，壮大文旅产业队伍。积极争取引进外资，全面启动实施总投资 21.5 亿元人民币的世界银行贷款文化传承创新项目，协调奥地利政府批准贷款 2500 万欧元支持建设丝绸之路非物质文化遗产博览中心。争取文化和旅游部大数据重点实验室落户兰州大学。申报的临夏砖雕文化艺术产业园项目等 12 个项目获得国家融资贷款支持，“读者印象”精品文化街区、甘肃简牍博物馆等建设进展顺利，嘉峪关方特丝路神画、兰州榆中李家庄田园综合体等文旅融合项目建成运营，31 家中医康养旅游基地正在加快建设，文旅产业开发迈入提质增效快车道。发挥区域联盟作用凝聚发展合力，立足打造丝绸之路文化旅游产业带，以兰州为中心，河东、河西为两翼，成立沿黄四市（州）旅游联盟和河西五市旅游联盟、陇东南五市旅游联盟，定期抓研讨、搞营销、谋发展，推出“传奇丝路·壮美河西”、“华夏祖脉·养生福地”和“九曲黄河·奇峡秀水”三大旅游目的地品牌，成功创建张掖七彩丹霞景区等 2 个 5A 级景区，新评定 9 个 4A 级景区，全省已建成 6 个国家 5A 级旅游景区、107 个国家 4A 级旅游景区，指导创建敦煌市、崆峒区、嘉峪关等 3 个国家级和 12 个省级全域旅游示范区，张掖市、酒泉市创建为国家文化和旅游消费试点城市，奏响了文旅产业融合、一体加快发展的大合唱。

（五）繁荣先进文化大舞台

甘肃省文旅厅党组自觉肩负起举旗帜、聚民心、育新人、兴文化、展形象的使命，致力于满足群众精神文化需求，把演艺作为文旅融合的着力点，策划开展“春绿陇原”文艺展演展播活动，把艺术写在陇原大地上，把文化送到老百姓心坎上。目前已累计演出展播300场次，吸引39.8万现场观众，网络访问人数3960万人次，“春绿陇原”成为最受广大群众欢迎的文化品牌。与全省大景区固定演出的《又见敦煌》《回道张掖》《天水千古秀》等旅游演艺遥相呼应，形成“月月有活动、周周有演出、场场有亮点”的常态演出机制。整合省直九大文艺院团优势，弘扬主旋律，创排新剧目，反映新时代愚公的话剧《八步沙》、讴歌扶贫干部张晓娟的音乐剧《达玛花开》、谱写“西北小萝卜头”的儿童剧《大豆谣》、弘扬黄河文化的陇剧《大禹治水》等次第登台，其中话剧《八步沙》等3台剧目入选建党100周年优秀舞台艺术作品展演，舞剧《彩虹之路》等5台剧目入选建党100周年舞台艺术精品百年百部创作工程。强化公共文化服务功能，注重为基层供好“精神食粮”，全省乡镇、行政村综合性文化服务中心实现全覆盖，整合资源实施“陇上飞阅”计划，群众可利用手机等移动终端设备享受127TB数字文化资源。全省公共图书总藏量达到1700.319万册，电子图书累计达到1864.4万册，年均总流通达到907万人次。文化馆馆办文艺团体利用乡村文化舞台，年均开展演出3000多场次，辅导群众业余文艺团体1万多个，举办各类展览近5000个，传播先进文化的大舞台正在发挥教育正效应。

（六）谱写非遗传承新篇章

甘肃非遗丰富多样、特色鲜明，是华夏文明传承创新区，是名副其实的“非遗大省”。甘肃省文旅厅完善非遗保护体系，创新非遗传承模式，已建成完整的非遗名录体系，有花儿、环县道情皮影戏、格萨（斯）尔3个项目入选联合国教科文组织人类非遗代表作名录；县级以上非遗代表性项目8158个，其中国家级非遗代表性项目83个；县级以上非遗代表性传承人12336名，其中国家级非遗代表性传承人68名。联合高校加快培养艺术新人和非遗传承人，拍摄《甘肃非遗》形象宣传片，编纂《甘肃非遗辞典》，打造花儿、裕固族民歌、蒙古族长调、呼麦等优秀非遗作品；启动敦煌文化、白马文化等享有世界影响力的文化生态保护区规划建设，开展“丝路记忆”西北五省区非遗宣传展示、“非遗过大年、文化进万家”等活动，持续提升非遗保护传承事业的影响力。探索创新非遗生产性转化模式，指导建设各级各类非遗扶贫就业工坊 93 家，累计组织非遗扶贫培训 381 期，培训人数 9738 人次，引导非遗扶贫产品进超市、进酒店、进机场，助力农民增收致富。指导非遗与“三区三州”旅游大环线相结合，与“一带一路”美丽乡村建设相结合，使之成为旅游市场的新卖点。2020 年，甘肃“交响丝路”“涛涛黄河”两条线路成功入选全国非遗线路。2021 年 9 月 28 日，庆丰收、迎国庆——“如意甘肃·多彩非遗”全省非遗展演活动在兰州精彩上演，为现场和线上观众奉献了一场承载着泥土清香和匠心艺韵的非遗盛宴。

（七）监管服务抗疫促发展

甘肃省文旅系统精做细做当好引客入甘的“店小二”，持续推进文化市场综合执法改革，地市级“同城一支队伍”、县区级“局队合一”改革目标基本实现，先后开展“雷霆行动”、“暑期整顿”、“利剑行动”和“事故隐患大排查、安全管理大提升、从业人员大培训、应急处置大演练”等专项行动，联合开展甘青大环线旅游线路执法检查，确保了全省文旅市场健康有序、文明发展。2020 年春，新冠肺炎疫情肆虐全球，文旅业遭遇“寒冬”。省文旅厅第一时间先救中小企业，先救民营企业，及时暂退 681 家旅行社质保金 1. 2 亿元，提前下达 1. 7 亿元旅游专项资金，让旅游企业“保家底、找出路”。连续 5 年落实旅游补贴资金 560 多万元，用甘肃文旅的辛苦指数换来旅游复工复产的喜人指数。2021 年前 10 个月，全省接待游客 2. 63 亿人次，实现旅游综合收入 1752. 4 亿元，分别恢复到 2019 年同期水平的 75. 6% 和 71. 5%，分别较 2020 年同期增长 39. 8% 和 39. 6%，文旅市场呈现持续升温、恢复向好的态势。

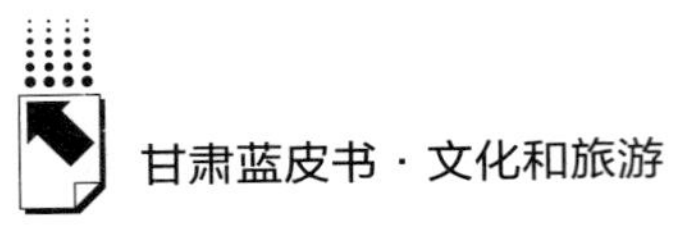

二 短板差距

回顾三年来的文化旅游融合工作，在甘肃省委省政府的坚强领导下，省文旅厅坚持以新时代中国特色社会主义思想为指导，认真贯彻文旅融合发展的一系列政策文件精神，创新实践、大胆实践，文旅融合发展取得优异成绩。但对照新时代人民对美好生活的向往需求，对照发达地区文旅发展的成功模式，对照全省培育生态首位产业的发展实际，甘肃文旅融合发展仍然存在一些短板差距，主要是，一是从理论层面上看，在三年多的实践中，“文旅融合”已成为中国文旅领域的战略共识，是文旅转型发展中最重要的方法论。甘肃文旅融合理念要进一步深化拓展，如何将具体思路由浅到深、由点到面进行全方位覆盖，需要持续进行调研思考，以制定“十四五”文旅发展规划为契机，形成富于创新、利于长远的文旅融合发展框架性思路。二是从景区建设上看，目前以政府主导和国有企业开发为主，全省大景区建设进展迅速、初见规模，3A级以上景区创建取得新进展，但与发达地区对照，甘肃文旅领域民营企业参与程度不高、引进资本总量不大的问题比较突出，如何引进民营企业进入、扩大景区建设投资、提升景区创建品质是未来文旅融合要破解的难题之一。三是从公共服务上看，全省公共文化服务质量不断提升，旅游景区公共服务配套同步推进，但与群众日益增长的物质文化需求相比，与建设高质量的文旅强省相对照，按照精神与物质共同富裕的标准，公共文化和旅游服务要进一步相互融合、一体推进，努力实现文化旅游相彰、共同提升。四是从科技支撑上看，面对新时代、新形势、新科技的快速发展，甘肃虽然开发了“一部手机游甘肃”智慧平台，但以现代方法挖掘体现传统文化的路径与办法不多，在“文旅＋科技”“景区＋科技”“演艺＋科技”“文创＋科技”“文博＋科技”等新业态的创新开发上投入不足，需要在今后文旅融合发展中进行突破和改进，打造形成更多的文旅融合IP。五是从市州发展上看，市州之间文旅融合发展不平衡的问题仍然存在，如何进一步形成区域联合、整体推进的平衡格局，需要在政策体系、项目建设、基础建设、设施配套上强化协作、同步推进，着力把甘肃打造成四季常新、全线精品的文旅强省。

三　对策建议

（一）注重规划引领

甘肃省文旅厅印发的《甘肃省“十四五”文化和旅游发展规划》，明确了“十四五”文化事业、文化产业和旅游业发展的总体要求、发展布局、重点任务、保障措施，是系统部署指导全省文化和旅游工作的纲领性文件。要坚持以习近平新时代中国特色社会主义思想为指导，立足新发展阶段、贯彻新发展理念、构建新发展格局，锚定文化和旅游强省目标，围绕高举旗帜、聚民心、育新人、兴文化、展形象的使命任务，统筹推进文化事业、文化产业和旅游业协同发展，持续放大文化和旅游业综合效应，全力将甘肃省建设成为文化遗产研究保护、传承弘扬、创新利用的新高地，丝路精神和时代精神融合的新典范，服务共建“一带一路”民心相通的新样板，丝绸之路国际文化旅游枢纽站，长城、黄河、长征三大国家文化公园文旅融合示范区，中国西部自驾游大本营，不断扩大“交响丝路·如意甘肃”国际知名度和影响力。坚持问题导向、目标导向和结果导向，将富集的文化旅游资源优势转化为文化旅游产业优势，从加强组织领导、强化政策法规保障、加大财政投入、完善投融资服务、加强评估考核入手，确保各项任务措施落到实处。

（二）强化智力支撑

要深入开展文旅融合发展调研活动，围绕融合三年来的新变化、新成效、新问题，进一步总结经验、寻找差距、完善思路、制定对策，从顶层设计上优化文旅融合发展路径。要坚持“以文塑旅、以旅彰文、易融则融、能融尽融”的方向，找准两者之间的最大公约数、最佳连接点，推动文化和旅游工作在各领域、多方位、全链条深度融合，实现资源共享、优势互补、协同并进，为文旅发展提供新引擎、新动力、新优势。要按照“合二为一、同台唱戏”原则，采取单向相加、双向相加、多向相加的方式，不断引进新发展要素，扩大产业发展空间，坚持相加与相融并举，以加促融，最终从相加阶段迈向相融阶段，实现融为一体、合二为一、共生共荣的文旅深度融合发展的渐进过程。要着眼于文旅系统组建实际，强化人才队伍支撑，加强干部队伍建设，从创新思维、文化素养、经营管理等方面，全面提升文旅干部队伍素质，做到人合、事合、心合。要探索拓宽人才培养机制，以产学一体、校企合作为手段，大力整合政府、企业、院校、科研机构力量，选送干部到旅游发达地区和重要景区考察学习，畅通政企学研一体化发展渠道。

（三）讲好甘肃故事

甘肃文旅资源丰富，文物资源总量全国排名第三，旅游资源总量全国排名第五；“一条河”“一座桥”“一本书”“一碗面”是人文历史代表，敦煌、天水、张掖、武威是全国历史文化名城，多民族文化衍生的非遗文化色彩夺目。要坚持从实际出发，强化花小钱、办大事的思维，持续做好文旅宣传、讲好甘肃故事，提升甘肃文旅的知名度和影响力。要坚持守正创新、汇聚经验，持续推广抓主题宣传推介、抓智慧旅游包装、抓精品路线策划、抓铁路航空联合、抓精品剧目创排等好经验、好做法，做到善谋、深谋、大家谋，实干、巧干、创新干。要坚持打造敦煌文化制高点，弘扬敦煌文化、黄河文化、长城文化、红色文化，传播长征精神、南梁精神、莫高精神、八步沙精神，传播甘肃好声音，塑造甘肃好形象。坚持思想深邃、艺术精湛、制作精良相统一，推出一批有高度、有力度、有温度，能够展示甘肃历史演变、民风民俗的舞台剧、实景剧文艺作品，使其成为展示甘肃文旅魅力的亮丽名片。

（四）借力加快发展

甘肃汉唐以来设置的古郡城市群落，是“一带一路”最好的旅游枢纽站，要面向世界复兴丝绸之路，必须串点连线勃兴丝路旅游城市群，联通“陆丝、海丝、空丝、网丝”，构建新时代的“一带一路”旅游大环线、快通道。要加强市州文旅产业发展调度工作，定期开展城市之间文旅发展观摩学习活动，互相交流、共同切磋，做到先进模式共学、优质资源共享、精品线路共搭，努力形成既有示范带头、又有整体推进的文旅产业发展新局面。要坚持市场化运作，制定文旅招商引资、多元融资的措施，谋划包装一批带动性、示范性、引领性强的项目，积极招商引资，招大引强，激发社会资金、民间资本投资活力。探索开展试点小企业“文化旅游贷”，落实景区经营权、门票收益抵押融资，支持重点文化旅游企业在资本市场直接融资。持续实施“文旅＋”战略，加快推进文化旅游与医药、体育、农业、教育的融合发展，推动文化事业繁荣发展、旅游产业蓬勃发展。

（五）建设“数字文旅”

要在文旅领域加快推进5G、AI、AR等数字技术的应用，让虚拟现实景区和数字博物馆的建造常态化，将直播、短视频、动漫游戏等新业态在文旅领域大力推广，掀起“线上种草、线下消费”的文旅新风潮。要创新文旅产品新场景，用沉浸式体验等方式将优秀传统文化内容、文化符号、文化故事等融入景区景点，把文化元素纳入线路设计、展陈展示、讲解体验。要发挥文物资源独特优势，让收藏在博物馆里的文物、陈列在广阔大地上的遗产、书写在古籍里的文字都活起来，全力促进文物与旅游相融合，推动博物馆、美术馆、图书馆、剧院、非物质文化遗产展示场所等成为旅游目的地。要深入挖掘先进思想、文化基因、多彩民俗、生态价值、艺术灵感等IP元素，辅助现代科技手段，促进文化、文物的升级利用，使传世国宝穿上时尚外衣，让遗产“活”起来，让景区“嗨”起来。

（六）加强公共服务

要站在满足“人民群众日益增长的美好生活需要”的高度，认识完善文化和旅游基础设施和公共服务的价值和作用，发现短板、弱项和“提质”

的关键点，找准靶心。要树立辩证统一的认识观，把完善文化和旅游公共服务体系与脱贫攻坚等任务联系起来，把政府、市场和社会组织力量聚集起来，把长期、中期和短期利益结合起来，统筹兼顾，取长补短、形成合力。要有改革创新、敢为人先的精神，打破地域、行业与部门壁垒，突破利益束缚，完善基础设施和公共服务体系建设体制机制，既要统筹协调、加大投入，也要做到量力而行，做好监督。要将文化和旅游供给侧结构性改革与满足人民日益增长的美好生活需求相结合，从外延式增长向内涵式提质转变，从资源依赖型向创新驱动型转变，以文旅融合来整合核心文旅资源，不断开发优质文旅产品，持续提供优质文旅服务，点亮“家国情怀”与“人间烟火”完美结合的文旅星光。

B.3
甘肃文化与旅游融合发展报告

梁仲靖 *

摘　要： 文旅融合是统筹文化建设和旅游发展的必然要求，是党和国家经济社会发展战略全局中的重要内容。本报告通过总结梳理“十三五”时期甘肃文旅融合发展成效，深入分析当前甘肃文旅融合面临的困难与不足，为新时期高质量推进甘肃文化和旅游创新融合发展，探索性提出若干对策建议和思考。

关键词： 文化　旅游　融合发展　甘肃

文化与旅游融合发展是文化建设和旅游发展的内在要求和必然结果。党的十九届五中全会再次明确提出“推动文化和旅游融合发展”的战略部署，文化和旅游部《“十四五”文化和旅游发展规划》进一步强调“推动文化和旅游深度融合、创新发展，不断巩固优势叠加、双生共赢的良好局面”，为新时期文旅融合发展提供了遵循、指明了方向。站在全面建成小康社会、开启第二个百年奋斗目标新征程新的历史起点上，认真总结和梳理甘肃文化和旅游融合“十三五”发展成效，努力破解文旅融合面临的问题和挑战，对于推动甘肃文旅再上新台阶、促进全省经济社会高质量发展等方面具有十分重要的意义。

---

* 梁仲靖，甘肃省社会科学院丝绸之路研究所助理研究员，主要研究方向为人文地理与旅游规划。

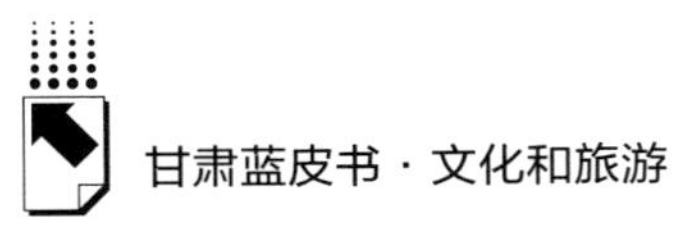

一 甘肃文化与旅游融合发展成效回望

“十三五”以来，甘肃省坚持“宜融则融、能融尽融、以文促旅、以旅彰文”的基本思路，抢抓新时代融入“一带一路”建设打造五个制高点、推进西部大开发形成新格局、黄河流域生态保护和高质量发展以及甘肃文化旅游强省建设等政策叠加机遇，加快推动文化与旅游在职能、资源、产业、市场、交流等方面的全面融合发展，取得了显著成效。2019 年甘肃省累计接待游客 3.74 亿人次，实现旅游综合收入 2680 亿元，相比“十三五”初期的 2016 年增长了 96.84% 和 119.67%。2020 年，尽管受新冠肺炎疫情影响，甘肃省仍实现接待游客 2.13 亿人次、旅游综合收入达到 1455 亿元。甘肃文化和旅游业发展总体呈现持续增长的良好态势，已经成为全省十大生态产业的首位产业。

（一）全面深化改革，推动文旅职能融合

为顺应文化与旅游高质量融合发展需要，加快推进文化、旅游领域治理体系和治理能力现代化，根据党和国家关于机构改革相关要求，甘肃省于 2018 年 10 月完成原有甘肃省文化厅、甘肃省旅游发展委员会两部门职能整合，正式成立了甘肃省文化和旅游厅，全面履行贯彻落实党的文化政策方针、研究拟定文化和旅游政策措施、统筹推进文化事业和文旅产业发展等各项职能，为凝聚全省文化和旅游发展合力、推进文化和旅游创新融合发展，提供了坚实的体制机制保障。同时，甘肃省积极推进文化市场综合执法改革，市州级“同城一支队伍”和县区级“局队合一”改革任务基本完成，全省文化、旅游、文物、新闻出版、广播影视等领域的行政执法体系进一步健全。全省 18 个大景区和市县主要 A 级景区建立了“管委会 + 投资公司”的管理运营模式，进一步理顺了体制机制，优化了资源配置，提升了综合效益。全省经营性文化事业单位转企改制、全省广电网络整合、文化行政主体合并等阶段性改革任务全面完成，全省六大精品石窟与敦煌研究院实现合并

管理，共同打造石窟管理的“航空母舰”；组建成立嘉峪关丝路（长城）文化研究院，开创长城文物保护利用新模式；推进大地湾遗址及大地湾博物馆划归属地管理，助力地方文旅融合提质增效。省文物局增设了革命文物处，统筹落实革命文物保护利用。博物馆法人治理结构改革深入推进，武威市、张掖市、大地湾等 8 个博物馆分别成立理事会。此外，还成立了省文旅产业集团，推动省属大型国有企业、金融机构等积极参与全省文旅产业开发运营，省城乡投集团、省公航旅、甘肃演艺集团以及兰州文旅公司、敦煌文旅集团等一大批文旅企业积极开拓市场，加大投融资力度，支持全省重点文旅项目建设，为全省文化和旅游高质量融合发展提供强有力支撑。

（二）统筹保护利用，加快文旅资源融合

1. 深入实施保护管理与重大考古工程

圆满完成第三次文物普查工作，扎实推进文化遗产“历史再现”工程，新增全国重点文物保护单位 22 处，国保单位增至 152 处，世界文化遗产数量达到 7 处。颁布实施《甘肃省长城保护条例》《关于加强石窟寺保护利用工作的实施意见》等开创性政策法规，敦煌石窟管理成为全国文物行业质量标杆并应用于全省石窟管理领域，文化遗产领域首个多场耦合实验室投入运营，“丝绸之路文化遗产保护国际科技合作基地”成为国家级科技合作基地单位。围绕中华文明探源和“考古中国”等重大项目，开展了天祝唐代吐谷浑王族墓葬、宁县石家及遇村遗址、礼县四角坪遗址、锁阳城遗址等重点考古发掘项目 10 余项，取得了显著成果。天祝唐代吐谷浑王族墓葬、夏河白石崖溶洞遗址列入“考古中国”项目，敦煌旱峡玉矿遗址入选 2019 年度全国十大考古新发现。

2. 创新推进文化遗产系统性保护利用

全面启动长城、长征、黄河国家文化公园建设，编制完成相关规划，实施了明长城山丹峡口段等 10 个重点区段长城保护利用综合项目，推进河西走廊国家遗产线路保护利用行动计划，悬泉置交旅融合开发项目在敦煌开工，炳灵寺正式跻身国家 5A 级旅游景区。积极推进黄河文化遗产保护利

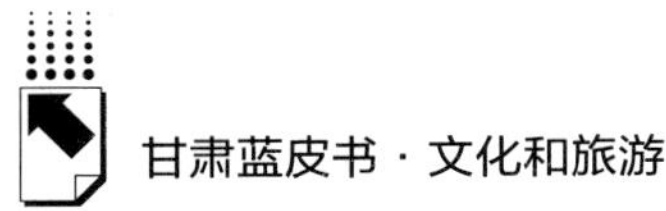

用，加快实施马家窑遗址、半山遗址等10个史前文化遗址公园建设，打造地标性黄河文化符号。率先向社会公布了全省革命文物资源名录，实施了榜罗镇会议旧址等革命旧址保护利用综合项目，会宁、高台、哈达铺等地干部学院建设快速推进，河西5市14县区被列入全国第二批革命文物保护利用片区名单，酒泉卫星发射中心历史展览馆被评为2020全国革命文物保护利用十佳案例。深入推进博物馆事业改革发展，全省博物馆数量继续增长，“历史再现”博物馆已达583个，204个进入国家公布的博物馆名录。甘肃简牍博物馆开工建设并完成编制和机构设置，甘肃博物馆联盟正式成立，敦煌研究院举办的“吐蕃时期艺术珍品展”荣获全国博物馆十大陈列展览精品推介活动国际及港澳台合作入围奖。

3. 大力推动非遗活化传承与保护利用

花儿、环县道情皮影戏、格萨（斯）尔3个项目入选联合国教科文组织人类非遗代表作名录；公布国家级非遗项目83项、省级非遗493项；认定国家级非遗传承人68名、省级617名，3家企业入选国家级非遗生产性保护示范基地，15个项目列入第一批国家传统工艺振兴目录。全省认定省级及以上非遗扶贫就业工坊93家。累计培训非遗传承人1100人次，完成32名国家级非遗传承人记录工程和甘肃非遗大数据平台建设、验收工作，启动实施省级文化生态保护区申报等工作。连续举办“非遗过大年”“文化和自然遗产日”等全省性的非遗宣传活动，组织参加中国非遗博览会等国内重大节会活动，广泛开展“非遗进校园”“非遗进景区”“非遗购物节”等活动，2条非遗旅游线路入选全国12条主题线路，“如意甘肃·多彩非遗”全省非遗展演收到了良好社会反响。

（三）强化精品供给，促进文旅产业融合

1. 持续强化产业支撑体系

全面完成全省18个大景区改革建设工程，加快推进全省364个A级旅游景区提质增效行动，全省5A级景区数量达到6家、4A景区数量达到110家。启动实施大敦煌文化旅游经济圈建设，相继建成嘉峪关丝绸之路文化博

览园、兰州老街、通渭书画小镇、敦煌月牙泉文化小镇、兰州榆中李家庄田园综合体等一批有影响力的文旅融合项目。深入推进武威历史文化街区、"读者印象"精品文化街区、甘肃华夏文化博览园、天水白鹿仓国际旅游度假区等重点项目建设。大力发展全域旅游，申报国家全域旅游示范区创建单位14家，已有3家被评定为国家全域旅游示范区，12家被评定为省级全域旅游示范区。

2. 创新推动产品与业态融合

大力开发文旅康养、休闲度假、户外运动、红色励志、研学旅行、非遗展演、农事体验、民俗演艺、商务会展等融合产品。加快培育文旅康养千亿级产业集群，制订文旅康养产业发展倍增计划。建成红色旅游A级景区14家，全省10个系列16个景区入选全国红色旅游经典景区名录，打造推出"三区三州"红色旅游专列产品和"建党百年·红色之旅"六大主题20条精品线路，全省38个村成功入选全国乡村旅游重点村名录，兰州马拉松、玄奘之路戈壁挑战赛、丝绸之路露营大会等品牌赛事逐步成为体育旅游热点，白银国家工业旅游遗产地、酒泉石油小镇等项目带动工业旅游发展初见成效。相继推出《丝路花雨》《大梦敦煌》《回道张掖》《彩虹之路》《八步沙》《大豆谣》等舞台艺术精品，助力全省演艺市场全面升温。

3. 大力实施智慧文旅工程

建成"一部手机游甘肃"信息化服务平台、甘肃文旅大数据中心和全省重点景区运行监测和调度指挥平台，累计接入全省A级景区和文博场馆405个，实现773家农家乐、577条旅行线路、9596名注册导游信息在线展示，以及6843家酒店和家庭旅馆预订。创新实现甘肃首个"5G+文化和旅游"场景落地，先后组织开展5G"云赏花"、渭河源直播带货等活动，"如意甘肃""云游敦煌""云游丝路""红色文化在陇原"等数字文旅平台广受公众好评。累计建成智慧文旅景区89家、智慧旅行社115家、智慧酒店15家，实现100个景区WiFi探针、5个智慧厕所、10套人脸识别闸机数据接入。

（四）厚植发展优势，推进文旅市场融合

1. 全面推动文旅消费升级

大力实施“两极三区”突破行动、文化消费创新行动、绿色消费培育行动、产业要素提质行动、业态拓展创新行动、夜间经济点亮行动等六大行动，积极培育数字动漫、互联网旅游等新型业态和消费模式，建立健全扩大文旅消费长效机制。兰州、张掖进入首批国家消费示范城市创建名单，持续开展第二批国家文化和旅游消费试点城市、示范城市申报工作，积极培育省级文旅消费试点城市，扩大消费试点。兰州市城关区和敦煌市入选“2021中国夜经济繁荣百佳县市”榜单，兰州老街、敦煌夜市特色商业街、嘉峪关·关城里景区、临夏八坊十三巷景区、张掖甘泉文化和旅游街区、兰州文化创意产业园、张掖丹霞口文化和旅游小镇积极申创国家级夜间文化和旅游消费集聚区。

2. 培育壮大文旅市场主体

成立甘肃文旅企业家俱乐部，建立全省文化旅游企业信息台账，收录文旅企业5140家，其中文化企业1476家、旅游企业292家、文旅融合企业2207家、旅行社784家、星级饭店381家。紧盯乡村客栈、农家乐、游乐场等乡村文旅市场主体，培训县（区）、乡（镇）分管领导，扶贫重点村干部，乡村旅游致富带头人和乡村旅游经营人员超过1.3万人次。实施新型文化企业培育计划，扶持中小微文旅企业向“精专特新”发展。实施文化和旅游创客行动，落实各类奖励扶持政策，鼓励研发文创和旅游商品，促进“原创化、生态化、产业化、市场化、品牌化、生活化”发展。精心举办全省文化旅游商品大赛，多项甘肃文创产品和旅游商品荣获中国特色旅游商品大赛和中国旅游商品大赛奖项。甘肃全省文化旅游商品和文创产品数量在1500种以上，敦煌研究院拥有注册商标108个，省博物馆拥有注册商标2个。

3. 不断优化文旅营商环境

深入推进“放管服”改革，建立文化旅游投融资项目库，制定出台

《关于金融支持甘肃文化旅游产业加快发展的意见》等政策措施，不断加大对文旅企业（项目）金融信贷支持，积极为文旅企业疏通“金融血脉”。强化文旅市场整治，建立“两轻一免”清单，全面推进“双随机、一公开”监管、“互联网+监管”和涉企信息统一归集工作，实现“不来即享”服务平台政策信息精准推送，确保文旅市场健康有序。围绕做好“六稳”“六保”工作，制定出台《加快恢复甘肃文化和旅游市场的若干措施》等防疫复工政策，通过组织企业向灾区捐款、退还旅行社质保金、筹集省级旅游发展专项资金补助文旅企业等措施，全力推动复工复产和稳岗就业。

（五）聚力共建共享，增进文旅服务融合

1. 打造主客共享公共文化新空间

“十三五”期间，甘肃省积极推进省、市两级有条件的文化馆、图书馆建设大景区分馆，支持公共文化机构开发文化创意产品，鼓励县级以上公共文化场馆“无门槛”对外地游客免费开放，加快构建为居民服务和为游客服务的公益性服务模式。全省累计完成新改扩建图书馆30个、文化馆17个，638个贫困地区乡镇综合文化站得到提升改造，建成1224个社区综合性文化服务中心，行政村综合性文化服务中心（“乡村舞台”）实现全覆盖。86个县级文化馆、图书馆在全省1228个乡镇建立总分馆制服务机制，建成659个乡镇数字文化驿站和744个村级数字文化服务点，“乡村飞阅”计划覆盖到全省228个乡镇，“百草园”数字平台解决了农家书屋服务“最后一公里”问题，全省104个图书馆均配备了数字文化云屏服务设备。全省3个城市、7个项目被列为国家级公共文化服务体系示范城市和示范项目，肃州区文化馆总分馆制、酒泉市肃州区银达镇乡镇综合文化站、酒泉市肃州区银达镇银达村综合性文化服务中心和嘉峪关市图书馆总分馆制、旅游厕所项目等成为公共文化与旅游融合发展的典型。

2. 创新文化旅游惠民服务新模式

依托“春绿陇原”“戏曲进乡村”“文艺轻骑兵”“百姓文化广场惠民演出月”等平台载体，通过政府购买服务等形式广泛开展文化惠民活动，

全省文艺院团、文化馆馆办团队等专业机构年均开展公益演出达到8100多场次，年均服务群众超过1600万人次。积极实施各类文化培训活动，全省文化馆馆办文艺团体数量达到221个，极大促进了基层群众文化活动常态化开展。2018年，甘肃率先开展“丰收了·游甘肃”冬春文化旅游惠民活动，成为全国文旅系统首个以丰收为主题、以农民为贵宾、以文旅惠民为初衷的亮丽品牌，荣获“2018中国旅游影响力营销推广活动Top10”大奖和2020年度中国旅游影响力品牌案例。2020年，组织开展以“你是人间四月天”为主题的“全国医务工作者游甘肃”和“甘肃人游甘肃”惠民活动，为全面打赢疫情防控阻击战注入了文旅力量。2021年，围绕“庆祝建党100周年、全面建成小康社会和开启全面建设社会主义现代化国家新征程”主题，广泛开展“我们的中国梦”——文化进万家活动。通过各类文化旅游惠民活动，不断提升广大人民群众的获得感和幸福感。

（六）深耕“一带一路”，助力文旅交流融合

1.深化丝路文化交流与国际市场开拓共赢互促

持续放大“一会一节”效应，成功举办五届“丝绸之路（敦煌）国际文化博览会”和十届“敦煌行·丝绸之路国际旅游节”，为推动共建“一带一路”、促进丝路沿线国家合作交流与民心相通搭建了重要平台。坚持“走出去”与“请进来”齐抓共举，加强与共建“一带一路”国家文旅交流合作。拍摄制作首部亚洲文明对话题材纪录片《莫高窟与吴哥窟的对话》，借助文旅部“欢乐春节”等文化品牌活动，积极与驻外机构联合开展交流展示活动。积极参加中国—东盟旅游博览会、柏林国际旅游交易会、法国巴黎中国传统戏曲节等国际会展活动，先后在泰国、韩国、新加坡、马来西亚等国家和地区举办“交响丝路·如意甘肃”文化旅游系列专场推介活动。启动实施在华外国人入境游行动，成功举办“东亚文化之都·敦煌活动年”活动，倾力打造国际一流的文化旅游目的地。甘肃被国际权威旅游指南《孤独星球》评选为亚洲十大最佳旅游地第1名，荣登《纽约时报》“2018全球必去的52个目的地”榜单。

2. 推动丝路文旅品牌与国内客源市场精准对接

着眼“一带一路”“三区三州”“双循环”等国家战略，大力实施“引客入甘”政策，将“环西部火车游”王牌旅游产品作为服务“一带一路”、构建新发展格局和加快“引客入甘”步伐的重要引擎。截至2020年底，累计开行“环西部火车游”专列144列，组织游客12.17万人次，实现旅游收入1.15亿元。积极开展“畅游交响丝路·启航如意甘肃”主题推介，联合搭建“空中丝绸之路快线”，推出“春游甘肃”“史上最热五一”“醉美端午”等假日旅游产品，开行“三区三州”红色旅游专列，全面激活乡村旅游市场，推出新东方快车“圆梦丝路”系列高端旅游产品，不断扩大文旅市场有效供给。积极发挥丝绸之路旅游推广联盟在沿线文旅产品一体化开发和推广中的重要作用，加强与黄河旅游推广联盟、长城旅游推广联盟、中国世界遗产旅游推广联盟等文旅联盟的交流合作，成立河西五市旅游联盟、陇东南五市旅游联盟和沿黄四市（州）旅游发展联盟，协力打造“传奇丝路·壮美河西”、“华夏祖脉·养生福地”和“九曲黄河·奇峡秀水”文化旅游目的地品牌。

二　甘肃文旅融合发展面临的困难与不足

（一）文化和旅游高质量创新融合不够

一是文旅融合的“深度”不够。地方文化特色及内涵挖掘仍然不够，文旅资源开发利用不充分，许多优质资源仍处于未开发和低层次开发利用状态，资源富集优势和品质优势还没有完全转化成产业优势，文旅资源潜力和文旅融合综合效益远没有得到有效发挥。二是文旅融合的“新度”不够。文化旅游创新融合的理念、模式及技术手段依然单调，传统文化旅游观光产品比重较高，文旅市场新产品、新业态供给不足和市场发育缓慢，品牌建设、运营管理和市场推广创新能力不强，文物、非遗及公共文化设施利用模式的创新与拓展不足，文旅融合发展的活力和动力不足。三是文旅融合的“精度”不够。具有显著竞争力和影响力的精品文旅融合项目总体偏少，能够进入国家盘面支持的重大项目数量有限；文旅基础设施、公共服务设施类项目相对较多，运营管理类项目相对较少，投资多而见效少；科技类、创意类、文化类精品文旅项目有限，部分项目同质化现象突出，现有文旅项目对全省文化旅游产业的引领示范作用不够明显。

（二）文旅融合的全产业价值链培育不足

全省文化旅游产业价值链培育尚不充分，资源要素整合利用效率不高，复合开发、组合开发、联动开发作用尚不明显，文旅产业布局仍待优化，文化旅游产品结构相对单一，个性化、差异化文旅产品开发和供给不足，参与型、体验式文化旅游项目较少，文旅产品附加值和市场认可度较低，夜间经济和假日经济发育尚不成熟，乡村旅游、康养旅游、研学旅游起步较晚，红色旅游、会展旅游短期收益不明显，文博、演艺和文创产品消费市场发育缓慢，电影动漫、数字娱乐、网络视听、线上演播等新业态自主培育不足，文旅融合价值溢出效应还没有得到全面充分释放。全省文化旅游人气旺、消费低的现象持续存在，文旅消费结构仍不合理，国内游客在甘旅游交通、住宿、餐饮、景区门票等刚性消费占比较大，而购物、娱乐、体验等消费占比较小。以2019年统计数据为例，国内游客人均消费仅为717元，游客平均在住宿和长途交通两项支出就达37.19%，在很大程度上影响了游客对甘肃旅游目的地的选择和出游花费。

（三）文旅融合的基础支撑体系依然薄弱

一是文化旅游市场主体仍然偏弱，全省文旅企业“小、弱、散”问题并存，龙头企业较少，核心竞争力不强。国家级、省级文化产业园区基地数量偏少、聚集孵化能力较弱，商业开发运营模式单一。部分大景区、特色小镇、文旅综合体自我发展能力不足。二是文化旅游基础设施尚不完善。“旅长游短”问题尚未得到有效解决，全省旅游交通规模总量小、网络密度低、等级结构不合理等问题依然存在，民航机场尚未覆盖全省所有市州，支线机场还没有完全实现串飞，部分市州还未通铁路，各种交通运输方式“无缝衔接”仍待加强，交旅融合发展仍待深入。以5G信息技术为代表的新型智慧文旅体系尚未完整建立，餐饮、购物、住宿新老业态尚不能满足游客消费需求，城乡文旅综合服务功能不强，服务散客和自驾车游客的自驾车营地、乡村旅游服务中心等设施建设滞后，“景城乡一体”的连接配套服务设施缺乏，立体式的全域旅游发展格局尚未建立。三是全省文旅人才短板仍未得到有效解决，高层次跨界、融合、复合型人才匮乏，文旅信息化、创意设计、运营管理、乡村旅游人才队伍短板明显，严重制约全省文化旅游产业转型升级与创新融合发展。

（四）文旅融合的市场环境仍待持续优化

总体来看，全省文旅融合政策法规和标准体系尚不完善，文化旅游高质量融合发展的支撑体系尚未完全建立，文化和旅游服务质量体系仍待完善，文化旅游市场信用体系尚不健全。一些影响文旅市场公平竞争的乱象仍未得到有效治理，数字文旅领域的治理难度增加，融合发展过程中知识产权保护问题突出，文化和旅游市场监管机制仍待进一步完善，文旅行业组织作用还没有得到有效发挥，文旅信息统计、数据分析、动态监测及其转化应用的平台机制尚待健全。文旅项目融资难问题仍然突出，许多地方的文旅开发仍以政府投资为主，项目融资渠道比较单一，社会资本参与度不高，项目投资运营市场化水平较低。部分项目落地缓慢，易受规划不科学、运作不规范、用地属性限制、专业理团队缺乏等因素制约，部分文旅项目建设周期长，完工率、运营率低，收益缓慢。同时，文化、旅游等多部门协同机制仍待加强。尽管融合发展思路已成为广泛共识，但部分部门和机构在实现物理融合后，尚没能催生出更多、更好的化学反应，分属不同系统的传统思维和工作方式仍有残存，各自为政现象时有发生，在文旅融合的资源、资金、决策、部署等方面还没有形成更加有效的合力。

三　高质量推进甘肃文旅融合发展的建议与思考

（一）深入挖掘资源潜力，增强文旅融合发展的价值链

按照“先整合、后融合”的发展思路，深入推进各类优质文旅资源的高效利用。高标准推进长城、长征、黄河国家文化公园建设，建设一批史前文化遗址公园、国家考古遗址公园，探索建立国家石窟艺术文化公园，统筹推进祁连山国家公园建设，打造国家文化公园大省。深入推动革命文物集中连片整体保护利用，建设以长征、西路军和南梁为主题的三大红色文化旅游廊道，积极争取河西和陇东国家级革命文物保护利用示范区建设，鼓励以会宁、南梁、高台等干部学院为依托，联动周边区域发展红色旅游。加强对代表性非遗的源头性、原生性、整体性活化传承和保护利用，积极推进临夏、甘南、敦煌等地建立文化生态保护试验区。加快大敦煌文化旅游经济圈建设，积极推动黄河文化旅游带建设，鼓励对不同谱系、不同类型的文旅资源实施复合式开发利用。加快培育和繁荣文化演艺消费市场，大力支持精品民宿、乡村酒店、康养旅游等乡村旅游业态集群发展，建设一批以大流量景区为依托的现代服务业集聚区，加快推进夜间文化旅游娱乐和消费产品建设，深入推进国家夜间文旅消费聚集区、国家文化和旅游消费试点示范城市创建，全面拓展和延伸甘肃文旅融合发展的价值链，提振文化旅游市场消费。

（二）破除观念和管理壁垒，持续优化文旅融合市场环境

进一步解放思想，摒弃“量米下炊”“照葫芦画瓢”等惯性思维和陈旧观念，在文旅融合方面要善于打破常规、勇于创新，既立足资源潜力和长远发展进行科学论证、大胆谋划，又要避免因急功近利、简单模仿导致的低水平开发和同质化竞争。要进一步消除地域分割、打破行业壁垒，加强对各类文化旅游产品和要素市场的培育和发展，全面促进各类产品及人才、资本、技术、产权、信息等市场要素的科学配置与合理流动。要持续深化文旅市场

综合执法改革，鼓励和保护市场公平竞争，健全文旅市场诚信体系，依法维护文旅市场秩序。要全面消除体制机制障碍，创造更加宽松稳健的政策保障和发展环境，鼓励和吸引社会力量和民营企业参与文旅投资和市场开发。大力推行惠企政策，进一步完善“不来即享”机制，持续做好“减事项、减层级、减材料、减环节、减时限”，推进“一网办”“零跑腿”。进一步简化程序、提高效率，为文旅企业培育壮大提供更加优惠、便捷的信贷金融支持。加快构建统一开放、竞争有序、诚信守法、监管有力的现代文旅市场体系，全面激活各类文旅市场主体的创造力和能动性。

（三）实施品牌驱动战略，充分发挥文旅融合倍数效应

围绕打造“一带一路”文化制高点和敦煌文化、长城文化、黄河文化等六大精品工程体系，大力推广文物保护利用的“敦煌模式”，持续增强兰州、敦煌国家级创意文化产业示范园等园区的聚集效应和孵化能力，积极推动国家中医药养生保健旅游示范园区建设，大力开展乡村旅游示范县、文旅振兴乡村样板村、乡村旅游综合体、文旅特色小镇等建设工作，坚持以大景区为提质增效核心增长极，推动更多重点文旅景区申创5A级景区，发挥好文旅融合平台和重点项目建设的引导示范作用。实施陇原老字号振兴工程，充分发挥“一包如意走丝路”智慧文旅游平台作用，整合线上线下资源，加大文旅创意产品开发，大力推介全省优质文旅商品和农特产品，打造优质网络陇货卖场。深入实施数字赋能行动，引导和支持虚拟现实、增强现实、5G+4K/8K超高清、无人机等技术在文旅融合领域的应用，培育新型文旅市场主体，推动线上线下融合发展，加快推进甘肃自驾游出行及数据融合服务平台等数字平台建设。持续做优“一会一节”文旅节会品牌，做精“环西部火车游”品牌，培大“空中丝绸之路快线”品牌，做强“交响丝路·如意甘肃”宣传推介，发挥好“一部手机游甘肃”平台功能，加大对“三区三州”旅游大环线推广以及对外文化交流与旅游宣传推广力度，不断提升文旅产业发展核心竞争力和品牌影响力，推动文旅融合综合效益全面释放。

（四）找准最大公约数，全面夯实文旅产业发展基础

以不断满足人民群众对美好生活的需要为导向，加快推动文化旅游与教育、体育、农业、康养、交通、科技、生态、乡村振兴等领域的全面深度融合，找准文旅融合的最佳契合点及融合面，加快推动文化旅游产业和公共文化事业协同发展。深入实施全域旅游示范区建设，全面推动城乡环境一体化综合治理。加快推进“快旅慢游”公共交通体系建设，深入实施“通路”“改站”“畅游”“智联”四大交旅融合提升工程，高品质推进“三区三州”大环线、黄河文化旅游风景道建设，打造一批景观优美、体验性强、带动效应明显的自然与人文风景道。补齐乡村旅游基础设施和公共服务短板，加快推进智慧城市、智慧景区、智慧交通、智慧乡村建设，全面拓展和提升县级以下公共文化设施旅游功能化利用水平，加快数字化博物馆、纪念馆、图书馆建设，健全馆旅融合、博物馆联盟、总分馆体系等创新利用新模式，大力实施非遗、演艺驻景区、进校园、下基层活动，推进文化旅游与弘扬优秀文化、公民思想道德建设等方面具体工作有机融合。加快人才队伍建设，推动文旅人才培养与“一带一路”、乡村振兴等战略紧密衔接。

参考文献

刘祥恒、李德明：《中国文化旅游产业融合研究述评》，《四川旅游学院学报》2021年第5期。

《全力推进甘肃文旅产业高质量发展——甘肃省文化旅游产业发展综述》，澎湃新闻网，2020年9月22日。

甘肃省文化和旅游厅：《文旅行业贯彻新发展理念进展情况汇报》，2021年8月25日。

《中共甘肃省委甘肃省人民政府关于加快建设旅游强省的意见》（甘发〔2018〕7号）。

《文化和旅游部关于推动数字文化产业高质量发展的意见》（文旅产业发〔2020〕78号）。

文化和旅游部：《“十四五”文化和旅游发展规划》（文旅政法发〔2021〕40号）。

B.4

甘肃乡村旅游可持续发展报告

魏学宏*

摘　要： 发展乡村旅游是振兴乡村的一条重要途径，甘肃在乡村旅游发展过程中探索了一些成功模式，促进了农村经济发展和产业结构调整，带动了群众就业创业，改善了乡村人居环境，提高了农民文化素养。但仍然存在景区缺乏整体规划指导、配套设施不完善、旅游产品差异化小等诸多问题。搞好科学规划，突出乡村特色；拓宽投融资渠道，强化基础设施建设；实施区域联动发展，拓宽乡村旅游市场；创新乡村旅游开发模式，丰富乡村旅游产品；加强旅游业务知识培训，增强村民参与性；培育引进乡村旅游人才，加强乡村旅游宣传营销都是推进乡村旅游可持续发展的选择路径。

关键词： 乡村旅游　可持续发展　甘肃

乡村旅游产业是促进农村经济和社会发展、推动农民致富增收的朝阳产业，是实现乡村振兴的重要途径之一。甘肃省乡村拥有丰富的旅游资源，充分挖掘和利用这些资源，大力发展乡村旅游，对于产业结构调整、解决农民就业、统筹城乡发展具有积极作用和十分重要的意义。

一　乡村旅游可持续发展的内容

乡村旅游可持续发展是旅游与生态、经济、社会、文化的持续协调发

* 魏学宏，甘肃省社会科学院决策咨询研究所研究员，主要研究方向为美学、信息与文化。

展，目标是为旅游者营造一个优美、便利、安全、愉悦的旅游环境，改善当地居民的物质生活环境，提高文化生活水平，并在发展过程中保持乡村生态环境的良性循环，不断增强乡村经济和文化的未来发展能力。具体可以从以下四个方面理解。

（一）生态可持续发展

乡村旅游可持续发展不能毁坏自然资源，必须保护好生态环境，有利于农业生产发展。打造乡村景观要遵从生态良性循环发展，现阶段开发以及将来可以预见的期限内相关实用性、愉悦性旅游设施设备的建设、经营活动的开展都应加强水、大气、土壤等的污染防治，做好水土保持，保护森林资源，确保自然景观不被破坏，保存完好。

（二）经济可持续发展

乡村旅游的发展与乡村经济发展是相辅相成的，经济可持续发展是乡村旅游高质量发展的现实基础，乡村旅游离开了社会资本支持一切都是空谈。所以，乡村旅游在扩大乡村文化影响力的同时，要带动周边商户增加收入，在群众增收致富的同时增加集体经济收入，让企业也得到更好的发展，促进当地经济的可持续发展，这样才能为乡村旅游发展提供必需的资金支持。

（三）社会可持续性

发展乡村旅游必定会增加岗位需求，这样会给农民创造新的就业机会，特别是保障失地农民有工作，同时为农民开辟了服务性、产品性以及资源性收入渠道，拓展了他们的经济收入来源。而且能够促进农业现代化发展，实现产业转移，在市场、组织形成新的农业产业链。为了满足游客的感官需求，在开展乡村旅游的过程中，农村配套的水电、通信等现代社会必需的各类基础设施必定会逐步完善，农村生活环境也将会不断改善。

（四）文化可持续性

乡村旅游可持续发展的永恒动力是当地的历史和文化，乡村文化、乡村民俗等是乡村旅游的文化内涵。注重乡村生态环境和乡村文化内涵的结合发展，是对村落文化的积极保护，有利于乡村旅游的可持续发展，在旅游中感受庭院文化、体验乡村生活是对村落文化的传承。而在健康、文明的乡村旅游带动下又可以传播文化知识，在一定程度上可以提升农村文化。

二　甘肃乡村旅游的实践成效

（一）培育了经济发展新动能

乡村旅游发展离不开住宿餐饮、交通运输、农产品加工、文化及建筑等产业的辅助，由此直接带动当地农村经济的发展。2020 年甘肃省乡村旅游过夜人次占比达 64%，“夜经济”成为新的消费增长点。[①] 参与乡村旅游的农民把当地农产品、特色民俗文化和工艺变商品，特色餐饮变服务产品，增加了经营性收入，间接带动了周边地区经济的发展（见表 1）。

表 1　2017～2021 年甘肃乡村旅游游客接待量及收入额

项目	2017 年	2018 年	2019 年	2020 年	2021 年 1～8 月
游客接待量（万人次）	7036	8520	12700	8013	9465. 9
收入额（亿元）	127. 5	165	340	238	281. 14

资料来源：甘肃省文化和旅游厅。

① 《〈中国·甘肃乡村旅游发展指数报告（2020）〉正式发布　陇原乡村旅游规模逆势上扬》，《兰州晚报》2021 年 3 月 20 日。

2021 年 3 月 27～29 日，陇南武都区举行了全省非遗助力乡村振兴产品展示展销活动，三天销售额达 22.456 万元。[①] 2021 年“五一”期间，全省乡村旅游游客接待量达 965 万人次，占到同期全省旅游总人次的一半，实现乡村旅游收入约 29 亿元。其中定西市乡村旅游接待人数 38.6 万人次，实现旅游收入 0.68 亿元，分别同比增长 6.5%、5.8%。平凉市共接待乡村旅游游客 42.64 万人次，实现乡村旅游收入 10538.04 万元。[②] 国庆期间，乡村旅游成为天水旅游的亮点，共接待乡村游客 55.75 万人次，实现乡村旅游收入 1.07 亿元。乡村旅游在丰富旅游业态、满足旅游需求的同时，也为周边地区农产品开辟了销售渠道，产业链不断向外延伸，在粗放经济向效益经济转变的同时，经济发展的新动能应时而生。如嘉峪关市持续举办丰富多彩的乡村节庆活动，搭建农产品销售平台，使乡村旅游成为农村经济社会发展的“助推器”。

（二）促进了产业结构调整

乡村旅游牵手农业，赋予农村、农业生产、农产品加工等以旅游功能，将传统手工艺与传统农业生产技术相结合，使农村资源功能拓展，延伸发展出观光、休闲、度假、采摘等旅游产品，应时而生了乡村旅游综合体、田园综合体、特色乡村旅游小镇、名镇名村，涌现了一批独具特色的画家村、写生村、雕塑村、奇石村、陶艺村，形成乡村旅游中农业与文化有机融合促生的新兴产业模式。庆阳市西峰区温泉镇黄官寨村，发展乡村旅游打破了以往种植小麦的传统生产经营模式，村民以土地入股，组建成立现代化公司，进行统一管理运营，打造了以热带植物观赏区、现代农业示范区、休闲农业体验区为主的集观光、休闲、旅游于一体的现代农业综合体——天富亿生态民俗村，成功创建为国家 4A 级旅游景区。省文旅厅在乡村旅游项目打造中，依托各类设施农业，综合开发花海经济、美食经济和休闲观光农业的集群分布和区域拓展，推

---

① 《甘肃省非遗助力精准扶贫乡村振兴产品展销活动圆满落幕》，陇南人民政府网，https：//www.longnan.gov.cn/4448264/41292474.html。

② 《甘肃省非遗助力精准扶贫乡村振兴产品展销活动圆满落幕》，陇南人民政府网，https：//www.longnan.gov.cn/4448264/41292474.html。

动乡村旅游向规模化、集群化、精品化、品牌化发展，使传统农业转向现代农业，促进单一农业向多元农业转变，有力地推动了农村一二三产业融合。

（三）扩大了旅游产品供给

甘肃省文旅厅2021年3月中旬启动2021年甘肃乡村旅游市场，推出春季乡村旅游15条精品线路；中秋、国庆节以“金城门户 · 山水田园休闲游”等为主题推出金秋乡村旅游15条精品线路。这些线路全面串联了甘肃重点乡村、景区、博物馆、纪念馆等,① 各市（州）结合当地文化特色和旅游资源特点，开展了多项宣传促销活动，设计了精彩纷呈的文旅线路产品和乡村旅游休闲度假线路,② 甘肃文旅厅强化政策支持，开发以山水田园、生态农业、村落民宅、民间节庆为重点的乡村观光产品，以风俗礼仪、民间演艺、乡村赛事、非遗技艺为重点的乡村体验产品，以农耕文化、农业科普、农事体验、红色记忆为重点的乡村研学产品，以乡村民宿、乡村客栈、乡村野奢、康养乡居为重点的乡村特色住宿产品，以优质农产品、特色风味小吃、乡村手工艺品为重点的乡村旅游餐饮和特色商品，有效扩大了旅游产品供给。③

（四）带动了农民致富增收

“十三五”期间，甘肃大力实施旅游富民工程，先后争取国家资金、安排省级文旅专项资金总投入约12亿元，支持全省发展全国乡村旅游重点村32个，发展乡村旅游专业村1053个、合作社301个、农牧家乐21500户，带动59.2万人口走上致富之路。与此同时，通过乡村旅游景点的开发、旅游交通的发展、旅游餐饮的兴办、小型食品的加工、纪念品的制作，带动了

---

① 《甘肃推出15条金秋乡村旅游精品线路》，新华网甘肃频道，http：//www. gs. xinhuanet. com/2021 –09/18/c_ 1127878487. htm。

② 《“十一”黄金周 甘肃接待游客1700万人次 实现旅游收入102.6亿元》，https：//www. 163. com。

③ 《甘肃省文旅厅全面启动乡村旅游示范县、文旅振兴乡村样板村创建工作》，https：//baijiahao. baidu. com/s? id = 1711114635835925902&wfr = spider&for = pc。

当地群众就业，促进了农村剩余劳动力就地转移。如临夏州和政县买家集镇石咀村旅游试点项目带动150户623人参与乡村旅游。2012年以来康县9.7万人通过参与乡村旅游实现增收。

（五）改善了乡村人居环境

全面推进乡村振兴战略后，甘肃省文旅厅大力实施“全域无垃圾”等专项行动，谋划实施了一批大项目，持续改善、优化乡村旅游发展条件和环境。2021年，甘肃省文旅厅创建乡村旅游示范县、文旅振兴乡村样板村工作全面启动，安排6000万元的省级旅游专项资金，对8个乡村旅游示范县、60个文旅振兴乡村样板村创建工作给予补助，[①] 重点从村容村貌洁美、田园风光怡人、公共服务便捷等方面加强乡村旅游基础设施建设，着力营造田园优美、人文淳美、村庄秀美的乡村旅游环境。截至2021年9月，甘肃省建成38个全国乡村旅游重点村、3个全国乡村旅游重点镇（乡）、46个省级优秀乡村旅游示范村、310个乡村旅游示范村，发挥了乡村振兴引领示范作用。

（六）旅游培训提高了服务水平

为了乡村旅游能蓬勃发展，省市县对从业村民在语言、技能、礼仪、专业知识等方面进行了培训。2021年甘肃省文旅厅安排850万元乡村旅游培训专项资金，以逐县办班、送教上门等多种方式，对乡村旅游带头人、管理人员、经营服务骨干人员进行系统培训，使从业于乡村旅游的农民素质整体有了很大提高。同时随着乡村旅游的深入发展，大批游客不断涌入农村，城镇居民的文化知识、道德观念、思维方式也随之带进乡村，城乡居民的接触，拓展了农民人际关系，开阔了农民的视野。农村的封闭和禁锢被彻底打破，村民思想得到解放，以乡村旅游为名片，引客进村、引资进村、引技进村，发展乡村旅游的热情空前高涨。特别是在参与乡村旅游活动中接受新思

---

① 《甘肃省文旅厅全面启动乡村旅游示范县、文旅振兴乡村样板村创建工作》，https：//baijiahao. baidu. com/s? id = 1711114635835925902&wfr = spider&for = pc。

想、养成好习惯，促进了农民思想观念的转变和乡村文明的提升，形成了城乡互动、和谐发展的大好局面。

三 甘肃乡村旅游可持续发展存在的问题

（一）景区规划缺乏可持续发展指导和思路

当前，甘肃各地对乡村旅游可持续发展认识不足，乡村旅游开发规划忽视景区可持续发展指导思想和思路前瞻性，将乡村旅游开发看成游客到乡村吃喝住行，打造城市景观以替代乡村特有景色，原有风貌遭到破坏。一些地方低层次开发，品位不高，“乡村景观公园化”现象突出；一些地方重复建设不仅造成人、财、物以及自然资源的巨大浪费，也使乡村旅游产品失去了市场占有率，乡村旅游的可持续发展受到了极大的影响。

（二）资金投入不足，配套设施不完善

甘肃乡村经济基础薄弱，各县区政府财力有限，市场融资困难，招商引资难度较大，导致一些适宜开展乡村旅游的地方基础设施建设滞后。县通高速、4A 级景区通二级公路的目标还未全部实现。资金投入不足，导致一些地方路况差，交通存在安全隐患。很多乡村旅游景点的停车场、公厕、通信、住宿、餐饮以及垃圾与污水处理方面都有持续提升的空间。

（三）文化内涵挖掘不够，旅游产品差异化小

乡村旅游产品没有很好地体现当地的乡土人情、民俗民风，缺乏深层次的文化内涵，存在城市化复制，乡土风味被弱化，核心竞争力不强等问题。乡村旅游服务产品以小景点休闲与农家乐为主，产品开发过于单一，娱乐性、参与性活动比较单调，与周边旅游市场差异化小，地方特色不突出，同质化严重，还没有形成“吃住行、游购娱、文教养”一体化产业链，旅游舒适感差，对大容量的旅游团队缺乏吸引力。

（四）乡村旅游管理不规范，服务水平参差不齐

乡村旅游景区的管理人员既有地方政府人员，又有投资经营者，还有一些管理职务是由村委干部担任，他们主要凭借平时的处世经验对乡村旅游事务进行管理，经营管理能力弱，难以满足乡村旅游发展的需要。乡村旅游主要服务人员是当地村民，特别是农家乐从业人员以当地村民为主。景点周边的村民文化程度高低不一，大多数没有接受过系统的旅游专业服务培训，大多数景区没有专业导游人员，有的也只是由镇干部或村干部充当，专业人才寥寥无几，服务质量得不到保证。甘肃省乡村人口1476.8万人，占常住人口的56.81%。其中从事乡村旅游的有15万人，仅占1%，由此造成乡村旅游从业人员整体素质不高，服务水平参差不齐，主动服务意识较差，影响旅游者的观光热情，导致出现“一次游”的现象，严重影响乡村旅游的可持续发展。

（五）营销意识淡薄，宣传促销不力

甘肃很多乡村旅游产业由于发展资金不足，加上不重视对外宣传，营销意识淡薄，乡村旅游根本没有营销战略，或者营销计划还停留在初级阶段，营销效果差，没有把自身产品的特色和品牌打出去。同时，乡村旅游管理层缺乏与政府机构、事业单位、相关企业的沟通与交流，没有主动申请政府政策性支持，没有积极寻求与企事业单位合作，大部分乡村旅游项目只是在景区里面宣传，宣传信息传播范围小，导致乡村旅游景点只有附近居民知道，距离稍远的游客根本没有听说过或者一点也不熟悉。

四　甘肃乡村旅游可持续发展对策

（一）突出乡村特色，做好可持续发展规划

1. 重视乡村旅游可持续发展规划的编制

按照习近平总书记“发展乡村旅游不要搞大拆大建，要因地制宜、因

势利导，把传统村落改造好、保护好”的要求，突出政府主导，贯彻开发与保护相结合、生态效益和经济效益相结合，科学制定发展规划。在乡村旅游功能定位、村镇建设、土地供给、产业发展、市场客源和基础公共设施配套等方面做好精细设计。乡村旅游可持续发展规划要与当前乡村振兴密切结合，处理好乡村旅游近期发展计划与远期实现目标的关系，因地制宜发挥资源优势，促进乡村旅游发展。同时县、乡两级政府在编制乡村旅游可持续发展规划时，应制定与乡村旅游开发相关的控制性管理条例，进一步明确全县各乡镇、行政村发展乡村旅游的方向和重点，避免乡村旅游产品的雷同化，突出特色，树立可持续发展的旅游品牌，着力把甘肃打造为西部知名乡村旅游目的地。

2. 重视乡村旅游中文化资源的开发

甘肃各地乡村都有很多趣闻传说，农作方式、乡村节庆、生活习惯也有很大的不同，开发乡村旅游过程中，要把各地乡村浓厚的文化底蕴、文化内涵挖掘出来，通过保护乡村原有传统建筑、景观，或者改造乡村文化建筑，让乡村的空间肌理更具地域文化特点。如把绿色田园、古色乡村与红色文化相结合，可以使广大农村在“红”起来的同时，推动乡村旅游“火”起来。在保护好乡村原生性的同时，多角度、深层次设计、开发、制作适销对路、彰显乡村特有文化内涵的产品，各类产品与服务尽量更好地体现“一村一品”，使现有自然资源与人文脉络相得益彰，有效保护乡村旅游可持续发展。

3. 重视乡村生态环境的保护

在乡村旅游开发中认真贯彻落实习近平总书记生态文明思想，坚持“绿水青山就是金山银山”理念，在巩固全省自然保护区旅游设施项目整改成果的基础上，全面落实国土空间开发保护要求，将乡村旅游可持续发展与主体功能区规划发展融为一体，坚决杜绝对生态环境和景观进行破坏性开发，防止“杀鸡取卵”“竭泽而渔”对原生环境的毁坏。打造湿地生态景观，要保留乡村原有的文化生活和生活文化；新开发乡村旅游要保护好原生态植被，充分考虑旅游景区、旅游度假区、乡村旅游生态承载力、自然修复力；建设天然景观、景点尽量保持原生态和乡土性，实现“活态”保护，运用大数据、云计算等新技术，做好环境监测，避免乡村水质、土壤、空气的污染，最大限度地减少旅游活动对自然环境的影响和破坏，使原有生态资源成为优美的乡村旅游资源。

（二）拓宽投融资渠道，强化基础设施建设

1. 加大资金整合力度，推动乡村旅游发展

贯彻好甘肃省关于涉农资金整合试点的实施意见，落实好中央、省级各有关部门对乡村旅游的资金投入，推动县区整合利用好乡村振兴的扶持资金，集合示范村建设、道路硬化、危房改造、农村环境综合整治、生态搬迁、游牧民定居、特色景观旅游村镇和传统村落及民居保护等项目建设，根据乡村休闲观光等产业分散布局的实际需要，探索灵活多样的供地新方式，集中建设一批乡村特色小镇、乡村振兴重点村及示范村，让农家乐慢慢升级为现在的富有个性化的乡村精品民宿，增强乡村旅游长久发展的生命力。

2. 拓宽投融资渠道，强化基础设施建设

政府要充分发挥资金投入的主导作用，落实好各种信贷优惠政策，为乡村民众提供旅游贷款。积极对村民在乡村旅游发展中支出的消防、食品安全、防疫等公共费用给予适当补贴。整合乡村振兴建设资金，实施一批以通达便捷为核心的水、电、路、数字化等旅游基础设施建设项目，发展智慧旅游，完善乡村旅游标识体系，加强乡村停车场、乡村公厕、交通驿站、垃圾和污水处理等设施改造，按照“村镇景观化、设施旅馆化”标准，实现村容绿化、环境美化、垃圾净化，切实改善乡村旅游发展基础条件，大幅提升乡村旅游发展综合服务能力。

（三）实施区域联动发展，拓宽乡村旅游市场

1. 推动区域联动发展

首先，考虑在县城周围优先安排休闲农业、美丽乡村工程等建设项目，依托城镇、景区、交通廊道，把县城、景点、特色乡村旅游点连成一线，形

成城镇一小时及景点30分钟旅游圈。其次，在乡村旅游资源连片区域，积极推动区域范围内相关部门打破行政区划界限壁垒，通过建设乡村旅游示范村、发展特色农家乐和精品民宿、拓展景观廊道，将乡村旅游点串成特色化、主题化的高品质旅游线路。同时会同“三区三州”各省区高水平策划自驾、研学、主题教育等特色文化旅游产品、线路，特别是以敦格铁路开行为契机，联合青海省开行“环祁连山甘青旅游大环线专列”，形成大景区立体联动格局，实现区域内乡村旅游的规模化、集约化发展，使乡村旅游成为大景区的功能拓展区和消费承载区。

2. 拓宽乡村旅游市场

在60条乡村旅游精品线路的基础上，适时再集中推出一批乡村旅游精品线路，邀请省内外企业家组织旅行团队、自驾游群体畅游陇原大地，为游客感受乡土文化、观赏美景、体验乡村振兴成果提供更多诗意去处。挖掘“夜间经济”潜力，发力乡村夜间游览，适时推出乡村美食节、音乐会、灯光节等旅游活动，提供新鲜的旅游体验，带动餐饮、住宿等发展。针对“研学旅游”产业热点，推出亲子陪伴、休闲度假、主题研学等旅游项目，把乡村观光推向乡村旅居、乡村生活。积极协调联系地方机关、事业单位、大型企业，购买乡村旅游特色产品作为消费券发放，动员把乡村旅游作为先进工作者度假、职工疗休养的地点。通过淘宝、京东、美团等电商平台开设网上店铺及代销点，扩大特色农产品销售渠道；扩大乡村物流布点，鼓励乡村旅游点、经营户积极主动联络游客，提供消费信息，为游客再次消费邮寄、快递产品。

（四）创新乡村旅游开发模式，丰富乡村旅游产品供给

1. 创新乡村旅游开发模式

在景区带动型、城镇辐射型、通道景观型、产业依托型、乡村休闲型、创意主导型等6种乡村旅游开发模式基础上，针对消费升级特点，甘肃乡村旅游应向特色化、集聚化、产业化方向转变，发展原生态文化村寨型、生态环境示范型、民族风情依托型、农业观光开发型、现代农村展示型、红色旅

游结合型、非遗展示创收型、线路串联引客型、农事节庆营销型等乡村旅游。乡村旅游的客源是城镇居民，对其产生吸引力的关键在于不同于城市的生活环境与生活方式。因此，未来乡村旅游景区景点的开发，不是让城里人到乡村去吃吃喝喝，而是去过一两天的乡村生活，要让游客不但有看头，还得有玩头。所以，单一的乡村旅游业态是很难持续发展的，需要整体打造吃、喝、住、行、玩、购的乡村旅游发展模式。

2. 丰富乡村旅游产品供给

结合省内各地不同的资源禀赋、产业形态、文化习俗等，突出乡村“土气、老气、生气、朝气”，深入挖掘旅游特色和开发价值，在踏青赏花游、魅力乡村游等八大主题产品的基础上，再打造一批农业观光、田园采摘、民俗体验、民族风情、康养休闲等特色产品，用新产品、新业态为乡村旅游赋能。开展等级旅游民宿评定，力争完成创建5个乡村旅游示范县、60个文旅振兴乡村样板村工作任务，建设一批乡村特色旅游村镇、农家乐、精品民宿，发展一批乡村旅游合作社。同时依托当地的特有资源，组织、引导和培训村民参与设计、开发和销售具有地方特色的手工艺品、特色食品、旅游纪念品等旅游商品。一个地方的乡村旅游如果能够持续保持自己的旅游产品特色、自己的天然模样并不断地推陈出新，提升手工业以及传统农业的附加值，必将对游客产生可持续的吸引力。

（五）加强旅游业务知识培训，增强村民参与性

1. 加强旅游业务知识培训，提高乡村旅游服务水平

服务是一种文化，高质量的乡村旅游服务会让游客认可当地的乡村旅游品牌。因此，必须提高乡村旅游从业人员的服务水平。首先，增强从业人员服务意识。要让当地从事乡村旅游服务的村民认识到乡村旅游中他们是最大的受益者。游客满意，才有可能吸引他们重游再消费，这样就会增加收入，提升当地经济。其次，组织师资力量，编写乡村旅游培训教材，举办乡村旅游文化旅游培训班，重点对乡村旅游领头人、旅游村村“两委”干部以及乡村旅游从业人员进行系统的旅游业务知识培训，提高服务能力，提高服务

水平，让游客体验感和获得感得到提升。最后，通过培训和教育拥有自己的导游，思想业务素质高的导游将会为乡村旅游增色不少。

2. 增强当地村民的参与性

首先，乡村旅游规划与开发应充分考虑、听取当地村民的想法、建议和意见，同时协调处理好政府、投资经营者与村民之间的关系，切实保障村民利益，这样才有利于乡村旅游稳定发展。其次，除了公益性岗位、卖卖矿泉水及副食之外，要通过资本分红型、劳动契约型、土地股权型等多元联农带农模式，引导村民深度参与乡村旅游发展。最后，充分发挥村委会作用或者专门成立乡村旅游事务办公室，保证村民参与乡村旅游的经营管理的话语权和收益权，坚持乡村旅游发展相关事务透明公开，有效协调村民与政府、外来投资商的利益关系，让当地村民深入了解乡村旅游发展中出现的问题并参与决策，实现以村民参与和自治为核心、多方和谐互动、利益互馈的理想的乡村旅游发展路径。

（六）培育引进乡村旅游人才，加强乡村旅游宣传营销

1. 人才培育要在引人用人留人上下功夫

中共中央办公厅、国务院办公厅 2021 年 2 月印发的《关于加快推进乡村人才振兴的意见》提出“加强乡村文化旅游体育人才队伍建设”，这为乡村文化和旅游人才培育、打造指明了方向和路径。一是从实际需求出发，坚持人才类型的差异化引进和培育。如乡村旅游已比较成熟，主要是打造有亮点、特色的乡村旅游品牌，这就需要引进领军人才、创新人才；乡村旅游基础相对薄弱，还处在起步发展阶段，应重点培养村民的服务技能、意识和致富的理念，以练好内功为主。二是制定及落地精准化吸引人才政策。政策扶持关注人才匹配度和政策匹配度，发挥好人才动能，在招引集聚人才的同时，服务好人才成长和创新，从而吸引更多的有志之士汇聚到乡村旅游发展中。三是形成特色化人才使用与培育路径。“栽好梧桐树，引得凤来栖”，加强与旅游企业、高等院校和研究机构等合作，引进专家学者规划、开发旅游项目，在为乡村旅游发展出谋划策的同时，在乡村内部培育有情怀的、熟

悉当地情况的高素质带头人，形成“头雁效应”。四是创新可持续的留人激励机制。为人才提供没有后顾之忧的生活、学习和工作环境；同时，政府通过税收、土地、收益等一系列优惠举措吸引人才回流，在本地创业就业。

2. 加强品牌宣传营销

一是运用传统媒体，以专栏、公益片、插播宣传语等形式，加大对本地特色乡村旅游景区景点、线路的宣传推介。用好新兴媒体，利用公众号、微信、小程序、抖音、快手等新媒体，以短视频、纪录片、网红直播、VR、微博美文分享等多种形式，上线乡村旅游示范村民俗客栈、农（牧）家乐、特产美味等内容，展示乡村优美自然风光和优秀文化，有效吸引旅游群体的目光。同时在车站、公路沿线等公共场所，充分利用广告灯箱、电子屏、宣传栏、墙报进行宣传，提升乡村旅游影响力、吸引力和知名度，带动乡村旅游经济的发展。二是突出乡村旅游品牌的营销。加强与旅行社、酒店的合作，将乡村旅游景区景点的部分内容作为旅行社行程线路的免费项目和游客住酒店时的赠礼。各级政府通过策划节庆等各种各样大规模乡村旅游主题营销活动，进而通过游客亲身参与多形式、有亮点活动的口碑，塑造各区域整体旅游形象。通过诗意栖居的村落景观特色、第二居所乡村的民风民俗、场景时代的人文历史等优质良好的形象包装，打造专属于地方乡村旅游的个性化旅游产品，推动当地乡村旅游品牌的建立。

参考文献

《创新发展模式 壮大乡村旅游》，中国经济网，http：//www. ce. cn/culture/gd/201907/31/t20190731_ 32773050. shtml。

王昆欣：《培育乡村旅游人才要在引人用人留人上下工夫》，中国旅游新闻网，http：//www. ctnews. com. cn/gdsy/content/2021 －03/04/content_ 98880. html。

吴海燕：《乡村旅游可持续发展的困境及对策建议》，《农业经济》2019 年第 10 期。

付泳、张慧雯、刘春健、水文静：《乡村振兴战略背景下甘肃民族地区乡村旅游发展探析》，《发展》2020 年第 7 期。

B.5
甘肃红色旅游发展报告

陈小丽*

摘　要： 甘肃文化旅游产业是近年来高速发展的国民经济支柱产业之一，发展红色旅游，是在新时代将红色资源和旅游深度结合的一种旅游新产品，并且正在成为全社会开展党史、新中国史、改革开放史、社会主义发展史宣传教育的重要抓手。在“十四五”时期，甘肃继续推进红色旅游迈上新台阶，不仅能实现旅游产业跨越式发展，也将有力推进全省经济转型升级。本文主要从甘肃红色资源分布及红色旅游发展现状、红色旅游开发模式与发展趋势、存在的问题、推进红色旅游发展的对策措施等方面对此作了探讨。

关键词： 红色资源　红色旅游　创新发展　甘肃

甘肃红色旅游资源数量在全国排在前列，发展红色旅游具有得天独厚的条件。自中国共产党成立100年来，从新民主主义革命时期、社会主义革命和建设时期，到改革开放以来，在甘肃留下的红色遗址遗迹如繁星密布，革命文物存量巨大，建成的博物馆、纪念馆、展览馆、烈士陵园等馆园数量众多。正如习近平总书记关于革命文物工作的重要指示指出：革命文物承载党和人民英勇奋斗的光荣历史，记载中国革命的伟大历程和感人事迹，是党和国家的宝贵财富，是弘扬革命传统和革命文化、加强社会主义精神文明建

* 陈小丽，甘肃省社会科学院丝绸之路研究所副研究员，主要研究方向为比较文化。

设、激发爱国热情、振奋民族精神的生动教材。①

新时代，将包括红色文物的红色资源和旅游结合起来，既是观念的创新，思想教育方式的创新，也是产业的创新。推动红色资源和旅游深度结合，对于充分发挥甘肃省红色资源优势，开展革命传统教育，开发利用甘肃独特的红色文化资源，培育红色旅游支柱产业，促进产业结构调整，推进甘肃文化产业大发展和文化强省建设，实现创新发展、高质量发展，具有重大的现实意义。本课题的研究旨在厘清甘肃红色旅游基本情况，在剖析甘肃红色旅游现存问题的基础上，研究促进甘肃红色旅游发展的路径与对策。

一 甘肃红色旅游资源分布与发展现状

甘肃红色文化资源分布地域广泛，时间跨度大，许多红色资源在全国独一无二。近年来，全省文旅部门努力加强红色资源保护传承，依托红色文化资源大力发展红色旅游，取得了突出成效。

（一）加强甘肃红色文化资源保护和传承

1. 构建革命文物保护体系，形成省际合作保护利用机制

在省级以上和 10 个市县级文物保护单位做到了“四有”，即使革命文物有保护范围、保护标志、记录档案、保管机构，打造了全省革命文物保护县乡村三级保护体系。建立革命文物省际合作保护利用机制，与陕西文旅部门联合召开陕甘片区革命文物保护利用工作会议，共同编制革命文物保护利用规划。

2. 加大红色文化保护项目投入，提高革命文物展示能力

经过努力，实施革命文物保护修缮工程，完成 20 个纪念馆的馆舍新建或改扩建，加强馆藏革命文物日常管理和保养。实施会宁红军会师旧址、哈

① 《习近平对革命文物工作作出重要指示强调 切实把革命文物保护好管理好运用好 激发广大干部群众的精神力量》，新华网，2021 年 3 月 30 日。

达铺会议旧址保护与展示项目；启动榜罗镇会议旧址、俄界会议旧址基础设施建设及陈展项目。全省36个纪念馆列入中央财政专项补助免费开放名单，年争取中央专项补助近5000万元，大幅优化了全省革命文物保存和展示环境，显著提升了革命文物“活化”水平。①

3. 加强红色基地建设，推动红色教育活动

改造提升玉门铁人干部学院、南梁干部学院，加快两当、会宁、高台三个干部学院建设，进一步扩大全省干部教育基地，不断增强师资力量。依托红色基地和革命文物，开展党史学习教育现场教学、庆祝中国共产党建党100周年、全省红色故事讲解员大赛等活动，使爱国主义和革命传统教育大众化、常态化、实效化落到实处。

（二）依托红色文化资源开拓红色旅游

在全省文旅系统的共同努力下，完成了《甘肃省2016～2020红色旅游发展实施方案》提出的主要任务，目标均已不同程度实现，为确保甘肃红色旅游繁荣发展奠定了基础。

1. 入选全国红色旅游经典景区的数量居全国前列

全省有10处（16个）景区入选全国红色旅游经典景区名录，分布于甘肃从东到西、从中到南10个市州。“十三五”期间，全省重点培育了三大红色旅游区——“红色沃土、长征丰碑、浴血河西”，目前已建成14处A级红色旅游景区，其中4A级景区7处，3A级景区7处（见表1和表2）。②

表1 甘肃省4A级红色旅游景区名单

序号	景区名称	所在市州	等级
1	中国工农红军西路军纪念馆	张掖市	4A
2	红军会宁会师旧址	白银市	4A
3	古浪战役纪念馆景区	武威市	4A

① 陈卫中：《深耕红色沃土 助力富民兴陇》，《甘肃日报》2021年5月19日。

② 甘肃省文化和旅游厅提供资料。

续表

序号	景区名称	所在市州	等级
4	南梁红色旅游景区	庆阳市	4A
5	榜罗镇革命遗址景区	定西市	4A
6	两当兵变红色旅游景区	陇南市	4A
7	哈达铺红色旅游景区	陇南市	4A

表 2　甘肃省 3A 级红色旅游景区名单

序号	景区名称	所在市州	等级
1	红西路军最后一战纪念景区	酒泉市	3A
2	梨园口战役纪念馆景区	张掖市	3A
3	山城堡战役纪念园景区	庆阳市	3A
4	中共中央西北局岷州会议纪念馆景区	定西市	3A
5	腊子口红色旅游景区	甘南州	3A
6	俄界会议遗址景区	甘南州	3A
7	茨日那毛主席旧居景区	甘南州	3A

2. 打造红色旅游线路成效突出

一方面，重点培育“红色沃土、长征丰碑、浴血河西”三大红色旅游区，打造南与四川相连的红色丰碑旅游线、北与银川相接的长征胜利旅游线、东与延安呼应的红色沃土旅游线、西与新疆相通的英雄史诗旅游线 4 条红色旅游精品线路，建设 30 个红色旅游经典景区，推出红色体验、初心教育、研学培训等系列旅游产品。尤其是联合相关省区推出的“三区三州”红色旅游线路，创新拓展工作，发挥了跨省区联动、跨产业融合、带动消费、助推脱贫的作用。另一方面，积极创新模式和打造品牌。打响“红色文化制高点，初心教育打卡地”形象品牌，组织参加红博会等大型会展，赴国内重点客源地开展宣传推介，利用新媒体和“一部手机游甘肃”平台加大线上营销力度，使甘肃红色旅游品牌及系列景区线路产品知名度显著提升。2020 年在高台县红军西路军纪念馆举办了全省红色旅游创新融合发展行动启动仪式，面向全国发布“一地多点”等 8 类创新模式和产品线路。

3. 建设红色旅游项目投入力度加大

甘肃省会宁县红军长征会师旧址、迭部县腊子口战役遗址等6个项目入选全国红色旅游经典景区基础设施建设“三期规划”。各市州加大红色旅游项目建设力度，完成河西解放纪念馆改造提升、石窝会议遗址建设、陕甘红军纪念园建设、南梁荷花池度假村建设、迭部县茨日那寺景区基础设施建设等项目。安排省级旅游专项资金，专门对俄界会议旧址展馆进行了外部改造和陈展提升。进一步完善全省红色旅游基础设施和配套服务条件。

4. 红色旅游市场增长势头强劲

在“十三五”期间，甘肃全省红色旅游接待人数和旅游收入不断增长。2016年，共接待游客1909.90万人次，同比增长20.20%；实现旅游收入58.78亿元，同比增长22.29%；2017年，全省红色旅游共接待游客2469.89万人次，同比增长22.67%；实现旅游收入79.32亿元，同比增长25.90%；2018年，全省红色旅游共接待游客3141.70万人次，同比增长27.20%；实现旅游收入96.20亿元，同比增长21.30%；2019年，全省红色旅游共接待游客4125万人次，同比增长31.30%；实现旅游收入118亿元，同比增长22.70%。由于受新冠肺炎疫情严重影响，2020年及以后的数据不能反映正常发展情况（见表3和图1、图2）。①

表3　2016～2019年甘肃红色旅游基础数据统计

年份	接待游客		旅游收入	
	人数(万人次)	同比增长(%)	金额(亿元)	同比增长(%)
2016	1909.90	20.20	58.78	22.29
2017	2469.89	29.32	79.32	34.94
2018	3141.70	27.20	96.20	21.30
2019	4125	31.30	118	22.70

资料来源：根据甘肃省文化和旅游厅提供的资料整理。

5. 发展红色旅游为革命老区增添新活力

红色旅游是富民产业。一方面，各级地方政府积极树立新发展理念，适

① 甘肃省文化和旅游厅、资源规划处资料。

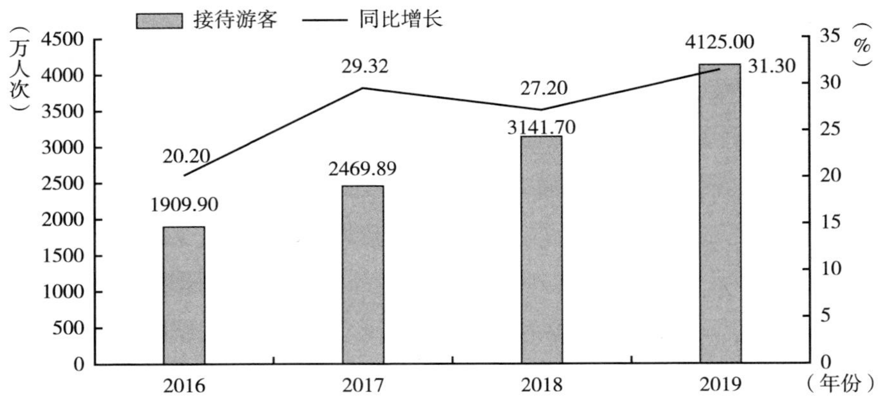

图1 2016～2019年甘肃红色旅游接待游客人次对比

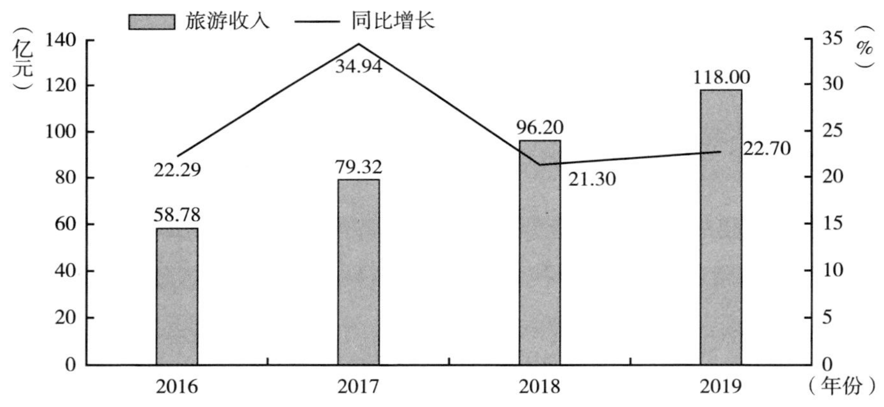

图2 2016～2019年甘肃红色旅游收入对比

应加快高质量发展要求，纷纷从加强规划、谋划项目、打造线路、建设景区等方面发力，加快发展红色旅游。各地实践原址观光、红古结合、红绿结合、综合开发等红色旅游发展新模式，探索将红色旅游与脱贫攻坚、区域发展相衔接，与乡村旅游、生态旅游、研学旅游等相融合。另一方面，庆阳市南梁、白银市会宁县等地方红色旅游兴旺，红色景区旅游综合效益良好，带动当地基础设施建设、交通建设，带动商贸、民间工艺品、农产品加工业和农业等关联产业发展，带动农民致富，通过“三带动”，形成“一业兴而百业旺”的新局面。华池县全力打造南梁红色旅游产业，带动发展以旅游服务业为主的第三产业，鼓励群众发展农家乐、销售特色旅游产品，并引导吸纳贫困户就业，2020 年底，建成红色旅游农家乐 110 户，实现收入 1500 万元，景区带动全镇就业 7220 人。

（三）各地红色旅游发展实践步伐加快

1. 陇东区域红色资源及红色旅游发展现状

甘肃陇东区域的红色资源，以陕甘边根据地时期的红色资源为代表，有关市县加大革命遗址遗迹保护力度，加强红色基地和纪念馆建设，大力发展红色文化旅游。

庆阳市作为陕甘边革命根据地的重要组成部分，红色文化旅游资源丰富。据统计，庆阳市共有革命遗址遗迹 240 多处，其中包括全国重点文物保护单位 3 处、省级文物保护单位 3 处，建有各类革命纪念馆 12 个。庆阳市依托被列为全国红色旅游经典景区的华池县陕甘边区苏维埃政府旧址、环县山城堡战役遗址等资源，大力发展红色文化旅游，南梁革命旧址等已成为省内外红色教育、红色培训的打卡地。南梁干部学院 2015 年成立，占地面积 12 万平方米，一期建筑总面积 17300 平方米，现有教学楼 1 栋、大小教室 5 个、学员宿舍 46 间。学院已累计承办省内外培训近 2 万人次，2019 年入列中组部省（部）级领导党性教育基地备案目录。2019 年南梁红色景区接待游客 174 万人次，旅游收入达 4.13 亿元，占居民人均纯收入的 60% 以上。

平凉市充分挖掘和利用市域内 60 多处红色资源，依托被列为全国红色旅游经典景区的中国工农红军长征界石铺纪念园开展红色旅游。以建党百年为主题，积极开发红色旅游资源和线路，包括华亭市华亭工委纪念馆、崆峒区平东工委纪念馆、庄浪县梯田纪念馆等传统红色资源，将红色文化资源与秀丽山水、人文景观、乡村民俗捆绑经营，推进“红旅 +”深度融合，以红色历史带特色民俗，以红色旅游带绿色生态旅游，打造“红色教育，绿色休闲”的红色文化和生态旅游经典线路。

天水市的红色旅游景点有 15 处，主要有天水邓宝珊将军纪念馆、武山县苏维埃政府旧址、秦安解放纪念馆、红二十五军途经安伏乡安伏村驻址、新阳镇红二十五军渡渭遗址等景区（点）。近年来，天水市加大投资，完善红色旅游景区基础设施，丰富活动，提升红色旅游宣传教育功能，推广红色经典旅游线路产品，天水革命历史遗址遗迹得到保护和利用，红色旅游宣传展示能力不断增强，配套设施和服务更加完善。以武山县红军长征强渡渭河纪念馆为例，保存革命历史文物100多件。2017年建成并开馆的天水大革命历史纪念馆铁路分馆，2021年结合党史学习教育主题，上半年纪念馆的总接待游客量超过1万人次。

2. 陇中南区域红色资源及红色旅游发展现状

甘肃陇中南区域红色资源主要以红军长征过境地资源为代表，红色文化资源的类型丰富。有关市县以红军长征资源为主，整合其他红色资源，各具特色开发红色旅游。

兰州市红色文化遗址和纪念地丰富，历史跨度大，从大革命时期直到解放战争时期。现有各类红色文化遗址和纪念地25个，革命历史类陵墓2251座，各级爱国主义教育基地35家。其中，有列入全国红色旅游经典景区名录的八路军兰州办事处纪念馆，影响较大的还有兰州战役纪念馆、中共甘肃工委纪念馆、张一悟纪念馆等场馆，以及沈家岭、营盘岭、窦家山等兰州战役遗址。兰州市对本地红色资源的开发，主要集中于当地各单位的红色培训、大中小学的红色教育，参观学习的人员数量很大，但本地化特点比较突出。

甘南州红色文化资源富集，拥有迭部县俄界会议旧址、茨日那毛主席旧居、腊子口战役遗址、舟曲特大山洪泥石流地质灾害纪念公园4处全国红色旅游经典景区。全州抢抓“三区三州”脱贫攻坚机遇，以红军长征过境地和党中央重要会议为重点，结合“全域无垃圾示范区创建”等工作，以打造迭部—舟曲—卓尼—临潭红色圣地旅游风情线为总体布局，推动迭部、临潭2个长征文化传承保护基地和2条红军长征旅游精品线路列入甘肃长征国家文化公园建设规划，红色文化旅游快速发展。2020年开始建设腊子口党员干部红色教育培训基地，一期项目建筑面积为7430平方米，其中培训教学楼 3230 平方米，综合服务楼 4144 平方米，建成后具备会议展览、干部培训以及配套的就餐、住宿功能。2021 年“五一”小长假，甘南州充分发挥了全国红色旅游经典景区众多优势，各大重点景区游客暴增，全州共接待游客 17.73 万人次，旅游综合收入 8883.1 万元，与 2020 年同比分别增长 362% 和 317%。

陇南市现有不可移动革命文物 45 处，各类革命历史类纪念设施、遗址 52 处，其中，宕昌县哈达铺红军长征纪念馆、两当县两当兵变旧址是全国红色旅游经典景区。陇南大力推进长征国家文化公园项目规划建设，筛选申报 68 个项目，已有多个项目被纳入长征国家文化公园（甘肃段）建设重大项目库。2020 年 11 月建成哈达铺干部学院和两当干部学院两所教育培训基地，并已在当年面向省内外开展红色培训。目前两个学院具备百余人的干部培训接待能力，并开始新建项目施工，以扩大红色培训能力。2021 年“五一”小长假，哈达铺红色景区接待游客 2.90 万人次，两当兵变红色旅游景区接待游客 2.13 万人次。

白银红色资源有新民主主义时期的红色遗迹 46 处，遍布全市三县两区。近年来，以列入全国红色旅游经典景区名录的红军会宁会师旧址为重点，大力弘扬红色文化，为省内外党政机关、企事业单位、学校和社会团体等提供现场学习阵地服务。会宁干部学院经甘肃省委批准于 2019 年正式设立，于 2020 年 8 月开建，该项目被纳入长征国家文化公园会宁重点项目，建设总规模为 6 万余平方米，用地面积 300 亩，建成后可以同时容纳 500 名学员学习、住宿。2021 年会宁县红色文化旅游火热，“五一”节假日期间，全县共接待游客 8.85 万人次，实现旅游综合收入 5523.67 万元，重点旅游景区红军会宁会师旧址接待游客总量达到 3.63 万人次。

定西市拥有列为甘肃红军长征红色旅游系列景区的岷县岷州会议纪念馆、通渭县榜罗镇革命遗址。近几年致力于将通渭县城至榜罗镇会议旧址沿线打造成“红色、书画、旅游、户外运动”四位一体的精品旅游线路，在促进红色旅游与乡村旅游连接方面做了努力探索。通渭县在 2021 年“五一”小长假期间，力推红色圣地游，全县共接待游客 11.48 万人次，较上年同期增长32%。其中，榜罗镇革命遗址接待人数达1.01万人次。

临夏州红色资源主要有9处馆址，包括康乐县景古镇线家楼红军长征遗址、和政县肋巴佛革命纪念馆、古动物化石博物馆、临夏市胡廷珍烈士纪念馆、临夏县解放军抢渡黄河纪念馆、积石山县大河家镇临津古渡、东乡县布楞沟村史馆、永靖县刘家峡水电站、黄河文化博览馆等。临夏州依托红色教育基地，建设红色旅游景点，打造红色旅游品牌，推动红色文化与旅游深度融合，红色旅游正在成为推动乡村产业振兴的重要着力点和增长点。当地打造建设的东乡县布楞沟村史馆、康乐县莲麓小镇、临夏县莲花小镇等红色旅游景点，将红色资源与绿色田园、古色乡村结合起来，推广"红色+生态农业""红色+培训研学"等模式，实现了社会效益和经济效益的有机统一。截至2021年5月底，临夏州红色旅游景点共接待游客20.42万人次，红色旅游综合效益日益凸显。

3. 河西区域红色资源及红色旅游发展现状

甘肃河西区域红色资源主要以红军西路军遗址遗迹资源为代表，有关市县加快建设纪念馆和红色旅游景区基础设施，使红色文化旅游呈现快速增长态势。

武威市红色文化资源以红西路军在河西事迹为重点。武威市较早实施了以红西路军古浪战役遗址和凉州战役纪念馆为重点的红色旅游景区基础设施建设。近年来，依托列入全国红色旅游经典景区的古浪县红西路军古浪战役遗址，在习近平总书记视察八步沙六老汉防风治沙现场以后，重点打造了八步沙六老汉治沙纪念馆，使之成为省内外机关企事业单位干部职工开展党史学习教育的重点场所。古浪县着力打造"丝路要塞红色古浪"旅游名片，2021年"五一"假期，古浪战役纪念馆游客量明显增多，接待游客达1万多人。

张掖市境内有较高价值的革命遗址遗迹46处、红色纪念馆6家，拥有成为全国红色旅游经典景区的高台县高台烈士陵园、山丹艾黎纪念馆。张掖市谋划储备了红西路军红色基因传承示范工程大景区、红西路军战场遗址公园等39个红色旅游项目。2019年，全市红色文化旅游接待人数共计300万人次，同比增长36%。尤其是红色资源丰富的高台县，打造了以红西路军主题公园、红色文化商贸街、红色基因传承基地、红色文化博览园、西部红色文化影视城、红色旅游小镇、河西红色文化体验景区、国防教育主题公园为主要内容的“1+8”红色文化旅游大景区建设项目。2021年1~8月，各景区接待人数同比增长44.65%，旅游收入同比增长38.56%。在习近平总书记视察高台红西路军纪念馆后，甘肃省委在2019年9月批准设立了高台干部学院，达到同期培训130人的办学能力。

酒泉市现有各级各类爱国主义教育基地44个，其中国家级1个、省级9个。近年来重点建设了王进喜故居纪念馆、红西路军安西战役纪念馆、酒泉起义纪念馆，着力打造成全国红色旅游经典景区的玉门油田。特别是依托玉门老市区和玉门油田丰富的工业遗迹，对玉门油田总部搬迁后闲置的工人文化宫、影剧院、职工住宅楼等资产进行盘活，改造维修成教室、宿舍等，建成学员公寓122套以及礼堂、693人防工程等配套基础设施，于2018年10月8日成立“铁人王进喜干部学院”。2020年启动学院二期工程建设，完工后，学院总占地面积将达150亩，具备同时住宿600人、培训800人的能力。2021年“五一”假期，玉门市打红色旅游牌，共接待游客6.24万人次，实现旅游收入5276.6万元，其中玉门油田红色旅游景区接待人数5236人次。

二　甘肃红色旅游开发模式与发展趋势

就全国红色旅游的发展情况看，一些红色资源富集的省市大力发展红色旅游，在实践中已经形成了一些成熟的红色旅游开发模式，对甘肃省有极大借鉴作用。同时，在推动红色旅游发展过程中，也展现了具有共性的未来发展趋势，不仅在其他省市，在甘肃也十分明显，需要顺应趋势，抓住机遇，加快发展。

（一）红色旅游开发模式

1. 红色资源和自然遗产资源结合模式

即将红色资源和绿色资源相结合的一种旅游开发模式。革命老区县基本上位于山区和丘陵，其绿色资源丰富，有的本身就是国家级或省级风景名胜区，可采用红色资源和绿色资源结合模式进行联动开发，以红色景观为号召，以自然山水等绿色景观和生态环境为基础吸引旅游者。典型的如井冈山，以高知名度的红色景观为号召，整合了当地的自然山水等绿色景观资源，吸引旅游者，发展旅游业。

2. 红色资源与文化遗产资源结合模式

即将红色资源和文化资源相结合的一种旅游开发模式。在西北的红色旅游景区中，一般没有像井冈山、韶山一样优美的自然生态环境，但文化遗产资源、民俗文化和民族风情资源，同样是与红色资源相结合的极好结合点。典型的如陕北，以延安、照金等红色景观为号召，整合当地黄帝陵、陕北民俗等文化资源，使旅游业保持兴旺。

3. 红色培训模式

即将红色资源和红色培训、干部教育相结合的一种旅游开发模式。在这个领域起步早、规模大、成效突出的有河南、江西、湖南等省份。典型的如河南，虽然红色文化资源存量在全国并不突出，但通过建设布局于全省东、西、南、北，达到省级党校规模的焦裕禄干部学院、红旗渠干部学院、太行山干部学院、大别山干部学院，大幅提升红色培训能力，带动了红色旅游。

4. 博物馆模式

这种模式主要适宜于一些影响比较大的红色纪念馆、展览馆、博物馆、伟人故居等，通过集中展示在革命战争年代留存的大量革命遗迹和历史文物，吸引国内外观众的一种旅游开发模式。典型的如中央苏区（闽西）历史博物馆，建馆20多年来共接待国内外观众300多万人次。

5. 旅游节庆模式

红色旅游节庆是现代旅游业的一种有效开发模式。通过在红色旅游目的地举办节庆，利用其独特的红色文化，以红色节庆为号召，带动地方旅游发展。典型的如中国（湖南）红色旅游文化节，从2004年开始连续举办，“伟人故里、激情山水、红色平江”的主题，已经成为全国红色旅游的重要品牌。

6. 红色主题公园模式

这种模式是现代旅游业的一种新型开发模式。打造红色旅游主题公园能否成功，取决于对当地的红色文脉开发是否准确，创意是否有吸引力。成功的典型如延安“红军长征之路”主题公园、瑞金“摇篮微缩园”“长征创意园”等红色主题公园，为红色旅游的开展起到了推进作用。

7. 红色演出模式

这种模式是利用红色艺术的一种新型旅游开发模式。利用当地的红色歌谣、红色戏曲等资源，结合现代声光电技术手段，开发红色演出项目，打造红色旅游品牌，发展红色旅游。成功的典型如韶山实景演出《中国出了个毛泽东》，带动了当地娱乐、餐饮、住宿等夜间经济。

（二）红色旅游发展趋势

1. 红色旅游将成为重要的文旅市场板块

当前，红色旅游面临前所未有的发展机遇。一是各级党委政府高度重视，前不久国家文旅部出台了《“十四五”文化和旅游发展规划》，政策支持力度不断加大。二是红色旅游体验性强，干部群众参与的积极性高涨。红色旅游正在成为旅游业发展的新支柱。三是红色旅游在发展过程中，已经形成比较成熟的旅游线路、旅游产品、旅游宣传、旅游服务，并将成为新的经济增长点。

2. 红色旅游综合效益将愈益凸现

一方面，社会效益愈来愈大，对于在全社会尤其是对广大青少年进行爱国主义和革命传统教育，传承红色基因，从而增强文化自信，作用愈来愈明显。另一方面，在红色资源较多的地方，往往是革命老区，缺乏发展现代工业的条件。所以，发展红色旅游这种“无烟工业”，将成为革命老区赋能高质量发展、增加人民收入的一条现实路径。

3. 红色旅游将形成特色化和融合化发展趋势

由于红色资源、自然资源、文化资源的禀赋差异，各地在发展红色旅游的过程中，必然要因地制宜。这样，一方面，各地的红色旅游将会走向特色化，形成不同的发展模式，形成不同的红色文化旅游产品。另一方面，红色旅游将会与自然生态旅游、历史文化旅游等其他旅游形式融为一体，呈现融合发展局面。

三　甘肃红色旅游发展存在的问题

（一）建设配套方面

甘肃经过西部大开发以来大规模的基础设施建设，特别是脱贫攻坚以来对乡村道路的改善，基本解决了红色旅游景区可进入性差的问题。存在的突出问题，一是红色景区开发力度不够，存在建设层次不高、缺乏营销意识、宣传力度不够等问题。二是红色景区趋同化严重，存在以纪念碑、纪念塔、塑像、展览等为主的大同小异现象。低水平开发利用，同质性、雷同化开发，创新融合有限。

（二）资金投入方面

甘肃省红色旅游整体投入不足，造成红色景点住宿、餐饮、购物、游览步道、观赏休憩等服务设施及配套设施建设滞后，接待能力较差。绝大多数红色场馆主要靠政府补贴维持运营，需要继续完善。

（三）红色旅游产品方面

在红色旅游产品方面，一是景点以图片布展为主，缺乏如四川建川博物馆一样的文物实物，可说的多，可看的少。二是文字介绍和讲解标语、口号化，不利于游客理解。三是展示方式落后，缺乏现代声光电科技手段的普遍使用。

（四）社会效益、经济效益方面

甘肃红色旅游发展在社会和经济效益方面存在的主要问题。一方面，红色旅游的客源存在省内多而省外少、城市多而农村少的状况，前者造成经济效益不佳，后者造成社会效益不佳。另一方面，甘肃省红色景区缺乏吸引旅游者停留的娱乐项目，也缺乏特色工艺产品和农特产品，导致旅游人均消费水平不高。

（五）区域协调与合作方面

甘肃文旅部门在区域协调与合作方面做了大量工作，使省际区域协作发生了巨大变化，现在的主要问题是，市州、县区之间缺乏交流、借鉴、互动，资源整合不够，关联性、体系性不强，仍处于各自为政、低水平重复的状态。联动机制没有形成，影响全域旅游发展。需要省内红色旅游景点加强合作，形成拳头效应。

（六）干部教育培训方面

甘肃省在此方面有两个主要问题，首先，在标志性红色旅游景点建设干部学院的起步较晚，大多是近几年才开始加大力度兴建的。其次，从玉门、高台、会宁到南梁的干部学院接待能力参差不齐，有的景点干部学院规模大，有的规模小。其影响就是培训规模互相不匹配，实现串联接团和整体发展的制约较大。

四　推进甘肃红色旅游发展的对策措施

在全省进一步提高对红色旅游重要性的认识，真正把红色旅游当作关系长远的政治工程、弘扬民族精神和时代精神的文化工程、凝魂聚气的民心工程、造福百姓的富民工程。统筹红色文化、红色教育和红色旅游三个方面，在确保红色文物安全和红色教育方向的前提下发展红色旅游，以红色文化支撑红色教育，以红色教育推动红色旅游，以红色旅游产业发展促进红色教育发挥作用。抓住建设长征、黄河、长城国家文化公园的机遇，高标准建设甘肃段的长征国家文化公园，将之与黄河、长城国家文化公园建设结合起来，实现效应叠加，全面提升甘肃红色旅游开发水平。

（一）统一思想认识，加强组织领导

1. 政府部门、各市州需要抓好红色旅游落实

首先，省级成立红色旅游发展领导小组，统筹推进全省红色旅游，各市州、县市区及各大景区管委会成立相应的工作机构，明确发改、交通、文旅、通信等相关部门的职责。其次，细化工作措施，各市州、县市区需要尽快制定本地发展红色旅游的实施办法，各大景区需要抓落实，制订具体工作方案，结合实际细化措施。

2. 建立健全工作机制，加强考评

首先，将红色旅游开展情况纳入年度目标责任制考核体系，作为量化要求，对省、市、县相关部门进行考核。其次，建立第三方评估机制，对有关部门审批及实施的红色旅游项目，开展投入产出、综合效益、推广价值等综合评估，形成有监督作用的评估验收机制。

3. 完善红色景点管理运行机制

整合红色文化旅游资源，理顺红色景点的条块管理，对列入全国红色旅游经典景区的16处景区，实行集中统一管理、统一运营，培育形成在全国有较大影响的红色文化旅游区。

（二）科学合理编制有关规划

加快完成编制《甘肃省“十四五”红色旅游发展规划》。对全省红色旅游发展需要在统一规划的基础上，强化顶层设计。各市州、县市区需要分层级对红色旅游规划进一步调整、补充和完善，加紧谋划一批重点发展的线路、片区、节点及与之配套的道路等基础设施建设项目。省直相关部门也需要在本行业充分考虑与红色旅游的对接。同时，各景区需要制订自己的计划，分年度抓好落实。

（三）加强红色旅游的宣传

拓展红色旅游宣传渠道。综合利用各种方式方法宣传推介甘肃省红色旅游

资源，提高知名度和吸引力。一方面，以红色故事、红色记忆、红色足迹、红色遗址等为内容实施全媒体宣传。建设一批以红色文化为主题的官方网站，为红色文化的传承提供完备的数据库和可视化的传播平台，让红色文化走进公众的生活；发挥官方微博、公众微信号等移动平台的优势，开展甘肃红色文化的互动交流。另一方面，在加强主流媒体对红色旅游宣传的同时，注重对红色景区的新媒体营销，采用线上线下宣传相结合的方式，通过一系列的营销手段和各类旅游活动、旅游演出的举办，例如结合“敦煌行·丝绸之路国际旅游节”的举办，设立红色文化旅游节，提升红色景区吸引力、竞争力与影响力。

（四）加大红色旅游产品的开发力度

1. 开发红色旅游精品线路

首先，进一步挖掘全省红色文化旅游资源，开发推出更多有吸引力的精品线路。其次，加大红色旅游精品线路的推荐、上报，争取有更多精品线路进入国家层面。将学习党史、新中国史、改革开放史和社会主义发展史“四史教育”与红色旅游结合起来，全面开发“红色游学之旅”与“乡村振兴之旅”相融合的红色旅游精品线路。

2. 加强部门联合申报国家项目

联合申报甘肃省革命老区“十四五”红色旅游重大项目、重大工程、重点线路，创建更多4A级景区单位。

3. 围绕重大革命历史事件创拍红色影视作品

甘肃重大革命历史事件素材丰富，需要深度挖掘，开发有创意的红色文化剧本，创拍一批红色影视作品。

4. 加大红色IP挖掘力度

对红色旅游资源进行挖掘和整合，针对特定红色资源的不可复制性，打造独具地方特色的红色旅游产品。挖掘最具有发展潜力、最有核心吸引力的旅游产品IP。对核心产品进行精细化运营，形成与旅游者的情感纽带，对旅游者传播、构建文化认同感，让旅游者与IP品牌产生“黏性”，找到共通的情感及文化认同感。

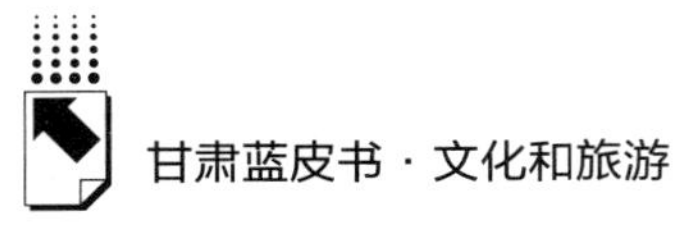

（五）将红色旅游开发作为文化产业发展的主要内容

1. 打造以弘扬“红色文化”为主题的产业集群

红色旅游的可持续发展，有赖于企业化、市场化运作。一方面，在红色旅游领域需要打造龙头企业，尤其是航母级的文化旅游企业集团，实现规模化经营，减少分散投资、低水平投资，提高投资与运营的经济效益。另一方面，有必要通过混合所有制改革，催生跨产业的文化旅游企业集团，发挥民营企业机制上的灵活性，带动民间投资，同时进一步激发旅游行业的活力。

2. 在省级层面设立红色旅游专项资金

加大支持力度，用于红色景区的完善、红色旅游线路的打造、红色景点项目的建设、红色旅游人才的培训等工作。

（六）建设规模化的南梁、高台、腊子口等红色教育培训基地

甘肃目前玉门铁人干部学院、会宁干部学院已成规模，但南梁、高台干部学院以及腊子口干部培训基地的规模有待扩大。对此需要借鉴河南建设四大干部学院的经验，在开展专题研究的基础上，拿出整体布局的建设方案，使全省的红色教育培训基地在接待规模上尽快相互匹配起来。这样，就可以使各省到甘肃培训的团队，不论先进入甘肃的哪所干部学院，其他干部学院都能有条件承接。

（七）完善基础设施，弥补红色旅游发展的短板

红色旅游的发展依赖于完善的基础设施，需要尽快弥补影响发展的短板。首先，弥补高速公路、铁路、机场短板，努力争取在“十四五”期间实现县县通高速，使省际的旅游进出更加便利顺畅；提升改造省道、乡道，构建与高速公路连接成网的便捷交通系统。其次，弥补红色景区道路、停车场、厕所、民宿短板，解决旅游者的观光舒适度问题，从细节入手，比如开通城市旅游景区直通车；大力推进旅游厕所革命，争取普遍达到三星以上标准，建设智慧厕所；继续推进民宿完善服务功能，提升管理水平。最后，弥

补红色旅游场所宽带网络、4G 移动网络短板，在条件具备的大景区先行建设 5G 移动网络，保障国内外旅游者顺畅上网，为各大景区数据实时对接、文旅部门应急调度指挥，提供更高水平的大数据服务。

（八）强化红色文化资源开发人才队伍建设

支持省内高等院校开设与红色旅游相关的专业和课程，培养富有创新力、组织管理能力的高级管理人才和基层经营管理人员。加强红色旅游人才培训，对各红色景区的管理人员、讲解员进行轮训，提升业务水平。开展红色旅游“五好”讲解员建设行动，建设一支“政治思想好、知识储备好、讲解服务好、示范带头好、社会影响好”讲解员队伍。健全完善红色旅游专项人才志愿服务机制，不断壮大红色旅游人才队伍。

参考文献

《关于做大做强红色旅游产业调研报告》，澎湃新闻·澎湃号·政务，2021 年 8 月 27 日。

《2021 年中国红色旅游市场分析报告——市场规模现状与发展趋势分析》，观研报告网，2021 年 5 月 20 日。

彭玉衡：《红色旅游专题研究》，北京创行合一规划设计院，2012 年 4 月 26 日。

《甘肃省人民政府办公厅关于加快全省智慧旅游建设的意见》，《甘肃省人民政府公报》，2018 年 3 月 8 日。

B.6
甘肃旅游新业态发展报告

梁仲靖　宋晓琴*

摘　要：　“十四五”时期，伴随着国家大力推进新型基础设施建设，甘肃省旅游业迎来重要战略发展机遇期，甘肃需加快推进旅游与其他产业的深度融合，推动旅游新业态创新发展。甘肃旅游基于文化、科技、产业、全域、生态等要素创生出诸多新业态，但仍然存在诸如新业态结构不合理、特色不突出、融合不深入、营销不顺畅等问题，需要从支撑体系、科技创新、产品供给、创新能力、多元营销、消费需求、交叉融合等方面着力突破，推动甘肃旅游新业态高质量发展。

关键词：　旅游新业态　高质量发展　甘肃

旅游新业态的概念和内涵在学术界缺少统一界定，本报告所指的旅游新业态是基于国家和甘肃有关的政策文件，如《文化和旅游部关于提升假日及高峰期旅游供给品质的指导意见》（2018 年 11 月 25 日）、《国务院办公厅关于进一步激发文化和旅游消费潜力的意见》（2019 年 8 月 23 日）、《甘肃省旅游条例》（2021 年 10 月 1 日，简称《条例》）等指向的一些旅游新业态。[①] 新修订《条例》根据甘肃省旅游业高质量发展的新要求，给出了旅游

---

* 梁仲靖，甘肃省社会科学院丝绸之路研究所助理研究员，主要研究方向为人文地理与旅游规划；宋晓琴，甘肃省社会科学院决策咨询研究所助理研究员，主要研究方向为情报、信息技术。

① 《甘肃省旅游条例》，http：//wlt. gansu. gov. cn/wlt/c108582/202107/1750526. shtml。

新业态发展的大方向。《条例》指出，充分挖掘甘肃各地的自然风光、历史文化及农村特色等资源，发展研学旅行、红色旅游、生态旅游、体育旅游、夜游体验、乡村旅游、科技旅游等旅游新业态。这些新业态主要在“旅游+”及“+旅游”的理念下，推进旅游与文化、生态、农业、体育、商业、科技等其他产业的跨界融合发展，形成多业融合发展的创新模式，促使文化和旅游资源迸发出新活力，持续拓展和衍生旅游新产品。“十四五”时期，伴随着国家大力推进“新基建”和产业升级，甘肃省旅游业迎来重要战略发展机遇期，甘肃需抢抓时代契机，加快推进旅游与其他产业深度融合，优化文旅产业生态，推动旅游新业态创新发展，实现旅游经济价值、社会价值、品牌价值和生态价值的有机统一。

一　甘肃旅游新业态发展概况

（一）文化滋养的旅游新业态亮点纷呈

1. 文化创意产业

甘肃悠久丰富的历史文化资源和旅游融合，为旅游业的创新发展提供了坚实要素基础，甘肃文化滋养的旅游新业态亮点纷呈。融合了敦煌文化、丝路文化、长城文化、黄河文化、长征文化、农耕文化等具有鲜明地域特色的文化创意产业蓬勃发展。敦煌研究院深度挖掘阐释敦煌艺术，将反弹琵琶、飞天、骆驼、藻井、九色鹿、菩萨等特色元素融入文创产品，跨界合作启动“数字敦煌”计划，着力 IP 数字化研究，推出“云游敦煌”“敦煌诗巾”“敦煌动画剧”等数字产品，形成了数字时代文创新业态开发运行新模式，以大众耳目一新的创新方式，阐释了千年壁画故事的往事今生。[①] 甘肃省博物馆以古生物化石、甘肃彩陶、汉代简牍文书等珍贵文物资源为载体，针对

① 陈娉娉：《博物馆文创产品结合“粉丝经济”盈利新模式——以敦煌博物馆为例》，《全国流通经济》2019 年第 36 期。

性地研发集实用、欣赏、收藏于一体的文化创意产品，拓宽了博物馆新业态的发展。目前已开发30多个系列、500多种文创产品，截至2019年8月累计实现销售收入2000多万元。①

2. 研学旅游产品

甘肃各地整合历史文化、革命文物、长征遗迹等特色红色旅游资源，精心设计研学旅游产品，为研学游群体提供了丰富的综合实践活动内容。如嘉峪关开发的“我到嘉峪关修长城”“钢铁是这样炼成的”“方特丝路神话”等研学产品深受研学旅游群体欢迎，研学旅游已成为当地一项新兴的产业，推动嘉峪关市文旅产业的创新与升级，为文旅复苏提供了新动能，2021年上半年实现了旅游接待人次和旅游收入双增长（见表1）。玉门市借力工业文化、红色文化发展研学旅游新业态，重点打造国防教育、传统文化、革命文化、国防科工系列研学旅游产品，推出“大国工业、民族自信”等6条研学主题线路，延伸拓展研学旅游课程点19个，试运营期间已成功组织青少年、成人研学旅游活动8批次1000余人。

表1　嘉峪关市2018年至2021年上半年旅游接待人次和收入统计

时间	接待旅游人数（万人次）	同比增长（%）	旅游收入（亿元）	同比增长（%）
2018年	1047.9	22.26	73.9	29.03
2019年	1317.4	25.72	96.41	30.46
2020年	379.6	-71.19	26.89	-72.11
2021年第一季度	47.39	203.2	3.6	230.14
2021年上半年	180.65	90.52	12.7	96.3

资料来源：嘉峪关市2018～2021年国民经济和社会发展统计公报，http://www.jyg.gov.cn/xwzx/tzgg/201904/t20190408_445733.html。

3. 国际旅游线路产品

各旅行社深挖甘肃文化资源，积极开拓入境旅游新业态，创新推出特色

① 《甘肃省博物馆发布多款最新文创产品》，http://www.gscn.com.cn/gsnews/system/2019/08/30/012217118.shtml。

丰富的国际旅游线路产品，如古丝绸之路体验游、敦煌文物科考游、古长城遗址文化游、甘南藏传佛教文化鉴赏游、巴丹吉林沙漠越野徒步游、草原骑马徒步游，这些旅游产品吸引了大批外国游客和旅游团，为境外旅游市场拓展提供了新引擎。

（二）科技赋能的旅游新业态蓬勃发展

1. “一部手机游甘肃”智能平台

基于大数据、微服务、人工智能、H5、App 等核心技术体系的“一部手机游甘肃”智能公共服务平台，是甘肃省文旅厅全力打造的一项智慧旅游新业态产品。“一部手机游甘肃”信息化服务平台内容丰富，目前已实现了对全省 113 个 4A 级以上景区重点区域的 360 度视频实时监控，18 个大景区三维游览，573 条旅游线路、6843 家酒店及家庭旅馆、814 家农家乐、63 家景区门票售卖入口，9695 名注册导游在线预约预订等服务内容。截至 2021 年 4 月，平台累计访问量为 7650 万人次（见表 2），该平台已成为甘肃文化和旅游智慧化建设的一个突出符号，也是科技赋能旅游新业态的典型代表，有效提高了全省文化旅游服务的智能化、信息化、便捷化水平。

表 2 “一部手机手机游甘肃”平台部分内容统计

服务内容名称	数量
4A 级景区导游导览	113 个
大景区三维导览	18 个大景区
旅游线路	573 条
重点旅行社	600 个
景区门票售卖入口	63 家
平台入住农家乐	814 家
VR 全景	1376 幅
在线注册导游	9695 名
平台访问量	7650 万人次

资料来源：甘肃省文化和旅游厅科技信息处资料整理。

2. 科技赋能的云端产品

2020 年，新冠肺炎疫情对甘肃旅游业造成巨大冲击，但在科技赋能下化“危”为“机”，推出了“宅家游丝路”“天翼5G云赏花”“5G云直播带货”“5G+VR云览石窟”等系列云上产品。“宅家游丝路”一经推出就得到博物馆、景区、导游、游客的全力参与和支持，吸引大量互联网用户为甘肃旅游种草，这一“种草行动”培养了一批具有甘肃特色的文旅快手大V，形成了全国首个文旅直播集群。“云上”产品还为甘肃文旅产业提供了传播营销的新通道，拓展了文旅产业的营销模式。

（三）产业驱动的旅游新业态全面开花

随着全省旅游产业的调整、优化、升级和“+旅游”战略的实施，一批集旅游、体验、休憩、观赏、休闲等功能于一体的旅游新业态全面开花。

1.“文化+演艺+旅游”业态

由省市文旅部门和文艺院团打造的“春绿陇原·黄河之滨”“文化+演艺+旅游”业态，创作了《飞将军》《大豆谣》《达玛花开》《八步沙》等精品力作，2020年在兰州黄河两岸举办1000多场演出活动，200多万群众和游客享受文化“盛宴”。

2.“商业+旅游”夜间经济业态

独具西部特色的“夜间经济”是甘肃省近年精心打造的“商业+旅游”亮点。兰州市推出了“夜演”“夜宴”“夜宿”“夜跑”“夜娱”“夜购”等“六夜”体系工程。在商业步行街、文旅综合体、主题公园、民宿、汽车营地等商圈，植入甘肃特色的非遗、民俗、文创等元素，拓宽“夜游”渠道，打造深度体验式“夜游”新业态品牌。2020年12月28日举办的中国旅游产业发展年会，甘肃选送的“丰收了·游甘肃”冬春文化旅游惠民活动和兰州市夜游名城，分别入选“2020年度中国旅游影响力品牌案例”和“2020年度中国夜游名城案例”，荣登“年度中国旅游产业影响力风云榜”。[①] 此项殊荣的获得对提升甘肃旅游品牌知名度、促进旅游关联产业融

① 《“2020年度中国旅游产业影响力风云榜”揭晓 甘肃旅游再获殊荣》，http://wlt.gansu.gov.cn/wlt/c108541/202104/289a532f3533477f909660910cd63bce.shtml。

合发展、创新旅游新业态发挥了积极作用。

3. “交通+旅游”新业态

“环西部火车游”是甘肃文化和旅游厅与铁路部门共同打造的“交通+旅游”新业态品牌，具有“快进慢游惬意行，高枕无忧最安全，一趟行程游多点”等旅游特点，被誉为“陆上邮轮”，深受广大游客的欢迎。2020年8月，“联通陆海丝·助推双循环”——甘肃文旅“环西部火车游”主题推广营销活动全面开启，活动主要由两个环线组成：以四川、重庆、陕西、青海、宁夏等西部6省区市为主的“1+5”跨省推广小环线；以新疆、广西为串联的北拓南延连接联通陆海丝路的大环线。旅游专列累计历时16天，行程达到12200公里，共签订各类合作协议92个，学习考察文旅企业、景区、文旅综合体23家，各家媒体跟踪宣传报道1000余篇。2021年4月，“环西部火车游”获评第四届中国文旅品牌影响力评选活动“2020年度中国文旅营销创新典范”，2021年9月，“环西部火车游”入选文旅部资源开发司发布的“2020年国内旅游宣传推广典型案例”名单。“环西部火车游”自2018年开通以来，在培育文旅新业态、挖掘消费新资源、开拓国内大市场、增加旅游综合收入等方面取得了显著成效（见表3）。

表3 “环西部火车游”部分成效统计

年份	开行专列(列)	组织游客(人次)	实现旅游收入(万元)
2018	48	42362	4720.8
2019	59	53681	4924.0
2020	37	24600	1828.7

资料来源：甘肃省文化和旅游厅科技信息处资料整理。

（四）平台支撑的旅游新业态突飞猛进

甘肃省以创建国家全域旅游示范区为契机，以全域旅游为统揽，以景区建设为重点，通过完善旅游业态、整合旅游资源、深挖消费热点，使全省旅

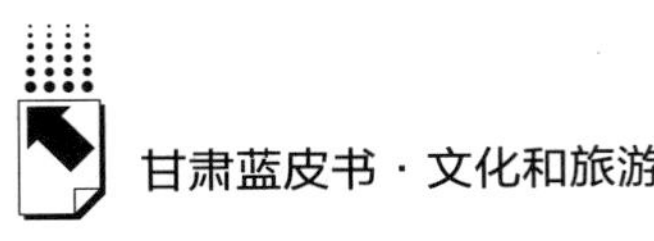

游产业逐渐实现由单一产品向多元产品、小旅游向大旅游、自我发展向联合发展转变。

1. 全域旅游示范区助力的新业态

敦煌市在创建国家全域旅游示范区的过程中，不断增强文化自信，实施“文旅+”战略，着力打造新型业态，做实、做细全域旅游。举办了丝绸之路（敦煌）国际文化博览会、双遗马拉松、千人徒步节等，打造了葡萄长廊、千亩杏花观赏园等农业景观。同时，积极开拓网络空间，建设线上综合服务平台，打造了“敦煌智慧旅游官网”“驼行网”等网络营销、体验平台，文化旅游内涵不断拓展。2021 年，“中国敦煌活动年”“东亚文化之都”等活动盛大启幕，进一步助推敦煌旅游新业态驶入快车道。

2. 大景区推动的旅游新业态

张掖丹霞大景区按照全域旅游发展模式，立足丰富产品供给，吸引游客驻留，增加消费收入，指导各经营主体开发休闲度假、科普研学、摄影采风、健身露营、民俗文化体验、低空观光、驼队观光、VIP 深度游等旅游产品。目前丹霞大景区共建成特色文化旅游产品销售门店 90 家，特色文化旅游商品近 200 种，特色餐饮门店 105 家，特色客栈 134 家，逐步形成门类丰富的旅游新业态，延长了游客停留时间，提升了游客体验，同时增加了旅游消费收入。

（五）生态和谐的旅游新业态前景广阔

1. 康养旅游新业态

随着国家对生态建设和环境保护问题的不断重视，国内旅游出现了以森林、草地、湿地、海洋等自然资源为依托的生态旅游。它与人类当前所处的生态时代相适应，代表了旅游发展的新潮流。甘肃各级文旅部门依托当地资源禀赋，大力推介生态康养旅游资源，加快乡村旅游发展。为大力发展文旅康养产业，助推文旅强省建设，甘肃省委省政府制订了文旅康养产业发展倍增计划，参照 2019 年的全省文旅游综合收入和康养综合收入，到 2025 年，争取实现文化和旅游康养产业发展倍增目标（见图 1）。为确保实现倍增目标，甘肃省文旅厅将重点打造一批康养园区、康养品牌产品、康养特色商品、康养骨干企业、康养新业态等项目和工程，形成产业链完整、消费集中度高、品牌特色突出的文旅康养产业集群和消费聚集区，推动文旅康养产业转型升级和高质量发展。

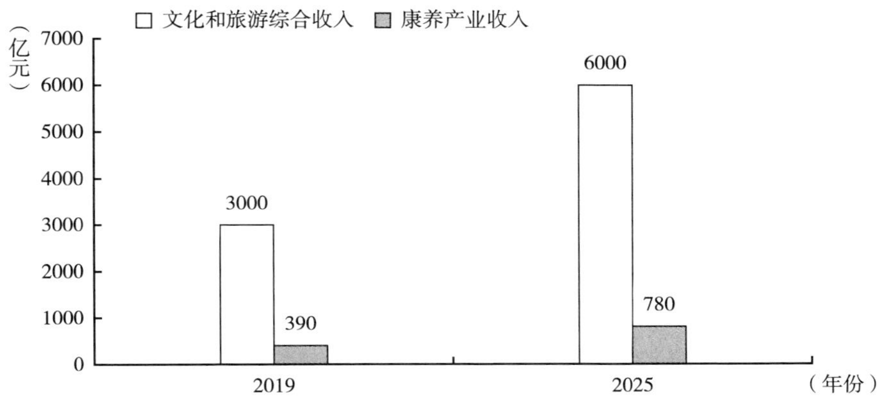

图 1　甘肃文旅康养产业发展倍增计划目标示意

2. 养老慢游新业态

为配合养老慢游，甘肃利用优越的生态环境、丰富的中药材资源推进中医药养生保健旅游创新区建设，打造中医药养生保健旅游特色基地，开发温泉疗养、拔罐药浴、推拿按摩、药膳美食、针刺艾灸等可体验、可消费的养生保健旅游新业态。

3. 生态民宿新业态

甘南州抢占绿色崛起制高点，加快建设生态文明小康村，培育形成标准化、品质化、产业化的旅游民宿体系，纵深推进文化旅游乡村发展之路，涌现了以合作市俄合拉村、临潭县庙沟村、夏河县安果村等为代表的一批民宿集群，民宿产业已然成为康养旅游的新业态。①

① 何调霞、梁双波：《甘南藏族自治州文化旅游资源整合开发模式研究》，《资源开发与市场》2014 年第 7 期。

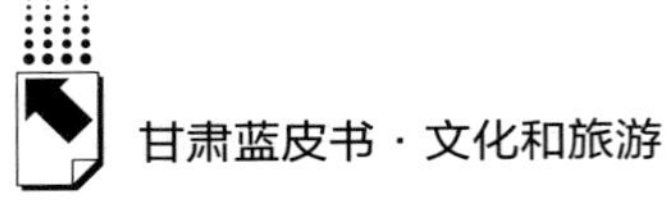

二 甘肃旅游新业态发展困境

（一）旅游新业态结构有待完善

一是新业态结构较单一。旅游新业态主要围绕传统旅游的六要素“食、住、行、游、购、娱”展开，在六要素内部缺乏进一步的细化、分工及融合，新业态结构比较单一，可供选择和消费范围狭窄，市场竞争力不足。二是新业态结构不够合理。主要体现为六要素发展不协调和六要素内部业态布局不合理。虽然各个旅游景区基础设施建设相对成熟，但与之匹配的旅游商品、旅游饮食、旅游娱乐等发展缓慢，特色不突出，旅游交通亦是短板。三是新业态需要提升高度。甘肃旅游新业态对新兴技术敏感度不够，缺乏创新创意和特色，新业态结构缺乏高度。以景区新业态为例，景区主要在观光型功能方面提升了智能化水平，在休闲度假、创意体验等方面并未有大的改变，景区产品吸引力有待进一步提升。

（二）旅游业态特色不够突出

一是业态单薄。景区缺乏核心吸引物，旅游开发缺乏历史年代感，一些仿古建筑粗糙，特色不足；展示内容较为有限，大多为“外壳＋雕塑”型，甚至有的展示内容张冠李戴，讲解也缺乏专业性；很多游客认为景区没新意、参与感有限，很难有历史、文化、民俗等专业性的感受或体验。二是业态雷同。一些新造的景点，名称虽不一样，但项目和内容基本相似，地域性、创意性不够明显，新鲜感缺乏。这类现象多出现在旅游综合体、特色小镇、海洋世界、水世界、游乐园建设中。三是业态庸俗。这种现象在乡村旅游、全域旅游中表现较多，有的旅游开发缺乏创意，思路较为滞后，有的缺乏资金投入，建设因陋就简；有的缺乏专业指导，专业性不足。如一些传统生产方式的再现、知青生活的复原、红色旅游的延伸项目，普遍存在文化感不足、庸俗味洋溢的现象。

（三）旅游业与其他产业的融合度不够

一是景观与文化脱节，文旅融合深度不足。甘肃的历史文化厚重，旅游资源丰富，无论是历史文化、民间文化，还是红色文化，都有相应的文化典故和传说故事，但是景观建设和文化故事缺乏深度联系，融合不足，文化中的旅游和旅游中的文化都停留在表面层次。二是“旅游+”“+旅游”产业间融合不充分、不平衡。市场主体的活力有待进一步调动，多元化投资融资渠道和旅游金融产品创新不足，产业链条偏短，产业辐射力较弱，发展质量、效益有待提高。

（四）旅游新业态宣传营销力度不强

一是宣传营销力度不够。旅游产品的宣传理念、形式、内容不够丰富全面，景区和旅行社营销力度不够、投入不足，没有打好营销“组合拳”，一定程度上制约了旅游产业的快速发展。二是对客源市场的开拓不够，客源以本地和周边为主，只注重旅游节庆活动而未抓淡季销售的契机，未能形成市场运作的持续性和延续性。三是甘肃省提炼并致力打造“交响丝路·如意甘肃”文旅品牌，但对应的旅游景点还没有形成体系，存在重建设轻管理、重硬件轻软件、重宣传轻营销以及设施不完善、不配套、不精细，服务不规范、不便利、不系统等问题。

三　甘肃旅游新业态发展展望

（一）开局之年开启新发展

2021年1月25日，甘肃省十三届人大四次会议《政府工作报告》提出，“十四五”时期，“以文塑旅、以旅彰文”是文化和旅游业发展的总基调，甘肃省要坚持释放厚重绚丽的文化魅力，打造文化兴、生态美、百姓富的文化旅游强省。甘肃省文化和旅游业将以高质量发展为主线进入更快、更高、更好的发展新阶段，文化和旅游产品、服务供给更加丰富，消费规模持续扩大，基础设施更加完善，生态文明建设迈上新台阶，旅游业的发展进入新阶段。

（二）消费升级催生新需求

随着人民群众对文化旅游的需求日趋丰富，亲子、研学、体验、自驾、农庄、休闲、露营、康养等一些旅游新业态争相发展，旅游的功能得到极大扩展，旅游消费结构会更加合理、旅游消费会有更多选择。以“80 后”“90 后”“00 后”为主体的游客数量增长和主体结构变化开启了自助旅行时代，一批以服务旅前、旅中、旅后的在线旅游产品应运而生。与此同时，个性化、特色化、品质化、中高端化旅游产品不断创新，游客新需求催生越来越多的旅游新业态出现。新业态的出现反映了消费升级带来的消费需求变化，同时人们对产品质量、优质服务评判标准也会更高，这就要求相关行业在快速发展过程中需要与时俱进，坚持旅游设计和服务的高标准，为消费者提供高品质、深体验的旅游产品和服务。

（三）疫情防控倒逼新迭代

突如其来的新冠肺炎疫情对旅游业造成极大影响，疫情之下，文化旅游市场呈现三大变化：从传统的观光游览向深度体验转化；文化旅游的文化性进一步凸显；对接待服务设施及参观体验环境的要求更高。甘肃省内的一些旅行社积极调整思路、优化旅游产品、跟踪目标客户，推出了暑期新玩法旅游产品，把区域内各具特色的景区景点串联起来，打造休闲、度假的短线游产品。如赏花海、逛草原、尝美食、品养生、玩自驾等主题鲜明、花样繁多、轻松愉快的特色旅游产品受到很多省内游客的青睐。随着疫情防控进入常态化阶段，旅游者的旅游消费方式转变和升级，将倒逼旅游业态不断创新和升级。

（四）科技推动引领新业态

当前，旅游业已从依托景观为主的 1.0 阶段发展到科技赋能的 2.0 阶段，科技与旅游的联系更加紧密。VR 技术、人机交互技术、人工智能技术的应用打破了传统旅游的局限，为旅游产业带来全新的产品和设施设备；信息化和高新技术的运用改变着文化旅游的消费模式，催生了新的生产方式和形态，随着科学技术的创新发展，文化旅游的质量显著提升。科技的赋能不仅能够有效延长文化旅游产业的价值链，而且能够大大提升旅游产品的文化内涵和科技水平，增强游客的参与感与体验感，为文化旅游的升级换代带来契机。科技手段打造的智慧文旅体系，将全面促进旅游体验、管理、资源、营销等方面的协同发展，推动旅游产业全面升级。

四　甘肃旅游新业态高质量发展建议

（一）加快支撑体系建设，建构旅游新业态保障体系

一是政策支持。要认真贯彻落实国家和省委省政府关于加快发展旅游业的决策部署，组织相关领域专家，出台保障旅游新业态健康快速发展的规章制度、行业准则、日常规范、星级标准、管理体系等。同时，规范从业人员的执业资格，严把相关旅游新业态企业的准入门槛，做到有章可循，促进可持续发展。二是资金支持。首先，旅游景区建设在引入投资方时应甄别相关企业的资质、实力、资金储备等状况；其次，政府应该发挥政策工具的调节作用，给予发展潜力大、文化特色鲜明的旅游新业态和相关企业以税收、贷款等方面的优惠，并配套一定的资金支持，使其在启动阶段获得必要的扶持，较快实现规模经营。三是人才支持。旅游新业态生发和运行的核心是人才，政府应全面统筹配置人力资源，邀请、吸引技术类、设计类、管理类等各类人才投身旅游新业态建设。鉴于旅游新业态的综合性和复杂性，应该多吸收复合型、创新型人才投身旅游新业态研发和运行。一方面，甘肃地方政府应秉持“开放共赢”的理念，积极引进省外专业技术人才参与甘肃旅游新业态的论证、设计和运行，同时选派骨干力量赴省外甚至国外，学习考察全国、全球的旅游新业态发展动向，在立足甘肃实际的基础上，充分吸收一

切可能促进甘肃旅游新业态发展的成功做法和经验。另一方面，邀请专家学者、企业高管、技术能手等常态化培训相关从业人员，包括专题报告、集体研讨、现场指导等多种形式。

（二）加强科技自主创新，提升旅游新业态智能水平

一是建立技术创新联盟。联合科研院所、高校、企业建立旅游新业态创新联盟，通过联盟将技术、人才、信息、平台进行整合，实现共建共享共用。二是推动高校文旅学科建设，使理论研究与现实发展良性互动、相互促进。选择一些在旅游产业交叉融合方面有优势的高校，组建相关重点实验室或研究中心，开展旅游新业态前沿科技探索，为旅游新业态提供技术和智力支持。同时，发挥中小微企业管理灵活、创新意愿强的特点，通过政策引导和补助的形式推进中小微企业的技术创新和实践转化能力。四是建设旅游新业态创新发展园区。打造集技术研发、创意设计、供应链金融、职业教育、数字工厂等新产业要素于一体的新业态创新园区。园区要延伸产业链、打通融资链、健全服务链、营造生态链，构建旅游产业数字化新生态，为旅游业态融合创新注入源源动力。园区要引进专业服务机构，提供精准专业的配套服务，加快优秀文创企业集聚，为建设全国领先的旅游新业态创新基地奠定基础。

（三）优化文旅产品供给，增强旅游产业活力

选择热点旅游城市大力发展夜间经济，形成“文化＋夜景＋餐饮＋娱乐”的立体旅游新生态，建成一批夜间旅游经济品牌街区，让城市和景区亮起来、让游客留下来、让夜间消费火起来。着力完善“景区管委会＋旅游开发公司”的景区开发运营模式，扶持省属国有文旅企业及各类民营旅游企业做大做强，充分调动企业主体的积极性，增加旅游产业的活力和创新度。一是做热淡季旅游市场。实行差异票价制度，发掘旅游淡季增长潜力，开发具有冬春季特色的旅游项目，创新营销模式，做大做强“丰收了·游甘肃”旅游惠民活动，多管齐下开拓冬春季旅游市场。二是打造夜间经济

品牌。以深圳“辉煌新时代”中心区灯光秀、西安“大唐不夜城”等夜间经济品牌为参照，打造“夜游黄河”项目，因地制宜打造灯光秀项目，争取在全省打造10个以上品牌夜间消费示范街区，吸引游客在甘肃多停留，满足游客个性化、体验性、文化类消费需求。在原有《又见敦煌》《丝路花雨》《敦煌盛典》等旅游演艺节目的基础上，充分发挥文艺节目提高旅游产品品质的作用，在兰州、天水、嘉峪关、甘南、张掖等省内重点旅游城市和景区为游客提供“白天游览、夜晚休闲”的全天候沉浸式文旅产品。进一步夯实公共文化基础设施，推动文化产业园、创意园区、出版阅览场所、博物馆、科技馆等向游客免费开放，助力旅游新业态高质量发展。

（四）提高创新能力，分层分序分类培育旅游新业态

旅游新业态往往涉及多领域、多层面、多主体的交叉融合，需要持续创新，深挖不同场景之间的内在联系，开发具有时代精神和丰富内涵的旅游项目，延长整个旅游的产业链和价值链，提升旅游产品的附加值，更好地满足游客的需求。一是实施“旅游+”“+旅游”战略。积极发展红色教育游、民俗体验游、康养保健游、研学探索游、工业展览游、体育特色游等新兴业态，开发参与性、体验性较强的文化旅游项目，推出既有文化内涵又适应市场需求的优质文旅产品。二是推进旅游品牌开发奖补政策。鼓励文旅企业联合科技企业、科研院所设计、开发一批富有陇原特色、文化内涵、地域风貌的文旅热销商品，对创新性的产品设计进行奖励和补助，激发相关企业的创新动能。三是加快文化产业园区建设。加强兰州国家级创意文化产业示范园、敦煌国家级文化产业示范园的建设，在政策工具、园区基础设施改造、营销推广等方面给予更多优惠。加快创建2～3家省级文化产业示范园区，培育1～2家文化产业园区申报国家级文化产业示范园区。四是开发旅游特色餐饮和住宿业态。深度挖掘地方饮食文化，在敦煌、兰州等重点旅游城市、乡村旅游聚集区开发原生态餐饮、养生美食、风味小吃等地方餐饮，打造提升一批特色美食街区，点亮夜间经济。

五是适度发展高星级和特色酒店。支持发展文化主题酒店、温泉养生度假酒店、绿色生态庄园酒店、帐篷野营酒店等特色旅游住宿，引进高端、专业、诚信民宿企业开发建设农家客栈、休闲农庄、古村民居等高端精品民宿。六是推进红色旅游健康发展。借鉴井冈山、延安红色旅游开发模式，推动全省红色旅游向主题教育课程化、红色研学课程化转变，重点从创新性课程设计切入，从“红色文化+旅游产业”的联动入手，着力打造“南梁精神红色记忆之旅”“长征会师胜利之旅”“西路军红色征程之旅”等红色旅游景区和主题旅游区，推出具有教育性、参与性、体验性、实践性的红色旅游创新融合产品线路。

（五）注重旅游市场新需求，开拓多元化营销渠道

发展旅游新业态要着眼满足游客的体验，解决游客在旅游过程中的新需求，催生旅游新消费，开拓营销新渠道。一是以市场为导向，结合大数据、人工智能技术分析研判游客需求和喜好，引入多方人力、物力、财力、智力，增加研发投入，通过文旅管理部门、文旅企业、技术公司、金融机构、科研院所、高等学校等的联合协同，科学研判消费市场的新需求，实施供给侧改革。二是注重培育旅游消费新市场。青年一代逐渐成为社会消费的主力军，尤其对于旅游新业态，“90后”“00后”对新生事物充满探索意愿，他们是旅游新业态的重要受众。可以借助新媒体渠道，向年轻游客推广甘肃丰富的旅游文化资源，将敦煌文化、丝路文化、黄河文化、民俗特色、独特地理等进行新媒体传播，吸引年轻游客的眼球。更进一步，可以将甘肃最经典的景区景点、地域文化和民俗技艺等深度植入旅游场景体验、“剧本杀”等新形式，为甘肃旅游市场消费转型升级和营销体系建立提供新思路。三是选择多元化的营销渠道。旅游新业态的营销既要依靠大数据等新技术，也离不开广播、电视、报纸、口碑等传统形式。营销的渠道应该充分考虑受众范围和分布特征，预算和控制合理的营销成本，对于具体形式的旅游新业态应以某类营销方式为主，其他营销方式作为补充，形成合理的营销体系。四是重视旅游消费者作用。消费者的口碑和满意度是最直接同时也是最有效的改进

旅游服务的抓手。因此，在甘肃省发展旅游新业态的过程中，要最大限度地利用消费者资源，在旅游新业态规划设计过程中，多听取消费者的建议，通过线上调查、线下采访等多种形式，广泛征求意见，从消费者视角审视旅游服务的质量和品质，为开发更具针对性、创新性和前瞻性的旅游新业态提供重要参考。

（六）聚焦“大融合”，实现文旅产业新突破

在全域旅游和乡村振兴理念的引领下，工业、农业、林业、体育、康养等多领域与文化旅游产业相融合，为文旅产业的发展拓展了新空间，推动了如康养旅游、体育旅游等一些新兴业态的出现。聚焦“大融合”，是实现文旅产业新突破的关键所在。一是搭桥引线，加强文化旅游与多产业之间的交叉融合。以文化旅游为枢纽，形成“旅游+农业”“旅游+工业”“旅游+服务业”等产业格局，开发文化旅游新产品。如在健康旅游方面，依托优美的自然景观、舒适的自然环境以及特色的区域文化，开发一系列健康养生文化旅游产品。二是拓宽旅游产业边界。细化文化旅游要素在旅游时间上进行创新，如在条件适宜的地方开展多时段度假旅游，满足不同人群的个性化旅游需求。三是延长文化旅游的产业链。积极推进旅游新业态在交通住宿、餐饮消费、文创产品、娱乐休闲、网络游戏等多领域的渗透，实现各类要素、不同行业、不同领域、不同时空的多层次交叉融合创新，延长文化旅游的产业链，提升旅游新业态的附加值。

参考文献

《甘肃省旅游条例》，http：//wlt. gansu. gov. cn/wlt/c108582/202107/1750526. shtml。

陈娉娉：《博物馆文创产品结合“粉丝经济”盈利新模式——以敦煌博物馆为例》，《全国流通经济》2019 年第 36 期。

《甘肃省博物馆发布多款最新文创产品》，http：//www. gscn. com. cn/gsnews/system/2019/08/30/012217118. shtml。

《“2020 年度中国旅游产业影响力风云榜”揭晓　甘肃旅游再获殊荣》，http://wlt.gansu.gov.cn/wlt/c108541/202104/289a532f3533477f909660910cd63bce.shtml。

何调霞、梁双波：《甘南藏族自治州文化旅游资源整合开发模式研究》，《资源开发与市场》2014 年第 7 期。

专 题 篇

Special Reports

B.7
甘肃黄河文化的传统内涵与时代价值研究

李 骅 李海霞*

摘 要： 甘肃黄河文化是指黄河流域甘肃段及其文化辐射地的全部文明成果。甘肃黄河文化是黄河上游文化的典型代表，是中华文化的有机组成部分，遗存丰富，序列完整，支流文化发达，具有源头性、多样性、融合性、开放性、进取性等内涵特征，深刻体现甘肃精神和陇人品格。打造黄河上游中华民族共同体建构示范高地，推进甘肃黄河文化遗产系统保护，构筑甘肃黄河文化标识体系，促进甘肃黄河文化旅游融合创新发展，推动甘肃黄河文化全面融入现代生产生活，讲好甘肃黄河文化故事是实现甘肃黄河文化时代价值的主要途径。

* 李骅，甘肃省社会科学院文化研究所副研究员，主要研究方向为哲学伦理学；李海霞，甘肃省文物局革命文物处处长。

关键词： 黄河文化　传统文化　甘肃

自然地理环境是人类历史活动的基础条件。从青藏高原到内蒙古高原，从黄土高原到华北平原，浩浩黄河以其伟大的塑造力奔流在中国大地，为中华民族的形成及其生产生活、文化传承提供了重要场域和文化基因，成为中华文化最重要的符号之一。习近平总书记指出，“黄河文化是中华文明的重要组成部分，是中华民族的根和魂。要推进黄河文化遗产的系统保护，守好老祖宗留给我们的宝贵遗产。要深入挖掘黄河文化蕴含的时代价值，讲好‘黄河故事’，延续历史文脉，坚定文化自信，为实现中华民族伟大复兴的中国梦凝聚精神力量”。[①] 习近平总书记的重要讲话，是黄河文化研究的根本遵循。甘肃是黄河上游文化的中心代表地，准确阐释甘肃黄河文化传统内涵，挖掘甘肃黄河文化时代价值，对于甘肃高质量发展具有重要意义。

一　黄河文化概述

黄河流经中国 9 个省区市，全长 5464 公里，其磅礴的自然伟力和厚重的历史叙述成就了独特的文化场域。“黄河文化是黄河流域先民在长期的社会实践中所创造的物质财富和精神财富的总和，包括典章制度、礼仪信仰、生产水平、生活方式、语言文字、风俗习惯、审美情趣、精神面貌、价值取向，等等。”[②] 其中黄河流域文化遗迹是黄河文化最主要的物质表现形式。黄河所塑造的中华民族自强不息、坚韧不拔、一往无前等民族品格是黄河文化最主要的精神表现形式。“中华文明历史表明，黄河流域在中华民族形成过程中发挥着关键的凝聚作用，黄河文化是中华文明最重要的直根系。”[③]

---

① 习近平：《在黄河流域生态保护和高质量发展座谈会上的讲话》，《求是》2019 年第 20 期。

② 李立新：《深刻理解黄河文化的内涵与特征》，《中国社会科学报》2020 年 9 月 21 日。

③ 苗长虹、艾少伟、喻忠磊：《黄河文化的历史意义与时代价值》，《河南日报》2019 年 11 月 1 日。

（一）黄河文化是中华文明的重要组成部分

在中国历史长河中，从夏商周到汉唐宋，沿黄王朝政权、政治制度、意识形态、生产方式、风俗习惯等的形成产生和黄河密切相关。黄河流域创造了甲骨文、彩陶、青铜、四大发明、瓷器、农耕、诗歌、思想家等中华文化的重要标志。“理学起源于黄河流域，经学兴盛于黄河流域，沿着丝绸之路，佛学首传于黄河流域。”[①] 黄河流域是黄河文化的诞生地，是中华文化的繁兴地，是中华文明起源、传承和发展的核心地。黄河文化是以中原文化为核心的沿黄九省区地域文化串联起的文化共同体。黄河流域千百年来的历史流变留下的丰厚自然和文化遗产以及形成的各种地域文化传承着中华民族的集体记忆，它们是中华文化的璀璨乐章。

（二）黄河文化是中华民族的“根”

中华文明产生于黄河流域，展现了清晰的中华历史文化脉络。从文明时代的标志和考古发现都能证实沿黄地区是中华文明最重要的发祥地。黄河流域最早栽培了粟和黍，奠定了农耕文明的基础。旧石器时代“蓝田人”“大荔人”在黄河流域遗迹可寻。新石器时代的大地湾遗址，直观展现黄河流域史前文化序列和原生面貌，石峁遗址的城址闪现着“中国文明的前夜”的微光。从夏商周到汉唐宋，国家政治经济文化中心有 3000 多年一直在黄河流域更迭。黄河流域的古城古建、古村古居、古驿古渡是黄河文化的遗迹，是中华文明的重要物质标志。“黄河文化在国家形成之前，属于中国文明起源过程中重要的主导性文化；而自国家诞生之日起，黄河文化就是国家文化。”[②] 因此，黄河文化是中华文明和中华民族形成的直接根系。

（三）黄河文化是中华民族的“魂”

从新石器时代的裴李岗文化、老官台文化、仰韶文化、大汶口文化、马

① 中央电视台：《黄河》，中国青年出版社，1989，第 13 页。

② 王震中：《黄河文化：中华民族之根》，《光明日报》2020 年 1 月 18 日。

家窑文化、龙山文化到大一统王朝时代的河湟文化、河套文化、关中文化、三晋文化、河洛文化、齐鲁文化等地域文化①，都是黄河流域孕育的文化类型。中华文化中的子学、经学、玄学、佛学乃至理学等都是黄河流域孕育的思想文化。天人合一、民为邦本、兼容并包、忧患意识等都是黄河文化的主要观念。黄河流域孕育、创造的宗法制度、社会习俗、宗教信仰、思维方式、道德价值、社会政治及其人文精神等在本质上都属于黄河文化。这些文化的精神表达和中华文明的价值观念一脉相承，为中华民族生存和发展提供了强大的精神动力。黄河是流淌千万年的自然之河，是承载中华文脉的文化之河，是塑造中华民族精神的创造之河。黄河文化以其独特的魅力为中华文化注入灵魂、赓续血脉。

（四）黄河文化蕴含重要的时代价值

黄河文化在历史演进中和流域内大一统国家的政治经济盛衰紧密相连，形成了文明源头、农耕底蕴、兼容并蓄、开放进取等文化特质，塑造了中国人包容开放、积极进取、不畏困难的价值取向。新时代黄河文化是提升中华民族文化自信的重要载体，黄河文化“天人合一”观念为生态文明建设提供宝贵经验，“大一统”思想有助于增强民族凝聚力与国家认同感，包容的精神为构建人类命运共同体提供历史范本。② 黄河文化蕴含的民族交融史、民族奋进史、治水史和治国史是新时代我们坚定文化自信的不竭动力。古老华夏文明与浩荡大河交相辉映，合奏出壮丽的文化音符，彰显出恒久的文化价值。

二　甘肃黄河文化的传统内涵

黄河文化的传统内涵是指黄河文化作为传统文化所具有的根本属性及根

---

① 中国黄河文化研究中心课题组：《打造新时代黄河文化地标 全面展示黄河文化魅力》，《河南日报》2020 年 7 月 29 日。

② 苗长虹、艾少伟、喻忠磊：《黄河文化的历史意义与时代价值》，《河南日报》2019 年 11 月 1 日。

本意义。“‘根’和‘魂’是覆盖整个黄河流域的大范畴、大概念，是我们认识和理解黄河文化内涵的总思路。”① 考察黄河历史文化流变是认识和理解黄河文化传统内涵的具体方法，由于历史文化的不同，在沿黄 9 个省区市里，黄河文化表现出不尽相同的内涵与特征，甘肃黄河文化亦不例外。

（一）甘肃黄河文化概述

1. 甘肃黄河文化辐射甘肃全省

甘肃黄河文化是指黄河流域甘肃段及其文化辐射地的全部文明成果。甘肃黄河文化是黄河文化的有机组成部分，是黄河文化的区域文化。黄河在甘肃两进两出，干流流经甘南、临夏、兰州、白银 4 市（州），全长 913 公里。支流有洮河、湟水、大夏河、庄浪河、泾河、渭河、祖厉河等水系，流域覆盖甘肃定西、天水、平凉、庆阳以及陇南、武威部分地区。② 甘肃境内祁连山和甘南州是黄河上游重要的水源涵养和补给区。甘肃 14 个地州市中有 10 个和黄河直接关联。“河西走廊，曾长期是黄河文化对外交流的窗口，是黄河文化与世界文化融合的前沿。”③ 陇南是黄河文化和长江文化的交汇地。与独特的地理、气候环境和民众的生产生活习惯相适应，甘肃黄河流域形成了河湟文化圈、泾渭文化圈、安多藏文化圈和河西文化圈。因此，在文化意义上，甘肃黄河文化及其影响力辐射甘肃全省。

2. 甘肃黄河文化是黄河上游文化的典型代表

黄河，发源于青海，成河于甘肃。“甘肃是农耕文化与游牧文化、中原文化与西部文化、华夏文化与外来文化交汇交融地。”④ 其历史文化定位的载体恰恰是甘肃广大的黄河流域地区。甘南草原文化、游牧文化，临夏民族文化，河西中原文化与外来文化，陇东农耕文化等是甘肃黄河流域的主要文

---

① 陈育宁：《宁夏黄河文化的生成及内涵特征》，《鄂尔多斯日报》2021 年 8 月 12 日。

② 卜鹏楼：《关于保护传承弘扬甘肃黄河文化的研究》，《发展》2021 年第 5 期。

③ 周奉真、张景平：《从区域视角讲好“黄河故事”》，《光明日报》2020 年 5 月 12 日。

④ 雷慧：《浅析甘肃民族传统体育非物质文化遗产特征》，《西北成人教育学院学报》2016 年第 5 期。

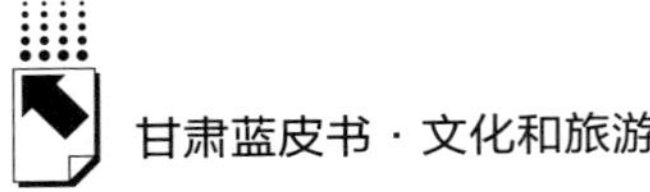

化。其所成就的彩陶、青铜、石窟、长城、简牍文化以及民族民间文化、革命历史文化等具体文化是黄河上游文化的典型代表。

3. 甘肃黄河文化是中华文化的有机组成部分

甘肃黄河文化东连关中文化、西通西域文化、北邻草原文化、南接巴蜀文化。区域文化和黄河文化相交融，丝路文化和黄河文化相叠加，它们共同在甘肃黄河流域、长江流域、内陆河流域以及丝路沿线之间交流碰撞，和合共生，共同促进了中华文化有机整体的形成和发展，展现了黄河文化的同源性。

（二）甘肃黄河文化传统内涵

1. 甘肃黄河文化的历史考察

甘肃地处黄河上游，奔腾不息的黄河水，孕育积淀了甘肃黄河流域厚重的历史文化遗产。《禹贡》记载，“禹导河积石（在今甘肃省临夏州）至于龙门”。甘肃历史上在宋以前的很长一段时期里，中央政权核心大多位于关中地区。陇右、河西区域是拱卫京畿的屏障和锁钥。临夏、兰州、平凉、武威都是历史上著名的军事重镇便是明证。即使在宋以后，甘肃的军事要冲地位一直未有削减。因此，甘肃黄河文化的发展周期就与中央政权的强弱，与国家对西北的控制和西部疆域的伸缩、稳定密切关联。可以说，甘肃黄河文化的发展历程和大一统国家的历史文化变迁相一致。

具体而言，先秦时期是甘肃黄河文化的形成期。此时的黄河文化作为中华主体文化基本成型，甘肃黄河文化亦不例外，在一定意义上，甘肃黄河文化是甘肃地域文化的源与流。秦汉到隋唐是甘肃黄河文化的发展期，大一统王朝时代，以黄河流域为中心建都，黄河流域呈现了新的活力，陆上丝绸之路的陇西道沿渭河流域向西，北地道沿泾河流域向西，丝绸之路和唐蕃古道与甘肃境内黄河流域的渭河泾河沿岸高度重合，丝路文化和黄河文化相互影响是不可避免的，丝路文化崛起，黄河文化得以新发展。宋元以降是甘肃黄河文化融合期，此时国家治乱和黄河治理相谐行，战争和河患相依存，黄河流域文化和科学技术有新的变化和创造，黄河文化与中华传统主流文化儒释道紧密融合。近代以来是甘肃黄河文化创新期，国家积贫积弱，西北地区经济社会落后，但西方治河技术传入，使黄河治理有新的进步，黄河水利文化得以发展。现代以来，是甘肃黄河文化的丰富期，红色文化、水利文化、黄河文艺得到了前所未有的发展。

在黄河文化的发展历程中，我们可以看到，历史上，甘肃地理位置偏于西北一隅，作为行政单元多数情况下凸显政治军事功能，中国古代政权大多对黄河的关注与治理集中于下游中原地带。除国家意识形态文化影响外，甘肃黄河地域文化形态突出成为必然。

黄河自古以来，水患频繁，黄河甘肃段亦不例外，但不同于下游地区频繁的决口改道，黄河甘肃段及其支流主要是暴雨洪水旱灾引发的自然灾害。如汉灵帝光和元年（178 年），是年秋，金城（今兰州）河水溢出二十余里；唐玄宗开元元年（713 年），秋，黄河水溢，泛滥成灾，水逼入会州城（今甘肃靖远县）；河州黄河见底（1602 年）；乾隆十年（1745 年），七月大雨，渭河南北岸秋禾淹没无存；兰州黄河水涨成灾（1808 年）；兰州黄河浮桥冲断（1858 年）；河淹兰州、榆中滩地（1868 年）；黄河上游涨水成灾（1904 年），“六月初，甘肃皋兰县连日阴雨，省城东南隅城墙浸塌丈余，统计灾民二万余口”；兰州、宁夏黄河暴涨（1935 年），“8 月 4 日，高庄决口，雁滩居民因水涨纷纷迁居”。①

同样，黄河治理从未停歇。如兰州建黄河浮桥（1372 年）；兰州修筑挑水坝（1760 年）；兰州修建河防工程（1791 年）；甘肃靖远修筑河堤（1873 年）；兰州黄河铁桥建成（1909 年）；甘肃洮惠渠竣工放水（1938 年）；甘肃溥济渠、湟惠渠竣工（1942 年）；甘肃汭丰渠建成放水（1944 年）；甘肃靖丰渠基本建成（1945 年）等。

有关甘肃治黄人物，有传说中的大禹，明代段绪，近现代傅焕光、任承统、赵明甫、叶培忠、沈怡、李赋都、翁建才、郑肇经、方宗岱、王化云、

① 黄河水利委员会黄河志总编辑室编《黄河志卷一 黄河大事记》，河南人民出版社，2017，第 18、31、131、168 页。

耿鸿枢等。

有关甘肃黄河文物遗存，有大地湾遗址、马家窑遗址、天水伏羲庙、炳灵寺石窟、水帘洞石窟、麦积山石窟、北石窟寺、创建兰州黄河铁桥碑等，它们都成为甘肃黄河文化胜迹。

有关甘肃治黄著述，有唐贾耽著《吐蕃黄河录》、明吴山楫《治河通考》、清万斯同《昆仑河源考》、清纪昀等《河源纪略》、清王太岳《泾渠志》等。中华人民共和国成立以来，有雷清溶编《黄河中游甘肃中部农作物生产技术》、甘肃省农林水利厅编《甘肃水土保持》、吴传钧著《黄河中游西部地区经济地理》等。

有关甘肃黄河诗文，有《诗经·大雅·公刘》、王之涣《凉州词》、岑参《题金城临河驿楼》、虞世基《入关》、司空图《河湟有感》、薛逢《凉州词》、陈祥《兰州卫重疏水利记》、吴同春《游崆峒记》、董师中《自临洮还》、江南游子《兰州黄河滨祖师楼题诗》、冯至《刘家峡之歌》、郭沫若《满江红·浏览刘家峡水电站》、梁上泉《刘家峡》、吴作人《查看炳灵寺》、费孝通《晚宿积石山保安族东乡族撒拉族自治县记事》、马秉礼《赞景泰川电力提黄工程》、刘白羽《黄河之水天上来》等。[①]

2. 甘肃黄河文化的内在属性

（1）从考古学上看，甘肃黄河文化序列完整，脉络清晰。旧石器时代甘肃黄河流域文化遗址有夏河县丹尼索瓦人化石、泾川县牛角沟“平凉人”头盖骨化石、镇原县姜家湾遗址、庆城县巨家塬遗址、环县楼房子遗址、东乡县下王家遗址、庄浪县双堡子沟遗址等。新石器时代甘肃黄河流域文化遗址有大地湾、马家窑、齐家文化等。早期文明象征的陶器、玉器、铜器、原始农业、文字、纺织缝纫、建筑、绘画、音乐等均已在甘肃黄河流域出现或有了进一步发展。先秦时期，戎、狄、羌、月氏等多个民族在甘肃黄河流域生活，共同推动甘肃历史文化发展。大一统王朝时代，甘肃黄河文化在科

① 黄河水利委员会黄河志总编辑室编《黄河志卷十一 黄河人文志》，河南人民出版社，2017，第84～194、226～769页。

技、文学、艺术、宗教、哲学等人文领域得到进一步发展，古遗址、古墓葬、古建筑、石窟寺及石刻等考古发现十分丰富，佐证了甘肃黄河文化和中华文化密不可分的关系。

（2）从区域文化上看，甘肃黄河支流文化发达。人类生存实践的历史表明，大江大河的支流更适合人类生存和发展，因而有较为发达的文化。渭河流域文化积淀深厚，是陇中重要的文化源，彩陶文化、早秦文化、石窟文化、诗词文化荟萃。泾河流域是周文化的发祥地，周祖文化、道教文化、农耕文化、医药文化最为著名。大夏河流域藏传佛教文化、花儿文化、砖雕文化、商业文化独树一帜。洮河流域彩陶文化、长城文化、洮砚文化、水利文化特色鲜明。祖厉河流域的水利文化、红色文化突出。

（3）从文化属性上看，甘肃黄河文化具有鲜明的西部属性。即本土文化受环境、气候、民族影响较大，地域特征明显。其中农牧文化最为灿烂。古代甘肃黄河流域气候温暖，森林茂密，草原辽阔，河网密布，适合放牧和耕种，及至隋唐时期有“天下富庶者无出陇右”之说。生态文化最为突出。唐安史之乱后陇中陇东地区人口增长及垦荒屯田，导致甘肃黄河流域的生态环境趋于恶化，延及晚近，出现了“陇中苦甲天下”的景象。民族文化最为鲜明。甘肃黄河流域是多民族聚居地，历史上北方大部分民族在甘肃黄河流域活动过，民族迁徙融合明显，留下了灿烂的民族文化。

（4）从文化资源禀赋看，甘肃黄河文化历史悠久、遗存丰富、影响巨大。和政古哺乳动物化石、夏河县丹尼索瓦人古人类化石、大地湾遗址、女娲伏羲传说、洮河流域马家窑彩陶、齐家文化玉器等史前文化留存丰富、影响深远。周先祖后稷、不窋、公刘等在陇东地域教民稼穑，建立礼仪和道德传统，秦先祖封邑于秦亭，最早在甘谷建立了冀县，证明甘肃黄河流域是华夏农耕文明的最早形成地，是国家制度的最早奠基地。庆阳是中医鼻祖岐伯的家乡，是中国传统医学理论的起源地，被称为岐黄故里，证明甘肃黄河流域是中国医药文化的最早诞生地。黄帝问道广成子，老子西来讲道传经，证明甘肃黄河流域是宗教文化的汇聚地。甘肃黄河流域的长城文化、石窟文化、红色文化同样留存丰富。

3. 甘肃黄河文化的内涵特征

（1）源头性。甘肃黄河流域的大地湾文化、马家窑文化等史前文化历史悠久，发展脉络清晰，是中华文明起源的重要标志，伏羲诞生天水，肇启文明先河。周先祖崛起陇东，秦先祖肇基陇南，共同铸就了古代大一统政治、经济和文化格局。千百年来，甘肃黄河文化彰显了强大的文化影响力，与陇原大地各类地域文化交织交融，谱写了壮美的黄河文化交响曲，使甘肃黄河文化呈现源头性的特征。

（2）多样性。黄河不仅养育了陇原各族儿女，而且孕育了史前文化、农耕文化、早期周秦文化、丝路文化、民族民间文化、红色文化等异彩纷呈的文化形态，造就了黄河第一弯、黄河古象、黄河三峡、黄河石林、黄河岩画、黄河铁桥、“黄河母亲”、黄河水车等璀璨夺目的黄河文化标识，留下了星罗棋布的各类文物古迹和非物质文化遗产，使甘肃黄河文化呈现多样的形态。

（3）融合性。甘肃黄河流域自古为多民族繁衍生息、迁徙交融的重要区域，在中华民族多元一体格局形成中发挥了巨大作用。甘肃黄河文化是多民族共同创造的文化成果，最能体现历史上汉族和众多兄弟民族相互交融、兼收并蓄，共创中华民族文化的历程和优势，使甘肃黄河文化呈现融合性特点。

（4）开放性。甘肃是丝路文化与黄河文化遇合融汇的最具代表性区域。甘肃黄河文化是华夏文化与各种外来文化相互交流、适应融合的产物，在东西方文化相互沟通过程中发挥了重要的纽带作用，体现了对外开放、博大精深、海纳百川、和而不同的胸怀气度，对中华文明的发展做出了重要贡献。

（5）进取性。甘肃黄河文化是千百年来黄河流域各民族群众与自然和谐共生的伟大智慧结晶，体现了陇原儿女在干旱、苦寒、贫瘠和高海拔地区生生不息的顽强生命力和不屈不挠、百折不回、艰苦奋斗、自强不息、积极进取的价值追求。

4. 甘肃黄河文化的精神特质

黄河文化具有博大精深、磅礴雄伟、忧患悲壮、崇德尚品、融合包容、强大生命力等精神特质。[①] 生活在甘肃黄河流域的人们在与黄河共依存中，传承着传统黄河文化精神，又创造着具有地域特色的甘肃黄河文化精神。主要有体现以人文始祖女娲补天英勇无畏形象等为代表的创新创造精神，以泾河柳毅传书传说为代表的信守承诺精神，以积石山左伯桃、羊角哀杨左之交故事为代表的义薄云天、舍生忘死精神，以积石山大禹积石导流、渭源大禹导渭传说等为代表的公而忘私、科学创造精神，以庆阳南梁"两点一存"为代表的面向群众、忠诚为民的南梁精神，[②] 以会宁会师为代表的不怕牺牲、坚定信念的长征精神，以血战高台为代表的不畏艰险、浴血奋战的红西路军精神，以引洮、引大入秦、景电提灌工程为代表的艰苦奋斗、战天斗地精神，以平凉庄浪梯田为代表的艰苦创业、自强不息精神，以张骞凿空、玄奘求法为代表的百折不挠、勇于开拓精神。这些精神特质是甘肃黄河文化的生动内涵，是黄河文化精神的有机成分。

三　甘肃黄河文化的时代价值

甘肃黄河文化的时代价值体现在对甘肃经济社会的助推作用上。保护传承弘扬黄河文化，推动甘肃黄河文化融入现代生产生活，才能充分展现甘肃黄河文化的时代价值。

（一）甘肃黄河文化是实施黄河文化创新工程的重要抓手

"深入实施黄河文化创新工程，发掘甘肃在各个历史阶段独特的精神标识，发扬甘肃黄河文化在新时代延续历史文脉、坚定文化自信、提升文化影响力的重要价值。"[③] 以黄河文化为抓手，挖掘甘肃黄河文化精神标识，创新推进甘肃黄河文化保护传承弘扬，扩大甘肃黄河文化影响力，使甘肃黄河文化成为黄河流域文化创新发展的典范。

---

① 陈鹏：《黄河文化的多重精神特质及符号构建》，《人民论坛》2020 年第 25 期。

② 王锦涛：《面向群众 忠诚为民（感悟初心）》，《人民日报》2021 年 6 月 3 日。

③ 《甘肃省黄河流域生态保护和高质量发展规划》2021 年 10 月。

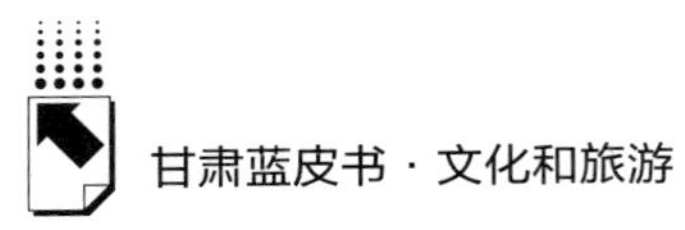

（二）甘肃黄河文化是甘肃文化强省战略的重要内容

黄河国家文化公园建设是展现甘肃黄河文化时代价值的重要方面，依托黄河文化，建设黄河国家文化公园，以公园为载体形式、以开放式的公共文化空间形态展示甘肃境内黄河文化发展历程及其特色，有助于实现甘肃文化强省战略。红色文化资源是甘肃黄河文化时代价值的突出表现，甘肃是一片红色沃土，弘扬红色文化，赓续红色血脉，增强文化自信，是甘肃文化强省的重要基础。黄河文化旅游有助于传播黄河文化、宣传甘肃形象，是甘肃文化强省的新内容。

（三）甘肃黄河文化是建设幸福美好新甘肃的重要支撑

甘肃黄河文化资源丰富，蕴含巨大的经济价值。甘肃黄河文化深嵌于陇原大地，为陇原儿女提供精神文化支撑。挖掘黄河文化的经济价值和精神价值，推动黄河文化深度融入甘肃经济社会发展和现代生产生活，在民生改善、生态保护、经济发展、社会进步等方面为建设幸福美好新甘肃提供重要支撑。

（四）甘肃黄河文化是甘肃精神的重要源泉

黄河文化蕴含着巨大的精神力量，对中华民族精神的形成作用巨大。甘肃黄河文化凝聚着甘肃各族人民共同的奋斗历程，蕴含着“诚实守信、包容创新，执着坚韧、团结奋进”的陇人品格，体现着“人一之、我十之，人十之、我百之”的甘肃精神。甘肃黄河文化孕育的庄浪梯田精神、会宁教育精神、“八步沙”精神、莫高精神、兰大精神以及岐伯、公刘、张骞、霍去病等甘肃历史文化名人的精神力量是甘肃精神的重要源泉。

四　实现甘肃黄河文化时代价值的路径选择

（一）打造黄河上游中华民族共同体建构示范高地

弘扬黄河文化培根铸魂的精神力量，挖掘黄河文化融合性价值，推动甘肃黄河流域各民族跨区域流动中的互嵌互惠互融，营造“黄河民族情，陇原一家亲”的社会氛围。不断加大对甘肃黄河流域少数民族和民族地区文化工作的投入和扶持力度，持续加强文化基础设施和公共文化服务体系建设。积极推进黄河流域民族融合遗产保护展示工程，建设大堡子山国家考古遗址公园，筹建马家塬遗址、石家和遇村遗址公园，实施吐谷浑王族墓、白塔寺遗址、八角城遗址展示利用基础设施建设，提升红城感恩寺、妙因寺、后街清真寺等文物建筑的展示水平，突出展示黄河流域甘肃段民族和文化交流融合的实物遗存。大力繁荣甘肃黄河流域少数民族优秀文化，增强文化认同，铸牢中华民族共同体意识。

（二）推进甘肃黄河文化遗产系统保护

整合甘肃黄河流域各类新旧石器文化、早期周秦文化，高标准建设一批史前文化遗址公园、国家考古遗址公园、“考古中国”和“中华文明探源工程”研究展示基地、大型数字化体验型文化遗址公园旅游区。充分挖掘以甘肃黄河干流为主线、支流为补充的流域内自然资源和人文遗产，发挥沿黄城市群落辐射带动作用，建设甘肃黄河文化保护传承弘扬示范区。依托甘肃黄河流域伏羲文化、轩辕文化、西王母文化、李氏文化等丰富的祖脉文化资源，打造全球华人寻根祭祖文化弘扬高地。依托甘肃黄河流域博大深厚的中医药文化底蕴和中药材产业优势，大力推动岐黄、皇甫谧等传统中医文化的传承与开发，打造黄河流域特色中医药文化传承高地。

（三）构筑甘肃黄河文化标识体系

重点推出“黄河之滨也很美”“天下黄河第一弯”“黄河三峡”文化旅游标识。提升天水、兰州等历史文化名城标识的黄河元素。宣传推广《读者》《丝路花雨》《大梦敦煌》等现代文化标识。推进以大地湾、马家窑、麦积山石窟、炳灵寺石窟及花儿、皮影等为代表的黄河文化遗产标识 IP 化。着力打造以黄河首曲、黄河三峡、黄河石林、渭河源、崆峒山等为代表的黄河文化地理标识。打响兰州黄河文化城市地理标识品牌，大力塑造一座城、一碗面、一本书、一条河的兰州黄河明珠形象，提升兰州黄河铁桥、黄河楼等人文景观标识的文化内涵。通过构筑甘肃黄河文化标识体系，体现甘肃黄河文化的国家特质和地域特点，突出甘肃黄河文化的重要价值和地位。

（四）促进甘肃黄河文化旅游融合创新发展

着力打造甘肃黄河石窟走廊、黄河石林地质公园、黄河母亲文化公园、黄河支流美丽河湾等特色文化旅游景点。利用甘肃黄河流域丰富的红色文化资源，重点打造一批精品红色经典景区，建成一批国内一流的爱国主义教育基地、国防教育基地、青少年研学旅游基地和党员干部教育基地。突出黄河国家文化公园文旅融合属性，按照文旅部发布的10条黄河主题国家级旅游线路，切实担当甘肃责任，助力甘肃黄河流域建设彰显国家形象、具有国际影响力的区域旅游目的地。全力“打响‘黄河之滨也很美’‘天下黄河第一弯’‘华夏文明渭河源’等黄河旅游主题品牌”。[①]

（五）推动甘肃黄河文化全面融入现代生产生活

实施文化惠民育民工程，举办黄河文化惠民日、惠民周活动，不断提高黄河文化惠民服务水平。编写甘肃黄河文化遗产知识读本，推进黄河文化进农家书屋、进校园。创新黄河文化遗产展示利用，打造甘肃省彩陶博物馆、简牍博物馆等精品博物馆体系，深入实施各级博物馆、纪念馆、展览馆改扩建提升工程。大力发展黄河文化产业，着力推动黄河文化与传统农业、现代工业、生态保护、教育培训、文体娱乐等领域深度融合。鼓励开发特色鲜明的黄河文博创意产品，加强数字化产品的制作与推广。深入实施中国传统工艺振兴计划，开发黄河非遗衍生品和旅游购物品。

（六）讲好甘肃黄河文化故事

挖掘大禹治水文化内涵及甘肃治黄历史人物、历史事迹、历史经验，展

① 尹弘：《树牢上游意识担好上游责任展示上游作为 努力推动黄河流域生态保护和高质量发展》，《学习时报》2021年9月27日。

示引洮工程、引大工程、景电工程等重大水利工程建设成就，讲好甘肃黄河治理故事。挖掘南梁“两点一存”、会宁会师、红西路军等的革命精神内涵，扶持和推出一批高质量红色文化作品，讲好甘肃黄河红色故事。挖掘白银有色、兰州石化、平凉柳湖春酒厂等的奋斗历程，讲好甘肃共和国长子故事。创新甘肃黄河文化传播，深化黄河和丝路遇合内涵，讲好甘肃黄河流域文化名城、名镇、名村、重要古遗迹和非遗故事。利用节会赛事机会，以兰洽会、文博会、“一会一节”、公祭伏羲大典以及有影响力的文化体育赛事等文化平台形式讲好甘肃黄河文化故事。加强以黄河为主题的文艺创作，举办“春绿陇原·黄河之滨”“黄河之滨艺术节”等系列惠民演出，以文艺展播形式讲好甘肃黄河文化故事。

参考文献

侯宗辉：《甘肃黄河文化传承利用的现状、问题与对策》，《甘肃政协》2021 年第 1 期。

王震中：《黄河文化内涵与中国历史根脉》，《中国社会科学报》2021 年 1 月 29 日。

李景文、王佳琦：《近年来黄河文化研究述评》，《河南图书馆学刊》2021 年第 4 期。

周奉真、张景平：《从区域视角讲好“黄河故事”》，《光明日报》2020 年 5 月 12 日。

王乃岳：《深入挖掘黄河文化的时代价值》，《中国水利》2020 年第 5 期。

葛剑雄：《黄河与中华文明》，中华书局，2020。

李立新：《深刻理解黄河文化的内涵与特征》，《中国社会科学报》2020 年 9 月 21 日。

袁升飞：《黄河文化的内涵与时代精神研究》，《中国民族博览》2020 年第 24 期。

习近平：《在黄河流域生态保护和高质量发展座谈会上的讲话》，《求是》2019 年第 20 期。

苗长虹、艾少伟、喻忠磊：《黄河文化的历史意义与时代价值》，《河南日报》2019 年 11 月 1 日。

黄河水利委员会黄河志总编辑室编《黄河志卷一 黄河大事记》，河南人民出版社，2017。

黄河水利委员会黄河志总编辑室编《黄河志卷十一 黄河人文志》，河南人民出版社，2017。

彭岚嘉、王兴文：《黄河文化的脉络结构和开发利用——以甘肃黄河文化开发为例》，《甘肃行政学院学报》2014 年第 2 期。

B.8

甘肃文化旅游形象宣传推广创新发展研究

段翠清　李瑾*

摘　要： 良好的文化旅游形象可以提升旅游目的地的吸引力和传播力，而运用系统有效的宣传推广策略可以有效提升旅游目的地形象的知名度，进而促进文旅深度融合发展。本文以甘肃文化旅游形象为研究对象，在对文化旅游形象的影响因素、甘肃文化旅游形象推广现状进行分析的基础上，认为甘肃文化旅游形象宣传推广还存在宣传推广失衡、独特性不足、新兴媒介潜力挖掘不足等方面的问题。建议从多角度、多区域提升甘肃文化旅游形象的品牌效应，优化文化旅游形象的传播路径，并拓展宣传主体，充分发挥“人力”资源优势等方面进行进一步改进和优化。

关键词： 文化旅游　旅游市场　甘肃

近年来，随着文化旅游市场的逐渐完善和日趋成熟，文化旅游形象的塑造、宣传和推广愈加受到各级政府的重视。优质独特的文化旅游形象不仅可以提升甘肃旅游的知名度和吸引力，还可以激发游客的旅行欲望，挖掘甘肃旅游市场的潜力，增加旅游者重游甘肃的概率。甘肃拥有壮美奇特的自然景观和博大精深的历史文化资源，如何在宣传和推广中，更好地展现甘肃文化

* 段翠清，甘肃省社会科学院副研究员，主要研究方向为恢复生态、生态经济、环境科学；李瑾，甘肃省图书馆馆员，主要从事图书情报管理、文旅与阅读推广、继续教育等工作。

旅游形象的时代鲜明感和资源独特性，进而挖掘甘肃文化旅游市场潜力，成为甘肃文化旅游发展中始终需要关注的问题。

一　文化旅游形象概念的提出

20 世纪 70 年代，美国学者 John Hunt 首次对“旅游形象”作了完整的定义，认为旅游形象是个体或者群体对非常居地的认知印象。[①] 后来，国内外学者对旅游形象概念的研究越来越广泛和深入，文化旅游形象的研究也得到不断发展。中国于 20 世纪 80 年代引进西方“旅游形象”的概念，并在其基础上进行拓展，比如，陈玉英从旅游形象整体印象出发，认为旅游形象是某一区域内民众和外部旅游者对这一区域旅游产品和服务的总体看法与评价。[②] 徐君亮从旅游形象感性认知的角度出发，认为旅游形象是某一区域通过旅游景点、服务设施以及与旅游有关方面的特点而留在游客心灵中的感知映像，是这一区域总体声誉的体现。[③] 除此之外，唐礼智、成伟光、赵煌庚等人先后从旅游形象结构体系、理性评价、独特性方面分别为大众更好地认知旅游形象给出了概念和定义。

总体来看，文化旅游形象是指某一区域的内外部公众对这一区域的景观特征、历史文化、人文底蕴等内外在的体验所形成的一种总体的、抽象的认知和评价，是这一区域文化旅游综合素质的反映。文化旅游形象从视觉上是一种区别于其他区域的独特表示，从内涵上是这一区域整体旅游水平高低的综合体现，从社会公众的角度看，又是内外公众对这一区域的整体体验和综合评价。[④]

---

① Hunt. J. D. , “Image as Factor in Tourism Development”, *Journal of Travel Research*, 1975 (3): 36 - 39。

② 陈玉英：《历史文化名城旅游形象浅析》，《北京第二外国语学院学报》2001 年第 3 期。

③ 徐君亮：《广州城市旅游形象定位和建设研究》，《热带地理》2000 年第 1 期。

④ 程金龙：《城市旅游形象感知研究》，河南大学博士学位论文，2011。

二　影响文化旅游形象宣传推广的关键因素

一般而言，文化旅游形象的接受者是大众旅游者、塑造来源是旅游地、渠道是信息的获取，区域环境是外力因素。因此，影响一个区域文化旅游形象塑造和对外推广的主要决定因素分别是：旅游者、旅游地、信息因素，以及环境因素。

（一）旅游者

旅游者是影响一个地区旅游形象的主体因素，他既是文化旅游形象的直接感知者，也是文化旅游形象的评测者。整体而言，旅游者的因素包括个体因素和群体因素两个方面。在个体因素方面，目的地旅游形象受到旅游者心理特征、社会特征和成熟度特征的影响。不同的人在不同时段所感知的内心状态不同、知觉不同、需求不同、价值观不同，则去往目的地的动机不同，就会对旅游目的地的期待和感受不一样，比如，有些人是在完成某一阶段的任务后，带着成就感去领略祖国的大好河山；有些人是在人生处于某一低落时期，从一座熟悉的城市前往一座陌生的城市，去换位思考，逃避使自己压抑烦闷的心情；也有人是为了某种求知、某种渴望，去往另外一座城市。同时，由于旅游者年龄、性别、社会阅历、收入水平、受教育程度等社会特征的不同，也会对某一区域的旅游形象产生影响，比如，老年人由于身体和年龄的原因，喜欢抱团出行，对旅游服务质量的要求较高，年轻人由于经济水平的限制，更倾向于旅行目的地经济实惠的食宿和刺激动感的旅游项目，而中年人则更多地倾向于舒适、简单、安静的旅游目的地。除此之外，对于一些成熟度较高的旅游者，更倾向于一些个性化、独立性较强的旅行计划，从而对地域旅游形象的评价和感知也更加具有科学性。而一些成熟度较低的旅游者，则对旅游目的地的服务更加依赖，在旅游过程中表现出更大的盲目性，通常对目的地旅游形象的感知带有主观性和片面性。

在群体因素方面，旅游者之间的相互影响、旅游者和目的地居民之间的主客关系，以及旅游者与其他人员之间的关系也直接影响旅游者对旅游目的地形象的感知和评价。因为游客数量的多寡、旅游团队成员之间的协作性、旅游者之间价值观的差异性等会对旅游活动的愉悦性、舒适性、游客的心理体验等方面造成影响，从而直接影响到旅游者对目的地旅游形象的感知度。而旅游者与东道主之间的文化、习俗、观念等认识之间的差异性，也会直接影响旅游者旅行的舒适性。一般而言，文化程度、经济水平、职业指向性程度较高的旅游者，与当地居民的融合度会更高，重游此地的概率也会更大。同时，目的地居民的精神面貌、举止谈吐、日常行为等人文素养也会影响旅游者对目的地旅游形象的感知效果（见图 1）。

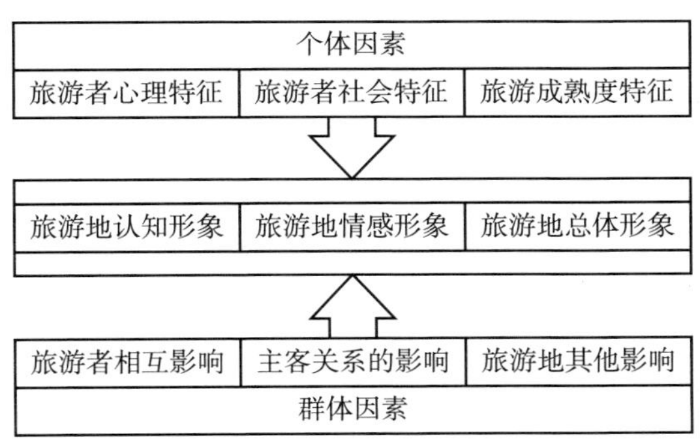

图 1　旅游者对区域文化旅游形象的影响因素

（二）旅游地

旅游地作为目的地旅游文化形象塑造和宣传的载体，既是文化旅游形象塑造的来源，又是文化旅游形象宣传推广的直接受益者。一般而言，旅游地的自身特色、旅游地的空间结构、旅游地各区域之间的形象叠加和带动效应都会对本区域的文化旅游形象的塑造、宣传和推广产生直接的影响。旅游地作为旅游者感知旅游形象的目标对象，它的旅游价值属性、自然气候、食宿条件、旅游设施等都会对旅游者选择旅游目的地产生直接的影响。因为，随着人们生活水平的逐渐提高和旅行的常态化，旅游者对目的地的整体感知和旅游氛围的要求也越来越高，旅游者在选择旅行目的地的时候，不再单纯地考虑目的地自然景观的独特性和人文历史的厚重感，更多的是在对旅游目的地景观质量、旅游设施配套、旅游距离等硬性条件和当地人文素养、物价水平、旅游管理水平等软性条件相结合的整体感知特征下进行选择。同时，旅游地的整体氛围也会对旅游者产生直接或者间接的影响，比如，人物性格的多面性会受环境的影响而表现出不同的行为，一个人可以在一望无际的草原策马驰骋，也可以在安静庄严的博物馆遨游世界，还可以在 BBQ 的夜晚派对中尽情狂欢。这表明人的情感会随着整体环境的不同而发生变化。而一座城市的整体文化氛围也是这座城市的一张名片，比如上海的时尚魔都、海南的休闲度假天堂、新疆西藏的异域风情、杭州的江南水乡等城市和区域的特有环境氛围都会激发旅游者的游览动机（见表 1）。

表 1　旅游地对区域文化旅游形象主要影响因素

类别	影响因子
旅游地认知属性	自然资源、基础设施、旅游设备、文化历史、艺术、政治因素、经济因素、自然环境、社会环境
旅游地整体感知	城市形象、旅游地地脉与文脉、物价水平、旅游管理水平和技巧、旅游定位和影响策略、社会文化氛围、旅游资源特征、旅游配套设施、民俗民风、社会秩序
旅游地气氛环境	区域位置、地理环境、历史沿革、行政区划、空间结构、文化背景
旅游地之间的竞争	形象遮蔽效应、时间优势效应、形象叠加效应、形象带动效应
客源地与目的地之间的距离	文化距离、精神距离、空间距离、时间距离

（三）信息因素

信息是文化旅游形象传播的媒介，是旅游者与旅游地之间的纽带桥梁。只有给予旅游者准确、高效、及时、独特的文化旅游信息，才能吸引更多的游客前来游览观光。通常情况下，按照信息的来源渠道，一般将信息分为个人信息、人际信息和商业信息三类。个人信息是指旅游者通过学校、家庭、社会以及个人之前的旅游经历所提供的供旅游者出行之前参考的信息，它会对旅游者产生旅游动机、形成初步旅游形象感知、旅游者的旅游次数、旅行持续时间产生非常重要而深刻的影响。人际信息是旅游者通过外界媒体渠道与他人之间交流所形成的信息源，这些信息有意识或者无意识地在旅游者的大脑中对旅行目的地构筑一个比较清晰的形象认知。而商业信息是某一区域邀请形象代言人、举行各类营销活动、制作宣传片或者与本区域相关的电影视频等方式而表现出的信息价值，进而对旅游者的旅游动机、旅游目的地的选择等产生影响，同时对旅游者游览后的认知和评价产生一定的影响。

（四）环境因素

环境是文化旅游塑造和推广的载体，是某一区域旅游文化形象产生改变的外力因素。环境因素主要由自然环境因素和社会环境因素两部分组成，自然环境因素主要包括旅游地的气候、地质、水资源、植被分布、生态环境等条件的总和。社会环境因素主要体现为旅游地的政治风气、流行文化、重大活动的氛围，以及电影、杂志、报纸、旅行环境等各类媒体的宣传环境。一般而言，自然环境因素会对旅游者产生负面的影响，比如，受到自然灾害、环境污染、季节更替等方面的影响，某一区域的自然景观、气候环境可能会发生很大的变化，这自然会改变旅游者对某一区域文化旅游形象的感知度，从而对旅游目的地的选择做出相应的调整和改变。此外，社会环境因素作为某一区域的人们在一定的自然因素基础之上，通过长期的物质生产和文化积淀所形成的环境体系，它对这一区域的文化旅游形象可能不会产生直接的影响，但是会成为旅游者选择旅游目的地所考虑的因素，会影响旅游者对其文化旅游形象的认识程度、关心程度和访问次数（见图2）。

三 甘肃文化旅游形象宣传推广现状分析

（一）甘肃旅游资源和发展现状

甘肃拥有丰富多彩的自然景观和博大精深的人文资源。据统计，甘肃共

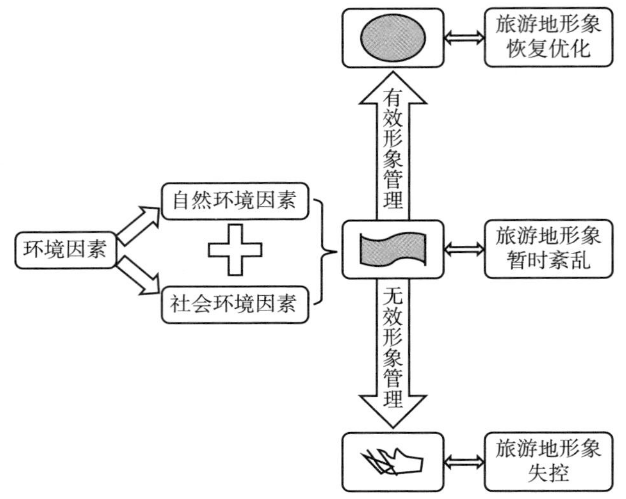

图 2　环境对区域文化旅游形象的影响

有 364 个 A 级旅游景区，其中，拥有敦煌鸣沙山·月牙泉景区、嘉峪关文物景区、张掖七彩丹霞景区、炳灵寺世界文化遗产旅游区、天水麦积山景区、平凉崆峒山风景名胜区等 6 家 5A 级旅游景区，有兰州兴隆山景区、敦煌雅丹国家地质公园、扁都口生态休闲旅游景区、甘南尕秀藏寨文化生态旅游区等 99 家 4A 级景区，还有阿克塞哈萨克民族风情园、屋兰古镇、古坡草原景区等 143 家 3A 级旅游景区。拥有酒泉市敦煌市月牙泉镇月牙泉村、庆阳市华池县南梁镇荔园堡村、甘南州卓尼县木耳镇博峪村等 32 个全国乡村旅游重点村落，拥有兰州太平鼓、苦水高高跷、永昌县卍字灯俗、曲子戏、夜光杯雕等 68 个国家级非物质文化遗产和国家级传承人，拥有兰州刻葫芦、郭氏正骨法、兰州青城水烟制作技艺、永昌贤孝、高山戏等 493 个省级非物质文化遗产和 549 位省级传承人。拥有敦煌市、嘉峪关市、平凉市崆峒区三家国家级全域旅游示范区，拥有玉门市、庆城县、会宁县等 12 家省级全域旅游示范区。这些景观各异、民俗深厚的自然资源和人文资源为甘肃文化旅游形象宣传奠定了坚实的基础。

“十三五”时期，甘肃全省共接待游客 13.2 亿人次，实现旅游收入

8995 亿元，两项指标年均增长率均在 25% 以上。2020 年甘肃省共接待游客 2.13 亿人次，实现旅游综合收入 1455 亿元，旅游市场接待规模恢复至上年同期水平的 57% 和 54.3%。2021 年 1 ~7 月，甘肃省接待游客 1.86 亿人次，实现旅游综合收入 1242.2 亿元，分别较 2020 年同期增长 87.6% 和 87.1%；已分别恢复至 2019 年同期水平的 88.6% 和 84.6%。截至 2021 年 8 月底，甘肃共有星级饭店 390 家，其中五星级饭店 2 家，四星级饭店 95 家，三星级饭店 221 家，还有 110 家拥有绿色旅游饭店称号。截至 2020 年 12 月 31 日，甘肃旅行社数量达到 784 家，为来自五湖四海的游客提供旅游服务。

（二）甘肃旅游形象宣传主体

文化旅游形象的宣传主体既是信息源，又是文化旅游对外扩展的主要力量，宣传主体的性质直接影响着文化旅游形象对外宣传的方式、宣传效果和对国内外旅游者的吸引程度。目前，甘肃省文化旅游形象宣传的政府部门主要以甘肃省文化旅游系统和文旅企业为主。这些主管文旅业务的政府部门是甘肃省文化旅游形象对外宣传的主要媒介。它们主要负责甘肃文化旅游对外宣传中政策和制度的制定，确定甘肃文化旅游形象的主体、标语、宣传内容，对甘肃文化旅游对外推介活动进行联络和筹办。近年来，甘肃省也对文化旅游活动给予了高度的重视和大力的支持，先后以“请进来”和“走出去”的宣传方式对甘肃的文化旅游形象进行了大力的宣传，比如，通过已经举办五届的“丝绸之路（敦煌）国际文化博览会”、“丰收了 · 游甘肃”冬春文化旅游惠民活动，以及兰洽会、药博会等一系列节庆、会展活动来宣传和推广甘肃文化旅游形象，打造文化旅游精品路线，营销文旅产品，展现甘肃人文素养。

除此之外，文旅企业作为甘肃省文化旅游形象宣传的第二主力军，起着承上启下的驱动作用。甘肃省现有旅行社 784 家，星级酒店 390 家，文化产业相关公司 11703 家。在《甘肃省文化和旅游企业基本账》中，共收录文旅企业 5140 家，其中文化企业 1476 家，旅游企业 292 家，文旅融合企业 2207 家。在甘肃文化旅游形象宣传中，这些文旅企业在营销旅游产品、创造旅游价值的同时，也是甘肃文化和旅游业发展的重要组成部分，承担着宣传甘肃的重要任务。比如甘肃省公航旅集团开辟“公+航+旅”发展模式，积极打造高速完备的交通立体枢纽体系，并投资30多亿元，开发建设了张掖七彩丹霞、焉支山、贵清山、遮阳山、陇南文县天池等旅游景区。甘肃文旅企业家俱乐部不定期为甘肃文化旅游发声，通过各类文字对文化旅游活动进行宣传和报道。各类旅行社通过制定精品旅游线路，如“访羲皇名城，品山水自然”“神奇丝绸路，健康新纪年”“绿色新甘州，颐养心气神”等旅游线路，为国内外游客提供更加精致有特色的甘肃游服务。这些文化旅游企业的发展和壮大，既为甘肃文化旅游形象对外宣传推广提供了基础设施保障，又提升了甘肃文化旅游形象的软实力。

（三）丰富多彩的文化旅游形象宣传形式

目前，甘肃省文化旅游宣传形式主要有标识宣传、推介传播、制作形象宣传片、开展旅游节事活动等。比如甘肃省于2018年提出的“交响丝路·如意甘肃”的品牌宣传口号，邀请国内著名演员黄轩作为甘肃省的旅游形象大使，发布了由黄轩代言的甘肃旅游形象宣传片和宣传海报，使“交响丝路·如意甘肃”成为国内外旅游者耳熟能详的“甘肃印象”。各市州根据自身资源优势，提出了与各自文化旅游形象相符合的宣传口号和旅游形象标识，如省会兰州市提出的“中国西北游，出发在兰州”标识语和融黄河丝路文化为一体的旅游形象LOGO，酒泉提出的“行游酒泉穿越千年”，张掖提出的“丝路之都丹霞之城”，陇南提出的“南北过渡带最美陇之南”，金昌提出的“中国镍都西部花城”，平凉提出的“问道崆峒养生平凉”等宣传口号，尽显各地区域特色。同时，甘肃省通过积极举办各类节庆赛事来展示其文旅形象，比如一年一度的丝绸之路（敦煌）文化博览会、敦煌行·丝绸之路国际旅游节、环西部火车游、“丰收了·游甘肃”冬春文化旅游惠民活动、“云享甘肃”、“欢乐春节·如意甘肃”、“万车游陇原”等文化旅游宣传活动，先后举办兰洽会、“牵手京津冀·畅游新甘肃”、第32届大众电影百花奖颁奖仪式、全国越野滑雪锦标赛等活动。先后创排了《大梦敦煌》

《又见敦煌》《丝路花雨》《八步沙》《裕固儿女心向党》《达玛花开》等观众喜闻乐见的原创艺术作品，并进行全国展演。通过这些尽显地方和区域独特性、形象性，简单明了容易记忆的文化旅游口号和旅游标识，具有影响力的节庆赛事活动，以及具有原创性的艺术作品，使国内外游客对甘肃的印象逐渐深入，使他们有了领略甘肃大地独特风光、了解甘肃人文历史脉络、体验甘肃民俗民风的向往之意。

（四）甘肃文化旅游形象宣传媒介

近年来，甘肃非常重视文化旅游形象的宣传工作，主要通过传统媒介和网络媒介两方面对甘肃文化旅游形象进行宣传和推广。在传统媒介方面，甘肃省文化和旅游厅先后与《人民日报》《中国文化报》《中国旅游报》《中国日报》《甘肃日报》等国家和省级主流媒体进行合作，对甘肃文化旅游活动进行宣传和报道。在农业农村频道，采用独家冠名合作形式开展甘肃文化旅游宣传推广项目，在甘肃卫视新闻频道、甘肃卫视《天气预报》、《中国旅游报》、《读者》、兰州中川机场、兰州高铁站、兰州火车站、《读者欣赏》等8家国内省内优质广告平台进行宣传推广。通过与中国康辉旅游集团、上海春秋国际旅行社（集团）有限公司和新华社等国内重点文旅企业和新闻媒体进行座谈对接，积极促进合作事宜，为做精营销推介、全力打响品牌、开拓客源市场、推动疫后甘肃旅游市场奠定了基础。

近年来，随着新兴媒体的兴起，人们使用网络、计算机、手机等新兴移动媒体的频率越来越高，时间越来越多，其逐渐成为人们了解文化旅游资源、获取文旅资讯的主要媒介。文化旅游形象宣传途径也逐渐向网络媒介转移。在此大环境下，甘肃省文旅厅及时推出“一部手机游甘肃”手机 App，使游客在手机上即可以完成景区游览、预约、攻略查看等一体化全方位的畅游和服务体验。同时，甘肃及时开通“甘肃省文化和旅游厅”微信公众号、“微游甘肃”小程序、“云游丝绸之路”直播平台等，与“马蜂窝”等年轻时尚的旅游互动网站进行合作，共同打造“交响丝路·如意甘肃”新形象。除此之外，甘肃在旅游产品宣传时也注重使用网络媒体的宣传，在2021年，甘肃省与各级政府先后推出了“丰收了·游甘肃”系列短视频 13 期，同步制作了微信朋友圈 15 秒视频海报和各市州冬春旅游线路产品、优惠政策等内容，分别在人民网甘肃频道 PC 端、手机 WAP 端、人民视频、新浪微博官方账号、抖音官方账号、微信朋友圈等渠道进行了宣传推广，既形成冬春游甘肃的热效应，又有效扩大了甘肃冬春旅游的“朋友圈”，达到了“展形象、亮特色、聚人气”的良好宣传效果。

四　甘肃省文化旅游形象宣传推广面临的问题

（一）文化旅游形象宣传推广存在失衡现象

文化旅游形象作为区域发展特色旅游产业的风向标，如何定位极其重要。甘肃提出“交响丝路·如意甘肃”的宣传口号，并邀请著名演员黄轩担任形象大使前往敦煌、张掖、嘉峪关等地拍摄宣传片，使甘肃的丝路文化在大众旅游者的心中有了一定的定位和吸引度。但是，从文化旅游形象的营销和推广上看，在此方面有失衡的现象。主要表现在两个方面，一方面，甘肃在文化旅游形象宣传和推广方面过于侧重丝路文化，给予大众游客的印象依旧停留在丝路文化汇聚的河西走廊地区，能够体现甘肃人文精神和地方文化内涵的形象在口号中体现得少之又少。文化旅游形象的塑造不仅要体现在独特的自然资源和历史遗迹上，还应该将甘肃地方人文精神内涵更好地融入其中，这样所表现出的文化旅游形象才具有甘肃特色。另一方面，甘肃文化旅游形象的宣传和推广呈现两极分化的趋势。广大游客对甘肃敦煌莫高窟、嘉峪关城楼、张掖七彩丹霞地貌等丝路历史遗迹和奇特自然景观有着比较深刻的印象，其甚至成为外地游客对甘肃旅游印象的代名词，但是游客对陇东南、陇中等地区的了解和旅游倾向都不是很高，这些市州的知名度远不及河西地区，使甘肃文化旅游形象呈现两极化现象。

（二）文化旅游形象文化内涵覆盖不够全面

随着文化旅游产业的发展和旅游市场成熟度的提高，人们对旅游的要求也不仅仅停留在游览祖国大好河山和博览华夏历史遗迹上，更多的是在旅行的过程中感受不一样的地域文化，享受不一样的地方生活。一方面，甘肃文化旅游起步较慢，在国内外游客的眼中，甘肃给人留下最深刻的印象依旧是戈壁沙漠里奇迹般存在的敦煌莫高窟和月牙泉、尽显边塞荒凉的嘉峪关城楼，以及奇特的张掖七彩丹霞等一些具有代表性的丝路文化形象，而富有甘肃特色的民俗文化、始祖文化、关陇文化、道教养生文化等并没有在文化旅游形象的宣传推广中进行过多的应用和融入，使人们对甘肃的印象依旧停留在丝路文化的历史印记中。另一方面，甘肃在塑造文化旅游形象时缺乏独特性，由于甘肃与邻近省区地理地貌的相似性，如果想要在文化旅游形象的塑造中脱颖而出，就需要有区别于其他省区的创新元素。例如，甘南州拥有广阔无垠的草原和深厚底蕴的安多藏族文化，被人称为“小西藏”，依然是笼罩在西藏文化的阴影之下。甘肃近年来打造出九色甘南、传奇甘南等特色文化宣传口号，但效果不如云南抢先占用的“香格里拉”精彩绝伦，让人既眼前一亮，又印象深刻。因此，在文化旅游形象的宣传推广中既要抢抓先机，又要注重突出独特性。

（三）文化旅游形象宣传推广创新能力不强

媒体是文化旅游形象宣传推广的媒介，目前甘肃文化旅游形象宣传推广还是以政府为主导，多采用对外推介会、举办重大赛事活动、报纸、投放广告等形式进行宣传推广，而在新媒体挖掘和创新方面略显不足。第一，甘肃在运用新兴媒体的深度上还不够，虽然也在抖音、快手、微博等当下流行的媒体上开通了官方账号，也发布了不少具有甘肃特色的旅游消息和视频，但是与大众的互动较少，粉丝数量也不多，传播力略显不足。第二，尽管甘肃近年来加大了与携程、马蜂窝等旅游网站的合作力度，但多数只是借助平台进行宣传，而没有深度利用网站的知名度和点击量，进行深入推广和策划。第三，利用短视频、抖音等新兴媒体时缺乏独特性和创新性。随着短视频等新兴媒体的兴起，越来越多的人通过抖音、快手等新媒体进行推广和传播影响，例如，青海的茶卡盐湖因短视频的迅速兴起成为大火的网红打卡圣地，一首《可可托海的牧羊人》将新疆的异域风光深深刻在人们的心中，一首《成都》，将成都休闲安静的旅游环境印上人们的心间，成都的小酒馆成为每位前往成都的游客都要去坐一坐的刚性需求，《印象丽江》《云南映像》呈现的多彩云南的风光让游客留连往返。随处可见的网红主播将三亚“阳光沙滩·度假天堂”的形象通过网络直播的方式，展示在游客的眼前。借助新兴媒体的营销传播，这些地方迅速登上热搜，成为最有热度的旅游目的地。而甘肃正是缺少这些具有影响力的新媒体作品和从事新兴媒体行业主力军的推荐，甘肃的文化旅游形象的宣传和推广影响力略显不足。

（四）文化旅游公共危机处置能力有待提升

文化旅游活动涉及区域广，参与人员和涉及行业众多，容易受到自然灾害、极端天气、人为因素等的影响发生一些公共危机事件，从而对区域文化旅游形象造成一定的负面影响。这种负面的影响如果处理不及时、不规范，就会对区域已经塑造起来的文化旅游形象产生不可估量的破坏作用，后续则要耗费大量的财力、物力、精力去重塑该地区的文化旅游形象。例如，前几年出现的青岛“天价虾”事件、三亚游客“被宰”事件、云南导游强制游客购买旅游产品事件等都使山东、海南、云南的旅游形象蒙上了一层挥之不去的阴影，大大折损了其在游客心中的文化旅游形象。甘肃旅游区域户外自然景观较多，也容易遭受极端天气的影响，例如 2021 年（第四届）黄河石林山地马拉松百公里越野赛事故，对白银地区文化旅游产业发展造成了一定损失，同样对该地区文化旅游形象的修复将需要时日。

五　进一步促进甘肃文化旅游形象宣传推广对策建议

（一）多角度、多区域定位，全面展示甘肃文化旅游形象

品牌可以是一句口号、一种标识、一张图案等，一个有影响力的品牌可以强有力地提升区域文化旅游形象与相似区域的竞争力，拉近旅游者与当地

的空间距离感。近年来“交响丝路·如意甘肃”文旅品牌取得了不错的反响，使甘肃丰富厚重的丝路景观、文化和历史遗迹深深印入中外游客的心中。但是，单一的形象品牌容易让游客产生视觉疲劳，感知度下降，并不能持续和长久地助力甘肃文化旅游产业的发展。因此，下一步甘肃在文化旅游形象宣传和推广中应加强多元化文化旅游品牌的打造，提升甘肃文化旅游产业的整体竞争力。一是着力打造乡村主题旅游。在当下乡村旅游热度不断提升的趋势下，甘肃应充分利用乡村多元文化资源，融合红色文化、民族文化、民俗文化、生态文化，提升甘肃乡村旅游的独特性和吸引力。二是丰富特色文化旅游形象品牌。甘肃不仅丝路文化内涵深厚，其始祖文化、道教养生文化、关陇文化、红色文化资源也相当丰厚，甘肃应充分利用这些自然景观和文化底蕴优势，打造多个具有影响力的品牌，提升文化旅游形象的吸引力。三是升级文化旅游的形象品牌。通过举办有影响力的体育赛事和影视活动，提升品牌的知名度，通过建立“打卡”新坐标、开展与游客的互动活动、创作有代表性的歌曲等形式，提升文化旅游形象品牌的凝聚力、视觉性、感知性和衍生能力。

（二）优化传播路径，提升宣传水平

甘肃先后通过制作剧目加强与各类媒体合作、奔赴各地举办对外推介会等多种方式提升甘肃文化旅游形象的对外宣传推广水平，已经起到了一定的效果和作用。如果要在当下种类繁多、竞争激烈的文化旅游市场中占有一席之地，在下一步的宣传和推广中，一要重视文化旅游的口碑效应。要发挥旅游达人、职业玩家等团体在网络媒体上的领袖作用，运用名人效应、流量带动作用、网红直播达人在新兴媒体社交中的流量和粉丝效应，提升甘肃文化旅游形象的热度。二要对现行的宣传推广途径和手段进行整合，建立专业的营销团队和市场化运作机制，整合现有的营销资源，挖掘有独特性和创意性的文化旅游形象资源进行营销，争取有一炮走红的形象品牌来带动甘肃文化旅游产业的发展。三要时刻保持敏锐的视觉，抢占文化旅游形象宣传和推广的先机。当下，随着新兴媒体和互联网的飞速发展，文化旅游市场营销路径

瞬息万变，占先机者得天下，能达到迅速蹿红的传播效果。反之，如果按部就班，循规蹈矩，跟风宣传，就很容易让人产生视觉和感知上的疲劳，其营销的效果会大打折扣。

（三）拓展宣传主体，充分发挥“人”的优势

所谓旅游，就是游客从自己熟悉的环境前往一个相对陌生的环境，去领略大好河山，学习历史文化，感知别样的风土人情。旅游的每一个环节都离不开旅游者、当地居民等所谓“人”的参与。因此，一方面，要塑造本地居民和旅游管理者的形象，提升本地居民的人文素养，树立主人翁意识，同时作为旅游地的管理者，要有足够的文化素养，时刻站在游客的角度来管理旅游市场，以优质的服务迎接国内外游客，为他们提供一个舒适的旅游环境。另一方面，要借鉴发达省份对旅游企业的管理经验，打造优秀的旅游服务团队，注重旅游企业自身形象的设计与维护，将打造一流文化旅游管理服务影响与品牌形象相对应、同发展。

（四）打造优质公关团队，强化形象宣传“内功”

当下，文化旅游形象的宣传和推广作为一项专业的公关服务业务，拥有一支专业的公关技术服务团队至关重要。专业优秀的公关服务团队可以有效提升文化旅游形象的竞争力，根据文化旅游市场瞬息万变的情况，及时调整宣传策略和方案，为甘肃争取更多的旅游市场份额，从地域层面拓展甘肃文化旅游形象。专业优质的公关团队可以更加恰当地处理好旅游过程中发生的一些危机事件，将对文化旅游形象带来的损失降到最低限度。因此，在今后的文化旅游宣传推广中，应更加重视公关人才的培养和公关团队的组建，同时应给予公关团队更加灵活的管理和运作机制，使甘肃文化旅游形象的宣传和推广向着更加专业化、市场化的方向发展。

（五）积极推动地域文化与文旅产品的融合发展

文化旅游产品在如今文化旅游形象宣传中起着举足轻重的作用，一方

面，文旅产品在游客之间的相互转赠可以引起旅游者对目的地文化旅游形象的重新思考和定位，从而在文化旅游形象的宣传和推广中起到一定的媒介作用。另一方面，优质特色的文旅产品对文化旅游形象的塑造具有一定的推动作用。因此，甘肃在文旅产品的研发中应该避免雷同性、随处可见、不实用性等弊端，根据不同旅游消费者的心理需求，针对不同旅游市场，分门别类开发具有甘肃地域特色、美观大方、实用性较强的文旅产品，为甘肃文化旅游形象的宣传推广推波助澜。

（六）综合各类宣传媒介，形成文旅品牌优势

旅游品牌的打造是一个长期的过程，要重视旅游营销，坚持科学策划，持续推进省、市、县三级联动和“五位一体”宣传营销机制的建立，努力打响“交响丝路·如意甘肃”文化旅游主题形象品牌，做强做大“环西部火车游”品牌，开行“三区三州”红色旅游专列并争取常态化运营。同时，要注重各种媒介的综合使用，将传统媒介的电视、广播、报纸杂志等与互联网平台的微博、抖音、快手等相结合形成一个完整的宣传网络体系，大力推进“互联网+”旅游模式，有效发挥“一部手机游甘肃”综合服务平台功能与作用。另外，要加快制定应对各类自媒体宣传的优惠政策和措施，借助大众宣传的力量，提高全省景区或景点价值的口碑和可信度。新的形势下，还要持续加强线上宣传营销，不断推出系列线上文旅新产品，常态化开展甘肃文化旅游资源“种草”行动，有效扩大“云游”甘肃和全国“云旅游”典范的影响力，切实扩大甘肃旅游品牌在国内外的知名度。

参考文献

邴振华、唐思琪、王瑞静：《基于地理标记照片的城市旅游意象空间分异研究——以五大世界著名旅游城市为例》，《世界地理研究》2020 年第 6 期。

李东、王玉清、由亚男、陈玥彤：《旅游涉入度、目的地形象与重游意愿：一个被调节的中介作用模型》，《华中师范大学学报》（自然科学版）2021 年第 11 期。

黄文胜：《中国重点旅游城市旅游研究可视化分析》，《江西科技师范大学学报》2020年第5期。

王艳：《新媒体时代城市旅游形象的传播与推广研究》，《黑河学刊》2021年第3期。

邓浩予、石小亮、黄书慧：《城市旅游感知形象与旅游发展的相关性研究》，《绿色科技》2019年第24期。

B.9

甘肃文旅助力“特色小镇”高质量发展研究

魏 静*

摘 要： 2016年以来，在国家大力发展特色小镇的背景下，甘肃特色小镇迎来了发展的黄金时期，陆续创建了国家级、省级、市级特色小镇。在文化和旅游融合发展过程中，全省依托自然文化资源禀赋，陆续产生了“森林小镇”“气候小镇”“康养小镇”等类型的特色小镇。甘肃特色小镇多数具有文化旅游的特点，以文化旅游资源为核心，对推动特色小镇高质量发展具有积极的意义。文化旅游可以为特色小镇高质量发展提供文化支撑，并为传承特色小镇文化提供重要载体。文化旅游发展可为特色小镇搭建产业平台，助力特色小镇打造宜居空间。甘肃特色小镇在发展过程中存在文化资源挖掘不够、同质化开发现象严重、文化旅游产业融合不深、特色小镇经济效能不够明显、公共设施配套不够健全等问题，基于此，本文对文化旅游如何助力特色小镇高质量发展提出了一些对策建议。

关键词： 特色小镇 文化旅游 高质量发展 甘肃

* 魏静，甘肃省社会科学院丝绸之路研究所副研究员，主要研究方向为地方社会史。

一　国家对文化旅游助力“特色小镇”高质量发展的要求

“特色小镇”是乡村振兴与新型城镇化相结合的重要结合点，也是推动经济高质量发展的重要平台。加快推进高质量特色小镇建设，是新型城镇化背景下适应经济新常态的必然产物。伴随着城镇化水平和人民生活质量的提高，我国目前已步入旅游消费升级时代，游客对旅游的体验和要求越来越高。随着国家政策红利大力助推特色小镇发展，文化旅游融合型特色小镇迎来发展的机遇，文旅特色小镇以文化旅游融合为重要业态，是突破城乡矛盾、提升城镇化水平的重要平台。目前，文旅特色小镇已经进入全面发展阶段。自2016年起，国家陆续推出了特色小镇培育创建目标，其中以文旅特色型小镇占比最多。截至2018年7月，共有22个省份推出了特色小镇培育创建计划和目标，数量达1500多个，其中文旅特色小镇计划培育数量超700个。文旅特色小镇以文化旅游为主要支撑，深度挖掘具有地方特色的自然历史人文禀赋，彰显地方文化底蕴，将文旅资源融入特色产业，着力打造产业集聚圈、生态圈和生活圈三圈融合的文旅综合体，实现“以产立镇、以产带镇、以产兴镇”。

2018年，国家发改委办公厅发出了《关于特色小镇和特色小城镇高质量发展机制的通知》，对文旅如何推动特色小镇高质量发展提出了新的要求，指出典型特色小镇应以一定资源禀赋或产业发展为基础，同时具有鲜明的特色文化、特色生态和特色建筑等特点，聚合包括创业圈、生活圈、商业圈以及生态圈在内的主体功能，打造特色产业在地区经济中的主体地位，建立一批知名度较高的企业和品牌，有效带动乡村振兴。

2016年，甘肃省政府办公厅发布了《关于推进特色小镇建设的指导意见》，指出特色小镇要坚持“产业+文化+旅游”三位一体的发展模式，构建集产业、文化、旅游于一体，融合生产、生活、生态，实现以工业化、信息化、城镇化、农业现代化为核心驱动的文旅综合体。要求特色小镇均应建成3A级以上的景区。按照“一镇一业”“一镇一品”的要求，建成特色鲜明、绿色低碳、示范效应显著的特色小镇。2018 年，甘肃省发改委、省国土资源厅、省环保厅联合印发了《关于规范推进特色小镇和特色小城镇建设的实施意见》，指出各地区特色小镇建设，要以人为本，融合生产、生活、生态空间，将“产业 + 文化 + 旅游 + 社区”四位一体的模式融入特色小镇建设中，营造宜居、宜业、宜游的环境，提升城镇化水平和人民群众获得感。

二　甘肃省国家级与省级重点“特色小镇”

（一）甘肃省国家级“特色小镇”

中国特色小镇是国家发改委、财政部以及住建部在全国范围开展的特色小镇培育工作。创建国家级特色小镇的主要目的是为各地具有特色禀赋的小镇搭建高层次的发展平台，通过培育特色产业促进区域经济的发展，同时也可为吸纳一部分农村劳动力就业创造机会。国家级特色小镇评选是在各地推荐的基础上，经专家评审复核，由国家发改委、财政部以及住建部等三部委共同认定得出。2016 年 10 月，住建部公布了第一批国家级特色小镇名单，涵盖全国 31 省份和新疆生产建设兵团，共 127 个。特色小镇培育和创建政策为文旅特色小镇的发展创造了机遇，创建文旅特色小镇，其核心是打造特色文旅产业形态，构建生态宜居环境，推动传承彰显传统文化，进一步健全完善设施服务。

甘肃位于黄土高原、青藏高原、内蒙古高原三大高原交会处，地形复杂，气候差异明显，境内有冷温带干旱区、高寒半干旱湿润区、高寒湿润区、亚热带湿润区、温带湿润区等不同类型气候。独特的地理区位，复杂的地形地貌，多样的气候类型，造就了甘肃丰富的自然形态和资源禀赋。甘肃省历史文化悠久，人文底蕴深厚，加上独具特色的少数民族风情，这些因素都为创建文旅特色小镇奠定了基础。甘肃省入选全国第一批特色小镇的名单分别是兰州市榆中县青城镇、武威市凉州区清源镇、临夏州和政县松鸣镇。这些小镇主要通过深挖文旅资源打造特色产业，形成文旅型特色小镇。兰州市榆中县青城镇依托古镇文化积淀，全力打造“古镇文化 + 旅游 + 现代设施农业”发展模式；武威市凉州区清源镇拥有酿造葡萄酒的得天独厚的优势，着力发展以葡萄酒文化为核心的“现代农业+观光旅游”发展模式；临夏州和政县松鸣镇依托国家级森林公园和古动物化石博物馆，重点发展“疗养度假+文化体验+休闲旅游”发展模式（见表1）。

表1 甘肃省入选全国第一批“特色小镇”

特色小镇分布	文旅资源	发展模式
榆中县青城镇	古镇文化、黄河文化、现代农业	古镇文化+旅游+现代设施农业
武威市清源镇	葡萄酒文化、现代农业	以葡萄酒文化为核心的“现代农业+观光旅游”
和政县松鸣镇	松鸣岩国家级4A级森林公园、古动物化石博物馆	疗养度假+文化体验+休闲旅游

2017年7月27日，住建部发布《关于拟公布第二批全国特色小镇名单的公示》，全国有276个特色小镇入选，甘肃5个文旅特色小镇入围第二批全国特色小镇名单，分别是：庆阳市华池县南梁镇、天水市麦积区甘泉镇、兰州市永登县苦水镇、嘉峪关市峪泉镇、定西市陇西县首阳镇（见表2）。

表2 甘肃省入选全国第二批“特色小镇”

特色小镇分布	文旅资源	发展模式
华池县南梁镇	红色文化资源	红色文化+生态+研学教育+休闲旅游
天水市甘泉镇	古镇名人文化、玉兰文化、温泉文化	打造以“玉兰形意”为核心的“中医康养+文化+旅游”发展模式
永登县苦水镇	民间文化艺术、“中国玫瑰之乡”“非物质文化遗产沃土”	田园生活体验+农业休闲观光+非物质文化传承+旅游
嘉峪关市峪泉镇	丝路文化、长城文化	依托世界文化遗产嘉峪关关城，建设“文化体验+文化交流+旅游度假+文旅产业创新+”发展模式
陇西县首阳镇	生态文化、中医康养文化	康养+生态文化旅游+公共服务

（二）甘肃省级重点“特色小镇”

2016年，甘肃省人民政府确立了18个省级重点文旅特色小镇（见表3），并定期对特色小镇的建设进展进行督查，每年进行特色小镇创建工作的综合评估，评估结果作为省级财政以奖代补的重要依据。

表3　甘肃省级重点“特色小镇”创建名单

重点特色小镇分布	文旅资源	发展模式
定西市通渭县平襄书画小镇	书画文化、温泉文化、中医文化	文化+养生+文创产品研发+休闲旅游
临夏州和政县松鸣冰雪运动小镇	松鸣岩国家4A级旅游景区、桦林古生物化石国家地质公园、松鸣岩花儿民俗文化、冰雪运动等	文化体验+冰雪运动+观光农业+休闲旅游
武威市凉州区清源葡萄酒小镇	历史文化遗产、葡萄酒文化	生态观光农业+文化+旅游
天水市麦积区甘泉小镇	古镇名人文化、玉兰文化、温泉文化	打造以“玉兰形意”为核心的“中医康养+文化+旅游”发展模式
张掖市临泽县倪家营七彩丹霞小镇	毗邻张掖丹霞地质公园、文化民俗、历史情景剧《回道张掖》文化名片	民俗体验+文化旅游
定西市临洮县洮阳马家窑洮砚小镇	马家窑陶艺文化、洮砚文化、芳香文化、休闲文化	文化体验+休闲旅游
兰州市西固区河口黄河风情小镇	传统村落、黄河文化	民俗体验+旅游休闲
平凉市崆峒区崆峒养生休闲小镇	崆峒山景区、养生文化、文化创意	康养+休闲旅游
酒泉市肃州区酒泉玉文化小镇	玉文化、文物古迹、红色资源、湿地	研学教育+生态+文化旅游
兰州市榆中县青城历史文化小镇	古镇文化、黄河文化、现代农业	古镇文化+休闲旅游+现代设施农业
定西市陇西县首阳中药材小镇	生态文化、中医康养文化	康养+生态文化旅游+公共服务
陇南市康县阳坝生态度假小镇	梅园河国家湿地公园、龙神沟景区、红豆谷自然景区、茶园等	康养+休闲旅游
白银市景泰县黄河石林小镇	石林文化、黄河文化	文化体验+休闲度假

续表

重点特色小镇分布	文旅资源	发展模式
陇南市成县西狭颂文化养生小镇	依托西狭颂国家4A级风景区，着力打造“中国成县西狭颂文化养生小镇”	康养+旅游
兰州市皋兰县什川梨园小镇	古梨树资源、黄河风光	休闲娱乐+观光旅游
庆阳华池县南梁红色旅游小镇	红色旅游	红色文化+生态+研学教育+休闲旅游
甘南州夏河县拉卜楞民族风情小镇	宗教文化、民族风情	民族风情+文化旅游
金昌市金川区双湾香草小镇	香草花卉生态资源、骊靬文化遗址	观光农业+文化旅游

三 甘肃省“气候特色小镇”

气候是发展旅游业的重要禀赋之一。2015年国务院办公厅发布了《中共中央国务院关于加快推进生态文明建设的意见》，指出在推进绿色城镇建设过程中，要尊重自然格局和天然禀赋，依托原有的山水格局、气候条件，合理布局空间，保护自然景观和历史文化，提倡特色小镇的多样性和特色风貌，防止千篇一律，以满足公众对自然生态和气候景观的需求。以优质特色气候为依托，开发气候宜人的养生休闲、山水游览、避暑避寒特色气候小镇，是避免和防止特色小镇开发过程中“千人一面”现象、提高经济效益的有效举措。

落实生态功能是加快推动乡村振兴的重中之重，发展特色旅游小镇以自然资源保护和生态修复为核心。2021年7月5日，甘肃省气象局、省文旅行、省农业农村厅、省自然资源厅共同发起了“甘肃特色气候小镇”的评选创建活动，特色气候小镇以气候气象条件、自然资源、生态环境质量及旅游配套服务设施能力等指标为评选依据，共有10家小镇被评为“特色气候小镇”（见表4）。

表4　甘肃省第三批“气候特色小镇”

气候小镇分布	气候禀赋	文旅资源	发展模式
临夏州和政县松鸣镇	冬无严寒,夏无酷暑,四季分明,气候适宜	森林覆盖率29%,植被覆盖率80%以上,被誉为“陇上绿色明珠”。有4A级松鸣岩国家森林公园	康养+运动+生态旅游
陇南市康县王坝镇	境内气候温和,阴湿多雨	森林覆盖率为35%。大部分为原生态森林。有得天独厚的生态资源优势,被誉为“陇上江南”	康养+生态旅游
张掖市临泽县倪家营镇	气候凉爽湿润,舒适宜人	依托国家4A级景区——张掖丹霞旅游景区、世界地质公园	休闲度假+观光旅游
甘南州卓尼县大峪沟	属高原大陆性气候,生态资源丰富,空气湿润,夏季气候凉爽	自然生态资源十分丰富,“南有九寨沟·北有大峪沟”,“九色甘南香巴拉·五彩卓尼大峪沟”是其形象代表和主打品牌	休闲度假+观光旅游
定西市通渭县华家岭镇	属二阴温凉山区	秋冬季雾凇冰雪旅游资源、风电写生摄影最佳采风地、避暑胜地	冰雪运动+摄影+旅游
酒泉市瓜州县锁阳城镇	优越的光热资源	境内文物古迹丰富,锁阳城、榆林窟、道德楼、常乐城、阿育寺、东千佛洞等著名古迹有30多处,地处旅游黄金中心地段	文化+旅游
武威市民勤县苏武镇	大陆性沙漠气候特征十分明显,冬冷夏热、降水稀少、光照充足、昼夜温差大	有以苏武沙漠大景区为主的旅游景区,景区包括苏武小镇、沙漠雕塑国际创作基地、摘星小镇、防沙治沙新技术展示区、寒旱现代农业示范园区和沙漠欢乐谷	沙漠文化+休闲旅游

续表

气候小镇分布	气候禀赋	文旅资源	发展模式
酒泉市阿克塞哈萨克族自治县阿克旗乡	依靠阿尔金山的雪水灌溉，土地肥沃，光照充足，是重要的粮、菜、油供给地	旅游资源丰富，境内设有哈尔腾国际狩猎场、大小苏干湖候鸟自然保护区和安南坝野骆驼自然保护区	生态+休闲旅游
庆阳市宁县湘乐镇	属温带大陆性气候，四季分明，光照充足，气候舒适	水源充足，植被覆盖率达到49%。历史悠久，有湘乐古城墙、仰韶文化遗址、周文化遗址、秦代粮仓遗址、宋代砖塔、古柏庙等多处古遗迹。境内红色旅游资源也较丰富	文化+旅游
兰州市榆中县马坡乡	属于高寒半湿润气候，四季分明宜人	花卉资源	生态观光+休闲度假

四　甘肃省“森林特色小镇”

国家林业局于2017年7月发布《关于开展森林特色小镇建设试点工作的通知》，提出在国有林区和国有林场开展森林小镇建设试点工作，并选择30个左右作为首批国家试点。2020年8月，甘肃省林业和草原局印发了《甘肃省省级森林城市森林小镇创建与评定管理办法（试行）》的通知。2020年12月，按照《甘肃省森林城市创建和评定管理办法》和《关于开展省级森林小镇评审认定工作的通知》的要求，甘肃省林业和草原局对庆阳、平凉和陇南三市申报的第一批省级森林小镇候选乡镇进行评审认定（见表5）。

表5　2020年甘肃省“森林小镇”

单位：%

森林小镇分布	森林覆盖率	发展模式
宁县盘克镇	40.31	文化+旅游度假
庆城县庆城镇	23.4	康养+文化+休闲度假

续表

森林小镇分布	森林覆盖率	发展模式
合水县太白镇	85.5	康养+休闲观光+生态旅游
华池县林镇乡	90	红色文化+民俗体验+生态+观光旅游
华池县南梁镇	72.48	红色文化+生态+研学教育+旅游
武都区裕河镇	87.25	民俗体验+乡村旅游
文县碧口镇	49.1	古镇文化+休闲宜居+旅游
康县阳坝镇	75.1	民俗文化+生态旅游
康县王坝镇	78	农业观光+生态旅游
两当县云屏镇	74	红色文化+休闲旅游
成县二郎乡	75.1	山水文化+乡村旅游
礼县上坪乡	30	红色文化+康养+休闲旅游
徽县嘉陵镇	98.5	银杏文化+美食文化+生态旅游
庄浪县韩店镇	34.7	休闲农业+乡村旅游
泾川县飞云镇	46	历史文化+苹果艺术节+休闲旅游
华亭市上关镇	68	生态+旅游
灵台县百里镇	33.95	历史文化+休闲旅游
静宁县李店镇	35.88	古遗址文化+红色文化+休闲旅游
静宁县双岘镇	56.8	传统民俗文化+休闲乡村旅游

五　甘肃省“康养特色小镇”

随着旅游市场的发展，康养小镇已经成为大众度假热潮之后的热点。康养小镇兼具“吃、住、行、游、购、娱、修、养、运、悟”等多种功能，以满足游客的心灵净化、认同归属、文化体验、社交关系等精神需求，同时还要创造盈利，打造经营性结构和合理盈利性结构。康养小镇主要有资源驱动型、服务驱动型和文化驱动型三种开发模式。康养小镇以较好的生态环境为开发背景，以“健康”为出发点和归宿点，通过健康产业，打造集健康、休闲、养老、旅游等多元化功能于一体的空间区域。甘肃省以“康养+微度假”的旅游开发模式，形成了一批康养特色小镇，有效催生了一系列新型业态和产业链（见表6）。

表6 甘肃省“康养特色小镇”（部分）

康养小镇分布	文旅资源	开发模式
甘南藏族自治州迭部县扎尕那生态旅游养生特色小镇	生态资源、藏医药、康养	藏式养生+生态旅游
庆阳药王洞养生小镇	民俗文化、养生文化	中医养生+民俗文化体验+旅游
平凉市崆峒区崆峒养生休闲小镇	生态资源、道教养生文化	养生+体育+休闲旅游
陇西首阳镇	中医药资源、养生文化	健康产业+生态文化旅游+公共服务
陇南市成县西狭颂文化养生小镇	生态资源、历史文化资源	康养+生态+休闲旅游

六 甘肃省“休闲度假小镇”

甘肃省还打造了一批知名度较高的休闲度假特色小镇。如丹霞口旅游度假小镇，是甘肃省和张掖市重点推出的文化旅游建设项目。2018年，丹霞口小镇荣获“2018中国旅游产业影响力小镇”称号。夏河县拉卜楞民族风情小镇不仅有草原自然风光，还有宗教民俗文化，拉卜楞寺保留了全国最好的藏传佛教教学体系，1996年入选“甘肃省历史文化名城”，已形成较为成熟的“宗教民俗文化+民族风情+休闲度假+旅游”的文旅开发模式。碌曲县郎木寺镇围绕建设“袖珍城市”“魅力城镇”目标要求，深入挖掘历史名镇郎木寺的文化旅游资源和特色民俗底蕴，着力打造原生态文化底蕴和文化旅游形象，是具有较高影响力的休闲度假和文化旅游小镇。临潭县冶力关镇境内自然景观五彩斑斓，被誉为“山水冶力关、生态大观园”，除了多彩迷人的自然景观，其人文景观也十分厚重，有肋巴佛纪念馆、藏传佛教名刹等众多的人文景观和历史遗迹。冶力关还是一个多民族聚居地区，民俗风情独特，形成了独特的民俗文化旅游资源，是甘肃省知名度较高的休闲度假和观光旅游小镇。迭部县腊子口乡境内有红色历史文化资源，是全国 12 个“重点红色旅游区”之一，境内还有丰富多彩的民族文化和生态资源，是集红色文化、生态文化和休闲度假等多功能于一体的旅游综合体。天祝县天堂镇着力打造特色民俗文化村，坚持小城镇建设与乡村旅游产业融合发展，已形成集民俗体验、休闲度假、乡村旅游等功能于一体的特色小镇。

七　文化旅游在“特色小镇”发展中的作用

（一）文旅为“特色小镇”发展提供了文化支撑

2017 年国家相关主管部门发布了《关于做好第二批全国特色小镇推荐工作的通知》，明确指出：第二批特色小镇的申报需要具备特色鲜明的产业形态、和谐宜居的美丽环境、彰显特色的传统文化、便捷完善的设施服务和充满活力的体制机制。通知强调已入选第二批特色小镇应实施并储备了一批质量高、带动效应强的产业项目，同时积极引入符合当地实际的文旅大型项目。这就是说，特色小镇建设，必须奠定文化支撑，以文化为灵魂。首批特色小镇的创建标准是“宜居宜游”“人文气息浓厚，旅游特色鲜明”，这是出于对特色小镇文旅功能属性的强调，文、旅、产融合发展是入选国家级特色小镇的基本前提，文化支撑是特色小镇发展的核心之一。

（二）文旅是传承“特色小镇”文化的重要载体

特色小镇的发展根植于当地的文化特色优势，其核心是深挖当地的文化资源和文化内涵，以此为基础，优化整合其他产业，打造具有文旅特色的产业，提升小镇的品质。文化旅游以文化为核心，文旅深度融合与文旅特色产业的可持续发展，是保护和传承当地历史文化的重要载体。旅游资源中蕴含着丰富的文化元素，旅游资源的开发利用，也是对历史文化、生态自然的抢救、弘扬和传承。以保护传承红色文化为例，甘肃省为推进红色文化资源有序开发利用与保护，坚持“挖掘保护—开发利用—传承发展”的科学理念，一是对全省红色文化资源开展普查摸底，编制总体规划，及时建立保护机制与文物档案。二是建立党史研究基地，深入挖掘红色文化价值和内涵，打造红色文化品牌。三是利用现代科技手段转化保存红色文化资源。四是推动红色文化品牌建设，打造设计以红色文化品牌为核心的大西北精品旅游线路，丰富和发展特色小镇的文化内涵。

（三）文旅助推“特色小镇”打造产业发展平台

特色小镇具有鲜明的文旅特征，是依赖某一特色产业打造的具有明确产业定位、文化内涵、旅游特征和社区功能的综合开发体。以资源环境为主要依托，以文旅特色为重要引领方向，实现“产业 + 文化 + 旅游 + 社区”的综合功能。文旅资源为特色小镇产业发展注入了新的元素和符号，为小镇产业发展引入了区别于其他地方的文化元素，是小镇打造特色产业的重要平台。如甘肃省在推动文旅康养产业过程中大力推进“文化旅游 +”战略，促进文旅与中医药产业融合发展。按照把文旅康养产业培育成“千亿级产业”的目标，甘肃省文旅厅制订了文旅康养产业发展倍增计划，“十四五”期间，将重点提升优化 10 个文化旅游康养园区（基地）；创建 50 个文旅康养小镇；建设 253 个文旅康养产业示范引领项目；拓展 50 个文旅康养新业态；打造 200 种以上文旅康养特色商品；壮大 100 个文旅康养骨干企业，建成具有产业链和核心竞争力的产业集群和消费聚集区，形成文旅康养产业助力特色小镇可持续发展的支撑力。

（四）文旅发展有利于打造“特色小镇”宜居空间

2020 年，国家发改委发布《关于促进特色小镇规范健康发展的意见》，明确提出特色小镇应具有产城人文融合的特点，突出产业功能、文化功能、旅游功能和现代社区功能，打造新型空间。之后，国家对特色小镇又提出了培育要求，即特色鲜明的产业形态、和谐宜居的美丽环境、彰显特色的传统文化、便捷完善的设施服务、充满活力的体制机制，重点强调了特色小镇文化彰显、宜居宜游、设施完善的重要特征。2017 年，住房和城乡建设部公布了第四批美丽宜居小镇，甘肃有 10 个小镇（村）上榜，分别是武威市天祝藏族自治县天堂镇、庆阳市华池县南梁镇、金昌市金川区双湾镇、兰州市西固区河口镇河口村、陇南市康县长坝镇花桥村、张掖市甘州区碱滩镇古城村、天水市麦积区新阳镇胡家大庄村、金昌市永昌县河西堡镇西庄子村、兰州市榆中县定远镇猪咀岭村、兰州市榆中县连搭镇麻家寺村。打造具有文旅特点的特色小镇，可以有效助推特色小镇构建宜业宜居宜游的新型空间。

（五）文旅发展是助推乡村振兴的有效途径

文旅是实施乡村振兴战略的潜在力量，乡村文化旅游重在深挖乡土民俗文化资源，主要包括“物质文化”和“非物质文化”两大属性。建筑聚落、乡土景观、历史文物等属于有形文化要素，民俗文化、民间手工艺、宗教信仰、地方语言等属于无形非物质文化要素。通过“文化 + 旅游”模式打造乡村旅游是助推乡村振兴的有效途径。2020 年 5 月，甘肃省文旅厅和中国银行甘肃省分行共同发布了 225 个优秀旅游示范村和 60 条乡村旅游精品线路，为文旅助力乡村振兴提供了创新实践。

八　文旅助力“特色小镇”高质量发展存在的问题

（一）文旅资源挖掘不够，特色不明显

文化是特色小镇的独特内涵，是全面了解特色小镇的鲜活载体。特色小镇，特色是核心要义，而特色源自独特的历史文化和自然风貌。如果将特色文化融入当地的产业发展中，以“文化”为竞争优势，不仅能够带动地区

经济发展，还有利于打造被大众认可的文旅品牌。目前，甘肃省推出并创建了一系列特色小镇，有些小镇忽略了自身的优势特色文化，一味地模仿成功案例，流于形象工程建设，没有将特色文化作为竞争的内生动力，同质化现象严重。

（二）文旅融合程度不深

近年来，甘肃省部分旅游市场开发仍侧重于自然景观和生态资源等方面，对有地域特色的文化资源挖掘度不够，文旅产业结合不足。文旅产业缺乏文化核心竞争力，文化创意元素不突出，观光体验感不强，影响游客体验停留和再次到访，阻碍了文旅产业融合发展。

（三）文旅精品供给不足

2016 年以来，甘肃陆续推出了一大批国家级、省级重点特色小镇，较为成功的精品特色小镇却较少。特色小镇建设靠产业支撑，也靠文化支撑。只有依靠文化的积淀和传承，才能打造精品特色小镇。目前，甘肃省大部分特色小镇没有植入更多文化元素，缺乏精品力作，存在点多、规模小、质量不高等问题。

（四）经济效益不明显

甘肃省一些特色小镇前期未经充分研究、科学设计，文化特色不突出，产业定位模糊，造成了特色小镇后续发展困难；还有一些特色小镇空有名头而无实质资源支撑，配套基础设施不全，社会资本方不愿意介入开发，导致小镇发展缺乏驱动力和可持续发展能力，产城融合困难，经济效益不显著。

（五）基础配套和公共服务设施滞后

文旅特色小镇发展需要充足的资金支持，目前甘肃的一些特色小镇建设资金不足，致使旅游服务中心、公共厕所、道路交通、旅游标识系统等公共配套设施建设落后。旅游配套设施不全，功能不完善，环境氛围差，严重制约了游客的旅游体验和文旅型特色小镇品牌提升。

九　文旅助力甘肃省“特色小镇”高质量发展的对策建议

（一）充分挖掘“特色小镇”历史文化元素

一要通过深入挖掘历史文化资源，彰显具有地域特色的历史文化底蕴。持续推进特色小镇区域范围内的历史文物资源调查、挖掘和保护工作，通过挖掘区域内历史古迹、特色建筑、历代名人等人文资源，加强对区域内文物建筑、历史古迹、工业遗产、传统村落等资源的保护修缮和展示利用，多渠道筹资建设特色文化博物馆、民间艺术馆，积极探索建立主题历史文化资源展示区，彰显文化特色，优化人文环境。二要充分挖掘民族民俗民间文化旅游资源，依托民俗民间文化，让游客充分体验有地方特色的民俗风情。三要加大对民间手工艺、民间语言、传统技艺等省级非物质文化遗产传承带头人的鼓励扶持，培养接班人，使其得以传承、发展、壮大。积极搭建非物质文化遗产展示平台，开发文创产品，以此带动地方文化旅游的发展。

（二）提升文旅融合程度

鼓励并扶持有甘肃独特优势的动漫、数字电影、游戏等新业态发展；培育和推动文创市场发展，研发具有地方特色、民俗色彩的文创商品，开发地方特色旅游产品；开发甘肃特色小镇民俗文化沉浸式体验项目；推进大景区改革，加强特色小镇4A级景区创建工作；加大冬春旅游扶持力度，着力开发冬春季旅游产品，推出更多惠客举措，建立淡季运营的有效机制；发展特色小镇夜间经济，开发优质夜游、演艺、餐饮、娱乐项目，为游客提供“白天观景、晚上赏剧”的全天候文旅体验；完善公共文化配套设施，推动文化产业园区、创意园区、民俗博物馆等向游客开放。

（三）着力打造精品“特色小镇”

特色小镇是适应大休闲时代的产物，打造精品特色小镇应按照提升文化资源品质、打造文旅品牌、培育支柱性产业的内在要求，发展综合性、多功能、多业态的宜居宜业宜游的生态功能区。一是保持小镇“特色”的鲜明，包括要有鲜明的地域性、鲜明的文化特色、鲜明的产业特色、鲜明的生态特色；二是保持乡土文化的原生性和鲜活性，即用独特的自然风貌、民俗习惯、民居建筑、传统技艺等来诠释特色小镇的文化内涵；三是特色小镇打造应务求产业的融合发展，深挖文化元素，以文旅为引领，打造“文化＋旅游＋产业＋居住＋”综合功能模式；四是特色小镇应具备生态旅游功能。从打造生态康养小镇出发，使生态旅游、特色产业、公共服务等得到融合发展。

（四）创新营运模式，提高“特色小镇”经济效能

一是建立“政府引导＋社会参与＋市场运作”模式，由政府牵头对特色小镇进行整体规划，通过社会力量参与，对特色小镇进行市场化运作。政府为特色小镇建设提供基础公共设施配套服务。建立特色小镇科学评价体系及进出机制，引入社会资本对特色小镇进行投资建设。二是积极打造特色小镇文旅品牌，充分利用广播、影视、演艺、微传播等传媒手段，组织开展形式多样的文旅品牌推介和展示活动，充分展示特色小镇品牌形象，不断扩大特色小镇品牌的影响力和覆盖面，增强特色小镇的核心竞争力。

（五）建立和完善多元化资金保障机制

一是发挥好甘肃省特色小镇建设专项资金的作用，严格项目的评估标准，提高资金的使用效益。二是把握政策给予，鼓励市、县整合好各类财政资金，加大对特色小镇建设的资金支持力度。特色小镇内的土地出让金可以向公共基础设施建设倾斜。三是探索发行地方政府特色小镇专项债券，用于

产业配套设施、公共服务设施、市政公用设施等项目建设。四是争取开创更多的国家级、省级特色小镇，引导中央、省级预算内投资对特色小镇建设的支持。五是鼓励各类金融机构开发创新针对特色小镇的融资信贷产品，加大对有潜力和实力的新型业态的信贷支持力度。对于产业实力强、前景较好、知名度高、投资回报率高的特色小镇，鼓励各地通过金融基金的方式进行市场化运作，对其进行长期投资。

B.10 甘肃沿黄文化旅游产业带高质量发展研究

赵国军　马青彦*

摘　要： 黄河被称为中华民族的母亲河，是中华文明的摇篮。黄河在甘肃境内流经甘南、临夏、兰州、白银，甘肃沿黄4个市州区域内分布着红色文化、古文化遗址、民族民俗文化、自然风光等丰富的、多形态的文化旅游资源，推动其融合发展，促进四地协同发展，提升沿黄文化旅游品牌，打造甘肃沿黄文化旅游产品，推动形成甘肃沿黄文化旅游产业带高质量发展，对于甘肃文化旅游产业发展有着积极意义。本文在梳理甘肃沿黄文化旅游产业发展现状的基础上，分析了甘肃沿黄文化旅游产业发展中存在的问题和发展中的机遇，提出了推动甘肃沿黄文化旅游产业带高质量发展的一些对策建议。

关键词： 黄河流域　文化旅游产业带　高质量发展　甘肃

黄河被称为中华民族的母亲河，是中华文明的摇篮。黄河发源于青海，自西向东流经青海、四川、甘肃、宁夏等9个省（区），最后入渤海，全长约5464公里。黄河在甘肃境内流经甘南藏族自治州、临夏回族自治州、兰州市、白银市，全长约913公里，占黄河干流河道全长的16.7%。因此，甘肃在黄河流域生态保护和高质量发展战略中具有特殊的地位和作用。甘肃

* 赵国军，甘肃省社会科学院研究员，主要研究方向为民族学与甘肃民族历史文化；马青彦，甘肃省旅游信息数据中心综合科科长，主要研究方向为文化旅游产业政策、发展规划、产业园区建设、信息数据等。

沿黄4市州，下辖29个市县区，根据第七次人口普查数据，常住人口867万人，约占全省人口的1/3。甘肃沿黄4市州区域内分布着红色文化、古文化遗址、民族民俗、宗教文化、自然风光等丰富的、多形态的文化旅游资源，推动其融合发展，促进四地协同发展，提升沿黄文化旅游品牌，打造甘肃沿黄文化旅游产业带，形成甘肃沿黄文化旅游产业带的“样板”，对于甘肃文化旅游产业发展有着积极意义。

一　甘肃沿黄文化旅游产业带发展现状

（一）甘肃沿黄4市州接待旅游人数、旅游收入现状

近年来，甘肃丰富多样的文化旅游资源和具有较高品质的旅游产品，逐渐被国内外游客认可。因此，来甘旅游的国内外游客越来越多，甘肃旅游综合收入也逐年增加。2020年甘肃省接待国内游客2.13亿人次，国内旅游收入1454.4亿元。[①] 2021年1~6月，甘肃接待游客1.4亿人次，实现旅游综合收入942.7亿元，分别较2020年同期增长104%和103%。[②] 即便最近两年新冠肺炎疫情对文化旅游产业产生了一定影响，而以兰州为代表的甘肃沿黄4市州文化旅游仍然得到了较好的发展。2020年，兰州市全年接待旅游人数4821.4万人次，实现旅游综合收入421.4亿元；[③] 白银市全年接待旅游人数1025万人次，实现旅游综合收入64.7亿元；[④] 临夏州全年接待游客1198.2万人次，实现旅游综合收入59.5亿元；[⑤] 甘南州全年接待游客1671

① 甘肃省统计局、国家统计局甘肃调查总队：《2020年甘肃省国民经济和社会发展统计公报》，2021年3月23日。

② 甘肃省文化和旅游厅：《2021年上半年全省文化旅游重点工作进展情况》，2021年9月7日。

③ 国家统计局兰州调查队：《2020年兰州市国民经济和社会发展统计公报》，2021年3月31日。

④ 白银市统计局、国家统计局白银调查队：《2020年白银市国民经济和社会发展统计公报》，2021年3月31日。

⑤ 《2020年全州文旅产业高质量发展工作综述》，中国临夏网—民族日报，http://www.linxia.gov.cn/Article/Content?ItemID=678b8cd3-8e0d-4496-ac78-42f7e12033b0。

万人次，实现旅游综合收入83亿元（见表1）。① 2021年1~9月，兰州市累计接待游客6260.1万人次，同比增长79.59%，实现旅游收入534.8亿元，同比增长80.43%；② 白银市累计接待游客829.21万人次，同比增长5.34%，实现旅游收入51.66亿元，同比增长4.34%；临夏州接待游客1348.02万人次，同比增长44.31%，实现旅游综合收入62.91亿元，同比增长37.66%；③ 甘南州接待游客1676.68万人次，同比增长12.02%，实现旅游综合收入82.86亿元，同比增长11.8%。

表1 2020年沿黄4市州上半年接待旅游人数和旅游收入与2019年相比及占全省比例

市、州	接待人数（万）	与2019相比	占全省比例（%）	旅游收入（亿）	与2019相比	占全省比例（%）
兰州	4821.4	恢复58.8%	22	421.4	恢复55.1%	28.9
白银	1025	恢复61.6%	4.8	64.7	恢复60.5%	4.4
临夏	1198.2	恢复44.4%	5.6	59.5	恢复45%	4.1
甘南	1671	增长16.0%	7.8	83	增长12.0%	5.7

资料来源：根据兰州、白银、临夏、甘南4市州国民经济和社会发展统计公报和新闻报道数据整理。

（二）甘肃沿黄4市州文化旅游产业带发展现状

甘肃沿黄兰州、白银、临夏、甘南4市州，拥有独特的黄河文化底蕴和各种文化旅游资源。截至2021年7月，甘肃沿黄4市州有5A级景区炳灵寺世界文化遗产旅游区1处、4A级景区景泰黄河石林等30处（见表2）。④ 甘

① 甘南藏族自治州统计局、国家统计局甘南调查队：《甘南藏族自治州2020年国民经济和社会发展统计公报》，2021年4月6日。

② 谭安丽：《兰州入选暑期十大热门旅游城市》，《兰州日报》2021年7月7日。

③ 《文化有活力 旅游显魅力——2021年上半年临夏州文旅工作综述》，甘肃省文化和旅游厅网站，https://www.gswbj.gov.cn/a/2021/08/23/10576.html。

④ 甘肃省文化和旅游厅：《甘肃省A级旅游景区名录》，甘肃省文化和旅游厅网站，http://www.gansu.gov.cn/wlt/c108639/202103/1639903.shtml。

肃沿黄兰州、白银、临夏、甘南4市州文化旅游资源丰富多样，不同特色的文化旅游资源初步形成品牌效应，可以吸引更多的国内外游客，可以逐步带动区域内及全省各类文化旅游资源的快速发展，逐渐形成沿黄文化旅游产业带。一是打响黄河旅游主题形象品牌。充分发挥甘肃沿黄4市州旅游推广联盟功能。以“交响丝路·如意甘肃”旅游整体形象为统领，推出“甘肃省沿黄四市（州）旅游发展联盟宣传片”，大力宣传推介兰州黄河风情线、景泰黄河石林、永靖黄河三峡、定西渭河源等特色旅游产品，着力打响“黄河之滨也很美”“天下黄河第一弯”“华夏文明渭河源”等黄河旅游主题品牌。二是开展黄河文化旅游产品和线路宣传推广。先后制作投放《如意甘肃自驾游手册》等系列宣传品。推出“玛曲—碌曲—夏河—永靖—兰州”“兰州—白银—景泰—银川”等黄河旅游主题精品线路，其中“千里风情·黄河水韵”主题旅游线入选“疫去春来·江山多娇”全国百条精品旅游线路；“交响丝路非遗之旅”和“涛涛黄河非遗之旅”2条非遗主题旅游线路入选2020年度全国非遗主题旅游线路。三是打造黄河文艺精品创作演出。创排《八步沙》《大禹治水》等反映黄河文化的精品剧目和大型综艺节目，话剧《天下第一桥》、情景歌舞剧《黄河之上·多彩白银》推荐入选文旅部晋京演出剧目。组织省内28名画家赴黄河流域创作黄河文化主题美术作品，集中反映甘肃黄河文化和生态建设成就。

表2　甘肃沿黄4市州5A、4A级旅游景区名录

序号	景区名称	所在市州	等级
5A级旅游景区(1家)			
1	永靖县炳灵寺世界文化遗产旅游区	临夏州	5A
4A级旅游景区(30家)			
1	兰州兴隆山景区	兰州市	4A
2	兰州青城古镇景区	兰州市	4A
3	兰州水车博览园景区	兰州市	4A
4	兰州市安宁区仁寿山生态文化旅游景区	兰州市	4A

续表

序号	景区名称	所在市州	等级
4A 级旅游景区(30 家)			
5	兰州市皋兰县什川世界第一古梨园景区	兰州市	4A
6	兰州市永登县兰州吐鲁沟公园景区	兰州市	4A
7	兰州市七里河区石佛沟景区	兰州市	4A
8	兰州西部恐龙水乐园景区	兰州新区	4A
9	景泰黄河石林大景区	白银市	4A
10	会宁红军会师旧址	白银市	4A
11	白银区水川黄河湿地景区	白银市	4A
12	大坪凤园花海	白银市	4A
13	红军长征胜利景园	白银市	4A
14	临夏八坊十三巷景区	临夏州	4A
15	和政松鸣岩景区	临夏州	4A
16	和政古动物化石博物馆	临夏州	4A
17	积石山大墩峡景区	临夏州	4A
18	和政县法台山景区	临夏州	4A
19	和政县桦林万兽谷景区	临夏州	4A
20	康乐县胭脂湖景区	临夏州	4A
21	夏河县拉卜楞寺景区	甘南州	4A
22	临潭县冶力关景区	甘南州	4A
23	卓尼县大峪沟景区	甘南州	4A
24	合作市当周草原景区	甘南州	4A
25	碌曲县则岔石林景区	甘南州	4A
26	舟曲县拉尕山景区	甘南州	4A
27	碌曲县郎木寺景区	甘南州	4A
28	碌曲县尕秀藏寨文化生态旅游景区	甘南州	4A
29	迭部县扎尕那景区	甘南州	4A
30	玛曲县阿万仓湿地景区	甘南州	4A

资料来源：根据《甘肃省 A 级旅游景区名录》整理，数据截至 2021 年 7 月 30 日。

1. 兰州市文化旅游产业现状

兰州是甘肃省省会城市，也是我国西部重要的中心城市和西北重要的交通枢纽城市，是丝绸之路经济带上的重要节点城市，是黄河唯一穿城而过的省会城市，素有“黄河明珠”的美誉。2019 年 8 月 21 日，习近平总书记在兰州市察看黄河两岸生态修复和景观建设情况时，称赞“黄河之滨也很美”。兰州不仅建有美丽的黄河风情线，而且经过千百年的积淀，形成了“黄河之滨也很美”的黄河文化旅游品牌和以红色文化旅游产业为代表的兰州特色的文化旅游产业品牌。

兰州黄河风情线，是全国唯一的城市内黄河风情线，全线长 50 多公里。沿线相继建成黄河母亲雕塑、平沙落雁雕塑、“生命之源”水景雕塑、龙源园、黄河音乐喷泉、观光长廊、寓言城雕、绿色希望雕塑、“华夏始祖园”主题文化公园、西游记雕塑、近水广场、东湖音乐喷泉、人与自然广场，以及体育公园、绿色公园、银滩湿地公园和黄河楼等其他沿河景观。著名的黄河铁桥在白塔山下横跨黄河两岸，与白塔山公园融为一体，与黄河母亲雕塑等成为兰州文化旅游的标志。兰州红色文化旅游产业品牌以兰州八路军办事处纪念馆、兰州战役纪念馆为主体，联合皋榆工委纪念馆、张一悟烈士纪念馆、甘工委纪念馆、中共中央国际交通线永登纪念馆、兰州市烈士陵园等红色文化旅游资源构成了兰州红色文化旅游产业，并联合省内其他红色文化旅游资源，打造形成红色文化旅游品牌和红色文化旅游产业带。

兰州还有甘肃省博物馆、五泉山公园、兰山公园、兰州水车博览园、兰州老街和建设中的“读者印象”精品文化街区等文化旅游资源，特别是“读者印象”精品文化街区深度融合丝路文化、敦煌文化、黄河文化、书香文化和本地民俗文化等多个文化元素，突出展示甘肃“五个一”品牌，即：一条路、一个窟、一条河、一本书、一碗面，力求建成后能吸引游客来甘、留兰，成为有看点的精品城市旅游产品，甚至成为游客慕名来兰州旅游的重要因素，使之成为来兰必游之地。同时，兰州榆中县兴隆山公园和青城古镇、永登县鲁土司衙门、兰州水墨丹霞旅游景区、兰州市野生动物园等都在兰州文化旅游产业的范围。兰州非物质文化遗产：兰州剪纸、兰州刻葫芦、兰州太平鼓、兰州鼓子、永登高高跷等非遗项目也可以开发成支撑兰州文化旅游产业发展的多样性产品。经典舞剧《丝路花雨》和《大梦敦煌》享誉全国乃至世界，是兰州文化旅游产业的经典成功范例。2020 年举办的“春绿陇原 · 黄河之滨”等系列惠民精品演出 1000 余场次，200 多万名群众和游客享受丰盛的文化盛宴，致力于打响黄河旅游主题形象品牌，可以助力兰州旅游和沿黄文化旅游产业带的发展。比如，2020 年兰州市全年住宿和餐饮业增加值 39. 38 亿元；全年接待国内外游客 4821. 4 万人次，实现旅游总收入 421. 4 亿元。旅游人均花费 874 元（见表 3）。①

表 3　2016 ~ 2020 年兰州市旅游人数和旅游综合收入

年份	接待人数(万人)	同比增长(%)	旅游收入(亿元)	同比增长(%)
2016	5337. 57	29. 63	447. 07	33. 83
2017	5431. 4	22. 03	456. 5	26. 99
2018	6718. 56	23. 75	593. 45	30. 11
2019	8205. 02	22. 12	765. 27	28. 95
2020	4821. 4	-41. 2	421. 4	-44. 93

资料来源：2016 ~ 2020 年兰州市国民经济和社会发展统计公报。

2. 白银市文化旅游产业现状

黄河在白银市流经白银区、靖远县、平川区，经景泰县出甘肃流入宁夏中卫境内。白银市有黄河风情、红色文化、丝路古迹、绿色生态、工矿遗址与现代工业观光体验和农家休闲等文化旅游产业形态，精彩纷呈。2018 年白银市入选“2018 畅游中国 100 城”，黄河石林被誉为“中华自然奇观”，被相关媒体评为“2018 全球必去的 52 个目的地”之一。会宁红军会师旧址、红军长征胜利景园、会宁中川红军烈士陵园和西岩山红军战斗旧址、景泰县一条山战役纪念馆、平川区红军西征胜利纪念馆、靖远县红军渡河战役纪念馆等构成了白银红色文化旅游产业品牌。会宁县还先后被评为全国红色旅游城

① 国家统计局兰州调查队：《2020 年兰州市国民经济和社会发展统计公报》，2021 年 3 月 31 日。

市，会宁红军长征胜利景园被选入全国红色旅游经典景区、中国优秀红色旅游目的地等。景泰县借助境内丰富的影视拍摄资源，形成了以“大敦煌影视基地”为主，“黄河石林”“永泰龟城”“五佛冬青”等景点为辅的影视拍摄文化产业，使“文化+影视+旅游”融合发展，进而带动旅游产业发展。靖远县依托县域自然风光、丝路古迹游和人文特色，重点布局打造了水韵独石、花儿新村、水岸三合、虎豹山庄等一批乡村游景点。白银区以白银公司露天矿坑、国家矿山公园、矿山博物馆、大峡电厂等为重点打造工业旅游产品，建设一批工业旅游示范点，增强工业旅游的参与性、体验性，包装和开发现代工业考察、现代工业科普等旅游产品，形成工矿遗址与现代工业观光体验游等独具特色的文化旅游产业品牌。同时，会宁皮影戏、景泰打铁花等国家级、省级非物质文化遗产项目，以及白银各地特产、美食都可开发融入文化旅游产业，助力沿黄文化旅游产业带的形成和发展。2020 年白银市餐饮收入实现 23.43 亿元，旅游业新增直接就业人数 3356 人。①全年接待游客 1025 万人，实现旅游收入 64.7 亿元（见表 4）。

表 4　2016～2020 年白银市旅游人数和旅游综合收入

年份	接待人数(万人)	同比增长(%)	旅游收入(亿元)	同比增长(%)
2016	879.5	22	50.2	23
2017	1080.4	22.85	64.2	27.84
2018	1337.01	27.84	83.18	29.56
2019	1663	24.85	107	28
2020	1025	-38.39	64.7	-39.58

资料来源：2016～2020 年白银市国民经济和社会发展统计公报。

3. 临夏州文化旅游产业现状

临夏回族自治州是我国两个回族自治州和甘肃两个民族自治州之一，境

① 白银市统计局、国家统计局白银调查队：《2020 年白银市国民经济和社会发展统计公报》，2021 年 4 月 2 日。

内分布有回、汉、东乡、保安、撒拉等42个民族，其中东乡族、保安族主要聚居在临夏州，是甘肃特有的三个少数民族中的两个。临夏州是我国新石器文化考古发掘最多的地区和中华文明的重要起源地之一，境内有恐龙化石文化、史前彩陶文化、大禹文化、黄河文化、红色文化、民族民俗文化、石窟艺术、丹霞地貌等各种类型文化旅游资源，有“中国彩陶之乡”“中国花儿之乡”的美誉。临夏州依托临夏市“南山北塬、一水中流”的山水格局和城市景观，打造民族民俗文化体验、城市休闲度假基地和特色美食创新发展区，使其成为“花儿临夏”旅游核心区。

近几年，临夏州持续推进旅游产业发展。一是大力推进永靖县炳灵寺世界文化遗产旅游区、刘家峡黄河文化传承创新园建设，2020年12月，炳灵寺世界文化遗产旅游区进入国家5A级旅游景区。二是在临夏县以大禹文化为魂，以保安族民俗风情为媒，建设西部高原生态风光和保安族风情体验区。三是借助积石山县丰富的自然生态风光，推动石海古冰川遗址公园的规划开发建设。四是在和政县以创建5A级旅游景区为目标，推动建设集生态观光、化石展示、文化体验于一体的世界级考古和科普研学旅游示范基地。五是在东乡县打造以干部教育培训和中国扶贫研学教育示范基地为一体的传奇东乡扶贫示范区，建设乡村扶贫博物馆，创建中国扶贫讲习所。同时，临夏州结合临夏市胡廷珍烈士纪念馆、和政县肋巴佛革命纪念馆和牙含章纪念馆、临夏县解放军抢渡黄河纪念馆、康乐县景古红色政权纪念馆、东乡县布楞沟村史馆等红色文化基础，打造红色文化旅游产业品牌，发展红色旅游产业。通过编排《大禹治水》《大河之州》《黄河不会忘记》《幸福像花儿一样》《松鸣岩传奇》等精品剧目，培育临夏文化旅游演艺产品，拓展文化旅游产品范围。临夏州还大力推广“临夏美食非吃不可”的品牌，将地方民族特色餐饮纳入文化旅游产业发展范围，改良全牛宴、全羊宴、黄河鲤鱼宴、东乡手抓宴和保安传统家宴，提升河州包子、河州老八样、河沿面片、河州老炒、甜醅子等传统美食品质，助力临夏州文化旅游产业发展，使沿黄文化旅游产业内容更加丰富。比如2019年临夏州餐饮业实现零售额19.6亿元，接待过夜游客734.65万人次，接待一日游游客1976.84万人次（见表5）。

表 5　2016～2020 年临夏州旅游人数和旅游综合收入

年份	接待人数(万人)	同比增长(%)	旅游收入(亿元)	同比增长(%)
2016	1110.2	23.99	48.1	24.67
2017	1586.1	42.87	70.3	46.3
2018	2098.6	32.3	96.39	37.03
2019	2711.49	28.95	133.18	37.95
2020	1141.7	-57.9	59.5	-55.3

资料来源：2016～2020 年临夏州国民经济和社会发展统计公报。

4. 甘南州文化旅游产业现状

甘南藏族自治州是甘肃两个民族自治州之一，地处青藏高原、黄土高原和陇南山地的过渡地带，是黄河、长江上游的水源涵养区和补给区，是全国“六大绿色宝库”和“五大牧区”之一，具有重要的生态保护价值，因此国家将甘南确定为生态主体功能区、生态文明先行示范区。甘南因其独特的地理地貌特征，自然风光绚丽多彩，高原美景色彩斑斓、景色优美，拥有世界上最大的绿色峡谷群、亚洲最大的天然草原、中国最美的湿地等高品质的自然文化旅游资源，境内地质公园、森林公园多处，其生态大观园的冶力关、五彩卓尼大峪沟、天然石头城扎尕那、当周草原、桑科草原、天下黄河第一弯、则岔石林、翠峰山等自然旅游资源各具特色。甘南境内藏族民族民俗风情浓郁，藏传佛教文化独特，存有米拉日巴佛阁、夏河拉卜楞寺和全国最长转经廊。甘南历史遗迹底蕴丰厚，历史文化旅游资源有华年古城、甘加八角城堡遗址、唐蕃边塞重镇汉百石县旧址、明代城墙、羊巴古城、桑科古城等。红军长征经过甘南多地，甘南红色文化资源丰厚，有茨日那村毛主席旧居、俄界会议遗址、洮州会议纪念馆、新城苏维埃旧址、临潭县苏维埃政府、腊子口战役遗址等。甘南州先后被相关机构评为“人一生要去的 50 个地方”之一、“西部最具魅力的旅游景区”，被联合国人居环境发展促进会等评为“中国最具民族特色旅游目的地”。[①] 近几年，甘南州依托得天独厚

① 《走进甘南》，甘南藏族自治州政府网站，http：//www.gnzrmzf.gov.cn/zjgn/gngk/zrdl.htm。

的生态环境和文化资源，大力发展文化旅游产业，通过实施“一十百千万”工程，将景点、村庄及民宿农家乐串点成线、连线成面，以“全域无垃圾、全域无化肥、全域无塑料、全域无污染、全域无公害”推动文化旅游带高质量发展，打造形成了以桑科和当周草原、黄河首曲、夏河拉卜楞寺等为主的草原文化和民族民俗文化旅游产业品牌，保护开发了以腊子口、俄界会议遗址等为主的红色文化旅游产业等品牌，使甘南文化旅游产业得到稳步发展。目前，甘南全州A级景区35处。建成观景台4处，3A级旅游厕所28座，建设文化旅游标杆村17个、全域旅游专业村103个、生态文明小康村297个，培育精品民宿和星级农家乐3000余家，住宿餐饮业收入达10.87亿元。[①] 2020年，甘南州共接待游客1671万人，实现旅游收入83亿元（见表6）。

表6　2016～2020年甘南州旅游人数和旅游综合收入

年份	接待人数（万人）	同比增长（%）	旅游收入（亿元）	同比增长（%）
2016	1003.15	30.3	46.78	34.5
2017	1105.6	10.2	51.50	12.3
2018	1217.20	10.5	57.04	13.6
2019	1447	15	74	16
2020	1671	16	83	12

资料来源：2016～2020年甘南州国民经济和社会发展统计公报。

二　甘肃沿黄文化旅游产业带发展中存在的问题

甘肃沿黄4市州在推动文化旅游产业及文化旅游产业带发展方面，近年来取得了较好的成效，但与国内其他推动文化旅游产业带发展先进地区所取

① 甘南藏族自治州统计局：《甘南藏族自治州2020年国民经济和社会发展统计公报》，2021年4月9日。

得的成就相比，甘肃沿黄4市州在推动实现文化旅游产业活跃繁荣和文化旅游产业带发展方面还存在一些问题。

（一）体制不顺、机制不活

甘肃沿黄4市州在发展文化旅游产业及推动文化旅游产业带发展方面具有一定的优势。但到目前为止，甘肃沿黄4市州在发展文化旅游产业及推动文化旅游产业带发展中体制性障碍依然存在，扶持激励机制不够完善，支持文化旅游产业发展和吸引资本投入等方面的政策力度不大。在省级层面对甘肃沿黄4市州文化旅游产业带发展整合不足。沿黄4市州促进域内文化旅游产业及产业带相互协调发展的体制和机制还存在一些不足，缺乏共同谋划文化旅游产业带发展的计划或规划。沿黄4市州区域内文化旅游产业发展和文化旅游产业带发展存在同质化问题，不能形成合力，对跨市州的文化旅游产业带发展和推动高质量发展会形成制约和影响。

（二）资金来源渠道不多、投入不足

甘肃沿黄4市州中，甘南、临夏是国家重点支持的“三区三州”地区；白银是资源枯竭型城市之一，处于转型发展期；兰州在甘肃省内发展最好，但与其他省会城市相比，还有较大差距。整体来看，甘肃沿黄4市州财力有限，在推动文化旅游产业发展过程中，资金来源渠道不多，融资规模不大，在文化旅游产业发展过程中，往往出现项目投入不足的情况，制约景区规划设计、文化创意投入、基础设施建设等文化旅游产业发展，从而导致文化旅游产业发展慢、文化旅游产业带形成后劲不足，文化旅游产业带的高质量发展受到制约。

（三）品牌效应不明显

甘肃是文化旅游资源大省，文化旅游资源富集度位居全国第五，许多文化旅游资源在全国乃至世界都具有唯一性、垄断性和不可替代性。但是由于对文化旅游资源开发利用程度不高，产业基础薄弱，创新能力不强，有效供

给不足，一些好的、优质的文化旅游资源没有形成文化旅游产业品牌，有的虽然形成文化旅游产业品牌，但品牌效应不明显，没有完全转化为经济优势，对甘肃沿黄文化旅游产业带高质量发展助力不足。与贵州、云南、广西等西部省份相应区域文化旅游产业及产业带高质量发展相比，仍有较大差距，没有形成比较成熟的能够在省内叫响、在全国有名的文化旅游品牌和文化旅游产业带品牌。比如，习近平总书记称赞的兰州“黄河之滨也很美”，还没有形成兰州综合性的文化旅游品牌；刘家峡水库全国有名，但品牌开发利用不足；“花儿”艺术形式，在文化产业发展过程中的带动不强；除经典舞剧《丝路花雨》《大梦敦煌》外，近几年，沿黄 4 市州创排的《幸福像花儿一样》《布楞沟的春天》《大豆谣》《达玛花开》《黄河之上·多彩白银》等精品力作，还未形成品牌效应，目前仍缺少在全国叫响、名列前茅的艺术精品。

（四）基础设施依然有待加强

近年来，甘肃沿黄 4 市州不断通过各种方式筹措资金，加大各类基础设施建设，景点基础设施进一步完善，景区公路交通更加快捷。但目前还是存在“铁路—公路—机场”相互连接的通达性和便捷性不高的问题，还有部分 4A 级景区不通二级以上公路。景区旅游交通标识和导览系统不完善，停车场、游客集散中心等基础设施缺乏，餐饮、购物、住宿条件不能满足游客需求。比如甘南州，每到夏季旅游旺季，住宿明显不能满足游客需求。一些旅游景区和乡村休闲旅游景点交通、餐饮存在短板，比如，号称“陇上杏花第一村”的东乡县唐汪镇仅有简易公路通行条件，白银山地越野赛赛道保障设施不足，等等。

（五）产业带发展培育不足

近几年，甘肃省委、省政府先后研究出台了《关于加快建设旅游强省的意见》《新时代甘肃融入“一带一路”建设打造文化制高点实施方案》《关于大力促进全省文化旅游产业提质增效的意见》等一系列促进文化旅游产业发展的规划和政策措施，不断推进甘肃文化旅游产业发展，甘肃沿黄4市州多措并举推动当地文化旅游产业及产业带高质量发展。比如，甘南州采取深入实施“旅游兴州”战略，通过全域旅游示范区创建，在全省、全国打出了“九色甘南香巴拉”旅游品牌。旅游业已成为甘南发展地方生产力、改善群众生产生活的“致富产业”。但我们也要认识到，目前甘肃沿黄4市州在推动文化旅游产业带发展方面，存在旅游人气旺、消费低的问题，游客的消费主要在交通、住宿、餐饮、景区门票等刚性消费方面，购物、娱乐、体验等消费较少。同时，由于沿黄4市州在推动文旅产业和推动产业带发展过程中存在产品链条培育不足、产业要素结构单一、文化旅产业带不成熟等情况，“留不住人”“赚不到钱”“有说头、没玩头”“有产品、没影响”“走百里路只看一景”等问题普遍存在。

三　甘肃沿黄文化旅游产业带高质量发展的机遇

（一）国家实施黄河流域生态保护和高质量发展战略的机遇

党的十八大以来，国家对黄河流域生态保护和高质量发展愈加重视，先后出台了《黄河流域生态保护和高质量发展规划纲要》等一系列政策措施。2019年8月，习近平总书记视察甘肃期间，于21日下午，亲自到兰州市黄河治理兰铁泵站项目点，沿步道察看黄河两岸生态修复和景观建设情况，并称赞“黄河之滨也很美”。2019年9月18日，习近平总书记在郑州主持召开黄河流域生态保护和高质量发展座谈会并发表重要讲话，强调要加强生态保护治理、促进全流域高质量发展、保护传承弘扬黄河文化，让黄河成为造福人民的幸福河。2021年10月8日，中共中央、国务院印发《黄河流域生态保护和高质量发展规划纲要》，将黄河流域生态保护和高质量发展作为事关中华民族伟大复兴的千秋大计来强调，从上游水源涵养能力建设、特色优势现代产业体系——打造具有国际影响力的黄河文化旅游带、保护传承弘扬黄河文化等方面做出了详细规划。

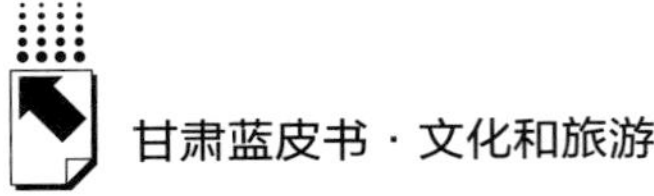

随着国家实施黄河流域生态保护和高质量发展战略规划的出台，后续会有一系列推动和落实规划实施的政策措施，并通过资金投入和项目实施加以推动，对于甘肃来说，这是一次难得的发展机遇。就甘肃沿黄文化旅游产业带发展来说也是重大机遇，可以根据国家规划中“打造具有国际影响力的黄河文化旅游带”要求，甘肃沿黄 4 个市州区域内的红色文化、古文化遗址、自然风光等抓住机遇，推动四地协同、融合发展，提升沿黄文化旅游品牌，形成甘肃沿黄文化旅游产业带高质量发展“样板”。

（二）国家实施新时代西部大开发战略的机遇

改革开放以来，我国西部发展相对滞后，东西部发展差距越来越大。世纪之交，党和国家实施西部大开发战略的决策，20 多年来，党中央、国务院先后制定了规划、出台了一系列推动西部大开发的政策措施，实施了一批项目。西部大开发战略经过 20 多年的持续实施，取得了巨大成就，但东西差距依然存在。党的十八大以来，习近平总书记多次到西部地区视察调研，发表一系列重要讲话，为新时代西部大开发指明了方向。党的十九大明确提出，强化举措推进西部大开发形成新格局。2019 年 3 月 19 日，习近平总书记主持召开中央全面深化改革委员会第七次会议，审议通过《关于新时代推进西部大开发形成新格局的指导意见》。2020 年 5 月 17 日，中共中央、国务院印发《关于新时代推进西部大开发形成新格局的指导意见》。

国家推动实施新时代西部大开发战略，对甘肃各项事业的发展都是重大的战略机遇，就甘肃沿黄 4 市州推动文化旅游产业带高质量发展来讲，是一个发展的很好机遇。《关于新时代推进西部大开发形成新格局的指导意见》就提出，支持西部地区发挥生态、民族民俗、边境风光等优势，深化旅游资源开放，提升旅游服务水平。依托风景名胜区、边境旅游试验区等，大力发展旅游休闲、健康养生等服务业，打造区域重要支柱产业。

（三）国家实施乡村振兴战略的机遇

习近平总书记在党的十九大报告中提出了实施乡村振兴战略。2018 年 9

月，中共中央、国务院印发了《乡村振兴战略规划（2018～2022年）》。2021年2月21日，中央一号文件《中共中央 国务院关于全面推进乡村振兴加快农业农村现代化的意见》发布。全面建成小康社会以后，2021年3月，中共中央、国务院发布了《关于实现巩固拓展脱贫攻坚成果同乡村振兴有效衔接的意见》。国家通过实施乡村振兴战略，一方面使乡村基础设施等逐渐完善，对于发展乡村旅游有着积极作用；另一方面，随着人民生活水平和收入不断提高，旅游等消费需求就会增多。这对于甘肃沿黄4市州文化旅游产业带高质量发展也是很好的机遇，一方面可以通过国家实施的乡村振兴战略，在实施乡村振兴中考虑文化旅游产业高质量发展和产业带的建设规划。另一方面可以借助国家实施乡村振兴战略使人民收入提高、旅游需求增加的机遇，不断推广甘肃沿黄文化旅游产业品牌，推动甘肃沿黄文化旅游产业带高质量发展。

（四）甘肃谱写建设幸福美好新甘肃的机遇

通过多年的努力工作，甘肃与全国一道建成全面小康社会。2020年12月25日中国共产党甘肃省第十三届委员会第十三次全体会议通过《关于制定甘肃省国民经济和社会发展第十四个五年规划和二〇三五年远景目标的建议》，2021年3月，甘肃省政府印发《甘肃省国民经济和社会发展第十四个五年规划和2035年远景目标纲要》，全方位对甘肃今后走绿色生态发展之路、推动产业链现代化等方面做出了全面详细的规划，是甘肃未来5年和15年的发展蓝图。这也是甘肃沿黄4市州在推动文化旅游产业及产业带高质量发展过程中的很好机遇。

（五）甘肃旅游品牌逐渐得到认可的机遇

经过甘肃省、市、县各级政府多年的持续努力，甘肃在交通、景区等基础设施建设方面有了很大提高和完善，甘肃多样性文化旅游资源优势逐渐显现，甘肃文化旅游品牌的美誉度、知名度、影响力也逐年提升，每年累计接待游客人数、旅游收入持续上升。将来去除疫情影响因素，甘肃文化旅游产业的发展前景广阔。甘肃沿黄4市州具有的自然风光、历史文化遗存、红色文化、民族风情、宗教文化、非遗文化、精品剧目等类型文化旅游品牌，近几年逐渐得到国内外游客认可，这也是甘肃沿黄4市州的文化旅游产业发展和产业带高质量发展的良好机遇。

四 甘肃沿黄文化旅游产业带高质量发展的对策建议

（一）强化现有规划引领、助推文旅产业发展

近些年，国家批准甘肃建设“华夏文明传承创新区”，出台了《黄河流域生态保护和高质量发展规划》《兰州—西宁城市群发展规划》等。甘肃在省级层面，结合国家各类规划，制定了《甘肃省国民经济和社会发展第十四个五年规划和2035年远景目标纲要》《甘肃省“十四五”文化旅游发展规划》《甘肃省黄河流域生态保护和高质量发展规划》等。甘肃沿黄4市州也制定了一些相关规划，因此甘肃沿黄4市州要在推动文化旅游产业及产业带发展过程中高度重视已有国家、省级和本地各类规划的无缝衔接，实现“多规合一”，做到强化现有规划引领，将打造“甘南—临夏—兰州—白银”黄河风情旅游带作为文化旅游产业带建设的重点，推动4市州在旅游景点、基础设施、市场管理、公共服务等方面取得一定发展，甘南、临夏一些文化旅游产品结合黄河流域生态保护，实现了高质量发展。沿黄4市州以“黄河之滨也很美”为契机，打造以兰州百里黄河风情线、景泰黄河石林、永靖黄河三峡和玛曲黄河天下第一弯为代表的文化旅游产业品牌，助推甘肃沿黄4市州的文化旅游产业发展和实现产业带高质量发展。

（二）创新投融资机制、多渠道筹措资金

文化旅游产业及产业带高质量发展，是由投资推动和带动的，不论是历史文化资源，还是自然风光资源，要开发成旅游产品，都需要前期的大量投

入。文化创意旅游产品，更是需要前期无回报投入。因此甘肃沿黄4市州要创新投资融资机制、多渠道筹措文化旅游产业发展的资金投入。一是省上及沿黄4市州要争取国家实施的各个涉及甘肃的战略规划的支持；二是根据文化旅游产业发展规划，争取国家各部委的各种政策性资金支持，对带动能力强、能够形成产业带的项目，优先实施；三是对已有优质文化旅游产业项目存在的短板实行一次投入到位、一次投入补齐短板，使文化旅游产品得以成熟发展；四是搭建政府与企业合作平台，采取“上门招商”“组团招商”“网上招商”等形式，开展文旅项目招商推介活动，吸引大企业、大集团参与景区开发和旅游产品研发，获取沿黄4市州文化旅游产业发展的资金投入；五是省市县三级政府要对沿黄4市州旅游产业链延伸、产业带高质量发展的要求，每年列入一定的投资预算；六是规范引导个人以资产、农户以土地和劳务等多种形式投资入股等参与的文化旅游产业投资模式；七是鼓励金融机构为文旅企业和文化旅游产业重大项目加大信贷支持力度，探索文化旅游产业贴息贷款机制。

（三）加大宣传力度，树立旅游品牌

甘肃沿黄4市州文化旅游资源丰富，但享誉国内外的旅游品牌不多，甘肃要在推动沿黄文化旅游产业带高质量发展过程中，一是通过各种媒介途径，加大沿黄文化旅游品牌的宣传力度，树立沿黄文化旅游产业品牌；二是要精心制作全方位展示文化旅游产业带高质量发展的宣传片，在央视等主流媒体投放，扩大知名度；三是要通过开展营销宣传活动，开展沿黄文化旅游产业带宣传推介活动，提高沿黄文化旅游知名度；四是充分利用抖音、快手、微博、公众号等新媒体，精心做好沿黄文化旅游产品的包装宣传，树立沿黄文化旅游良好的品牌形象；五是继续办好已有文化旅游节庆、节会活动，发挥其宣传作用，提升沿黄文化旅游产业带知名度和影响力；六是开发大型高端演艺项目，讲好黄河故事，推动沿黄文化旅游产业带提升产品多样性、增加艺术性，从而提高沿黄文化旅游产业带品牌知名度；七是打造黄河文化系列数字产品和动漫影视，引导支持数字动漫企业开发一批集中展示黄

河文化的系列数字艺术、动漫产品，打造原创动漫品牌及动漫衍生品，加大黄河文化的宣传推广营销力度。

（四）大力发展沿黄乡村旅游

乡村旅游是文化旅游产业带上的一个又一个点，穿插散布于各文化旅游产业带，以点成线、以线成面，各具特色。甘肃沿黄 4 市州生态环境、自然风光、人文景观、民俗文化交相辉映，近几年，乡村旅游得到了较好的发展。建议：一是甘南要持续在生态文明小康村建设方面发力，打造以生态草原美景为特点的乡村旅游特色；二是临夏州要以赏花、采摘、生态体验、城郊休闲等为抓手，推动乡村旅游深入发展；三是兰州市要以周边特色村镇为依托，根据村镇特点在田园风情体验、踏青观光休闲、亲子研学互动等特色方面大力推动乡村旅游发展步入快车道；四是白银市要以美丽乡村为载体，让好风景变成“好钱景”。总之，甘肃沿黄 4 市州要依托自身独特优势，因地制宜，大力发展沿黄乡村旅游，为全省乡村旅游发展树立样板，使更多的乡村旅游村镇能够进入全国乡村旅游重点村镇和乡村旅游精品线路，为甘肃沿黄文化旅游产业带高质量发展做出贡献。

（五）打造甘肃沿黄文化旅游产业带高质量发展品牌

一是依托黄河风情线，打响夜游黄河品牌，展现兰州夜景之美；二是打造黄河黄金水道，根据《甘肃省内河水运发展规划》，开发甘肃黄河黄金水道旅游产品；三是依托会宁干部学院和会宁长征会师红色文化品牌，将沿黄 4 市州内的红色文化资源串联，打造沿黄红色文化旅游线路和红色文化旅游产业带；四是以森林草原、峡谷丛林、黄土高原、水韵古镇、回藏风情等为底蕴，融合黄河文化、都市风光、自然山水、民族风情等资源要素，以兰州为中心，辐射甘南、临夏、白银等地，推出不同特色的旅游产品；五是以成熟的文化旅游产品为龙头，构建形成甘肃沿黄文化旅游产业带，并推进甘肃沿黄 4 市州文化旅游产业带高质量发展；六是沿黄 4 市州可结合全省政策，

联合出台一些推动文化旅游产业和产业带高质量发展的优惠政策和吸引游客与投资的措施等。

参考文献

杨丽:《河南黄河流域生态保护与文化旅游发展策略》,《当代旅游》2020 年第 34 期。

马桂芳:《对沿黄生态带文化旅游产业高质量发展的思考》,《柴达木开发研究》2021 年第 1 期。

孙倩茹:《论和政县“花儿”音乐与文化旅游产业发展策略》,《文化产业》2021 年第 17 期。

李现总:《兰州文化旅游产业融入“一带一路”的路径探析》,《企业科技与发展》2019 年第 5 期。

《解放思想 攻坚克难 推动文化旅游产业高质量发展——关于文化旅游产业发展的调研报告》,《固原日报》2021 年 2 月 3 日。

B.11
甘肃房车自驾车旅游创新发展研究

金　蓉*

摘　要： 随着城乡居民可支配收入的大幅提升和人民群众对美好生活需求的向往，房车自驾车旅游成为城乡居民高品质生活的一大体现。近年来，各级层面紧盯房车自驾车旅游新业态，出台各种支持政策，在政策加持下，房车自驾车旅游发展迅速。区位交通条件的改善、旅游产业要素的完善和旅游品牌竞争力的增强为甘肃房车自驾车旅游发展提供了良好的基础，但房车自驾车出行重要保障的营地建设略有滞后，影响了甘肃在国内房车自驾车旅游市场的份额。建议甘肃做好规划引导和人才储备，聚焦本土品牌打造，积极加强与周边区域合作，以推动房车自驾车旅游创新发展。

关键词： 房车旅游　自驾车旅游　旅游创新　甘肃

受消费观念和社会发展环境双重影响，中国房车自驾车露营旅游市场发展时间短，2001 年中国才生产了第一辆有完全自主知识产权的自行式房车，2003 年国内最早有接待能力的房车营地新疆喀纳斯营地正式开业。① 再加上房车自驾车停车难、上路难、停车贵等堵点尚未有效疏通，房车租赁市场和房车自驾车营地建设发展稍显滞后。伴随着“高质量发展”概念的提出，在旅游消费升级的大背景下，中国旅游产业也在从传统的高速发展向高质量

* 金蓉，甘肃省社会科学院副研究员，主要研究方向为区域文化与旅游产业规划。

① 汪怡辰：《供需均衡视角下云南自驾车旅游营地建设研究》，云南大学硕士学位论文，2018。

发展转变。在国民经济水平快速提高、城乡居民可支配收入大幅提升、私家车保有量不断攀升、交通路网不断完善、旅游消费品质化发展和家庭化出游比例不断增高的背景下，房车自驾车休闲度假旅游市场正逐渐发展成为旅游投资和消费的新热点。为了满足群众对房车自驾车旅游的消费需求，优化房车自驾车旅游发展环境，促进房车自驾车旅游市场的持续健康发展，国家和地方政府出台了系列政策措施予以规范和支持（见表1）。随着规范性文件和支持政策的密集出台，一大批房车自驾车营地建成运营，房车自驾车专属旅游线路应运而生，房车自驾车旅游蓬勃发展。《中国自驾车、旅居车与露营旅游发展报告（2020～2021）》显示，2020年全国自驾游占国内出游的比重为77.8%，全年自驾游规模已经达到22.4亿人次。自2017年起，全国自驾游人数已连续4年超过国内旅游人数的60%，自驾游已经名副其实地成为国民出游的主要形式。[①]

在国家政策引导和市场发展环境的双重推动下，甘肃省2016年印发了《甘肃省人民政府办公厅关于印发丝绸之路甘肃省交通房车露营地发展规划的通知》，提出要统筹布局建设房车露营地，加快形成布局合理、规模适当、功能完善的房车露营地服务体系。2016年，甘肃首个房车自驾车露营地康县长坝露营地开营，[②] 在开营仪式上，全国休闲标准化技术委员会授予康县长坝旅居露营地“国家标准试点验证基地”牌匾。[③] 2016年9月，首届丝绸之路（嘉峪关）国际房车博览会开幕，2017～2019年，嘉峪关相继举办了第二、三、四届丝绸之路（嘉峪关）国际房车博览会，博览会为全国主流房车企业搭建了交流合作平台，为甘肃加快房车自驾车露营与文化旅游融合提供了良好的契机。

---

① 《第十届全国自驾车旅游发展峰会在东营召开》，https://www.sohu.com/a/466644146_115516。

② 《甘肃省首个自驾车房车露营地康县长坝开营》，https://www.sohu.com/a/76709043_119798。

③ 《甘肃首个最美乡村自驾车房车露营地开营》，http://www.gs-zy.com/news/2016-05/23/content_2032715.htm。

表1　国家部门及部分省区市出台的关于房车自驾车旅游发展的规范性文件和政策措施（部分）

年份	发布机构	政策名称	涉及的相关内容
2007	国家	《中国体育休闲（汽车）露营营地建设标准（试行）》	为我国体育休闲（汽车）露营营地的建设提供依据
2009	四川省	《四川省自驾车旅游汽车营地建设标准》	促进四川省自驾车旅游汽车营地向规范化发展，规范自驾车旅游汽车营地的经营行为
2016	交通运输部	《关于实施绿色公路建设的指导意见》	增设观景台、汽车露营地、旅游服务站等特色设施
2016	国家旅游局等11部门	《关于促进自驾车旅居车旅游发展的若干意见》	提出了一系列解决自驾车旅居车发展的政策措施
2016	甘肃省	《甘肃省人民政府办公厅关于印发丝绸之路甘肃省交通房车露营地发展规划的通知》	统筹房车露营地布局，构建规模适当、布局科学、功能完善的房车露营地服务体系
2017	工信部	《汽车产业中长期发展规划》	鼓励发展汽车金融、汽车租赁等后市场服务，促进房车营地等其他相关服务业同步发展
2017	湖南省	《湖南省自驾车房车营地发展规划（2017～2020）》	以自驾车游客需求为导向，在全省形成布局科学、规模合理、功能完善的自驾车房车营地体系，促进相关服务体系的建设
2018	江西省	《江西省汽车自驾运动营地发展规划（2018～2025）》	引导社会资本进入自驾运动营地产业领域，促进汽车自驾运动营地与体育综合体、运动休闲特色小镇融合发展
2019	中共中央、国务院	《交通强国建设纲要》	提出深化交通运输与旅游融合发展，推动自驾车房车营地发展
2020	海南省	《海南现代综合交通运输体系规划》	推动交通与旅游深度融合发展

资料来源：网络公开资料整理。

一　甘肃省房车自驾车旅游发展基础

（一）区位交通条件有效改善

甘肃地处“丝绸之路经济带”黄金段，近年来，甘肃着力打通交通大动脉，畅通交通微循环，构建起以省会兰州为交通枢纽中心，陇海线、兰新线、兰渝线为轴线的铁路网新格局，2020 年末全省铁路营业里程 4454.2 公里，其中，高铁线路里程 1251.9 公里。[①] 公路通车总里程处于全国中上游水平，全省 14 个市州政府驻地、70 个县区实现高速通车，高速及一级公路通车里程达到 6500 多公里，甘肃与周边省区的公路省际出口达到 73 个。[②] 民航集团紧盯“丝路大空港”发展定位，全面实施“东连西进南通北拓”战略，截至 2020 年底，累计通航城市 119 座，形成了以北上广深等骨干航线为核心，通达欧洲、西亚、东南亚等地区，干线与支线、国际与国内航线协调发展的航空网络，[③] 搭建起高效的对外空中连接走廊。全省立体大交通格局初步形成，甘肃省房车自驾车旅游发展的交通基础条件成熟。

（二）旅游产业要素日趋完善

截至 2020 年末，甘肃省共有 A 级旅游景区 358 家，其中 5A 级旅游景区 6 家，4A 级旅游景区 107 家，3A 级旅游景区 172 家；有以莫高窟为代表的世界文化遗产 7 处，有敦煌雅丹国家地质公园和张掖地质公园 2 处世界地质公园。有 3 个国家全域旅游示范区，5 个国家级生态旅游示范区。有全国重点文物保护单位 152 处，各类博物馆 227 家，国家级非遗名录 83 项。截至 2021 年 8 月，甘肃省有旅游星级饭店 390 家，旅行社 847 家。截至 2021 年 9 月，甘肃省有全国乡村旅游重点村（镇）41 个。张掖市和兰州市入选第一批国家文化和旅游消费试点城市名单。文化和旅游部发布的 10 条黄河主题国家级旅游线路中有 8 条涉及甘肃，甘肃“追忆红色故土 探寻长征足迹”线路成功入选“中国旅行社协会百条红色旅游精品线路”，3 条线路入选全国“建党百年”红色旅游百条精品线路，4 条精品主题旅游线路入选全

---

① 《“铁公机”构建立体交通网 从甘肃出发，快人一步！》，https：//gs. ifeng. com/c/88riA0JUhb8。

② 《加快构建现代化立体交通网络——全省交通系统牢记嘱托推进综合交通运输高质量发展综述》，http：//gansu. gansudaily. com. cn/system/2021/08/23/030393945. shtml。

③ 《加快构建现代化立体交通网络——全省交通系统牢记嘱托推进综合交通运输高质量发展综述》，http：//gansu. gansudaily. com. cn/system/2021/08/23/030393945. shtml。

国“疫去春来·江山多娇”100 条精品主题旅游线路，2 条线路入选全国 12 条非遗主题旅游线路名单。日趋完善的产业要素成为甘肃房车自驾车旅游的良好依托。

（三）旅游品牌形象全面提升

2020 年，甘肃文化和旅游厅联合中国铁路兰州局集团，推出了“环西部火车游”旅游产品，在打通省内小环线、串联甘川渝陕宁青中环线、打通九省区市大环线的基础上，形成连接“陆海丝”、有效对接东盟与中亚的旅游交通大环线，“环西部火车游”被誉为“陆上邮轮”，“环西部火车游”主题活动获“2020 年度中国文旅营销创新典范”。自驾游品牌影响力扩大，甘肃省和新疆维吾尔自治区、西藏自治区共同荣获 2020 中国国家旅游年度臻选自驾旅游目的地。2021 年 9 月 24 日，以“交响丝路·文博天下”为主题的“一会一节”在敦煌市召开，甘肃“交响丝路·如意甘肃”的品牌影响力进一步提升。甘肃积极深化空中丝绸之路品牌，打造空中丝绸之路快线，与浙江长龙航空有限公司合作，冠名“飞天号”和“如意号”飞机机身。内外部旅游环境的改善和旅游品牌影响力的提升为甘肃房车自驾车发展奠定了良好的基础。

（四）文旅融合迈上新台阶

近年来，甘肃持续推动旅游与体育、交通、本土元素等深度融合，以“旅游+交通”打造出路景合一、主客共享的“环西部火车游”“三区三州旅游大环线专列”等知名品牌，以“旅游+体育”打造出兰州国际马拉松、嘉峪关国际铁人三项赛、玄奘之路戈壁挑战赛、丝绸之路露营大会等特色赛事，以“旅游+小城镇”打造出民勤摘星小镇等创意旅游目的地，以“旅游+农业”打造出兰州榆中李家庄田园综合体等有影响力的文旅融合项目，以“旅游+文化”打造出读者大道文化旅游精品街区等文化底蕴深厚的旅游品牌。通过文旅融合发展，甘肃呈现文化旅游一枝独秀、红色旅游扬优成势、旅游演艺高歌猛进、体育旅游潜力无限、乡村旅游亮点突出的发展态势，文旅综合效应持续放大，影响力和知名度进一步提高。2021 年 1 ~8 月，全省接待游客2.14 亿人次，实现旅游综合收入 1426 亿元，分别较 2020 年同期增长 56.8%和56.7%，已分别恢复至2019 年同期水平的 82.3%和 76.6%。[①]

二　甘肃房车自驾车旅游发展

（一）甘肃房车自驾车营地发展现状

1. 营地数量可观

据不完全统计，甘肃省目前建成运营的房车自驾车露营基地有 40 个左右（见表 2），从依托物看，涉及景区依托型、交通依托型、环境依托型、城市（镇）依托型和特色资源依托型（见表 3）。从布局看，河西走廊的张掖市、酒泉市数量较多，有较为成熟的房车自驾车旅游线路，基本形成房车自驾车露营网络体系。

表 2　甘肃省房车自驾车营地名录（不完全统计）[②]

市州	营地名录
兰州市	城关区海之林生态园房车营地、永登大通河生态园自驾游营地、兰州越国集团旗下开心农场自驾游营地（永登）
张掖市	公航旅·张掖国际露营基地、民乐扁都口自驾车营地、高台黑河湿地公园房车营地、张掖沙漠公园国际房车度假村、张掖沙漠体育公园自驾车营地、张掖丹霞靠山大营自驾游营地
陇南市	康县花桥房车露营地、文县天池国家森林公园汽车露营地、宕昌官鹅沟国家森林公园大河坝景区露营基地
金昌市	永昌县北海子湿地自驾游露营地
酒泉市	东风胡杨林露营公园（酒泉卫星发射中心）、敦煌市锦绣大地生态园自驾车营地、敦煌 MO 漠国际沙漠露营地、敦煌漠葛沙漠露营地、敦煌一路行沙漠露营基地、敦煌山庄房车营地、敦煌星星的轨迹沙漠露营基地

① 甘肃文化和旅游厅：《喜迎中秋国庆双节　共享乡村振兴成果——甘肃省文旅厅推出 15 条金秋乡村旅游精品线路》，2021 年 9 月 16 日。

② 《甘肃省自驾车房车露营地线路图》，甘肃旅游网，http://www.tourgansu.com/subject/selfDrivingLine。

续表

市州	营地名录
嘉峪关市	嘉峪关雄关驿露营基地、嘉峪关阳关故人摩旅骑行驿站
临夏州	永靖公航旅黄河三峡自驾游基地
天水市	公航旅 · 天水麦积山自驾游综合露营基地、天水市秦州区南山云端体育露营公园、武山卧牛山景区自驾车房车营地、张家川自驾车房车营地
白银市	白银黄河石林国际露营地
定西市	定西漳县遮阳山天华国际房车营地、渭源石门雪山国家度假村房车营地
甘南州	夏河诺尔丹营地、夏河黑帐篷营地、夏河拉卜楞宾馆度假村自驾车房车营地、甘南卓尼县大峪沟塔古滩自驾车营地
平凉市	平凉中华崆峒古镇汽车露营地
庆阳市	庆城县周祖陵自驾车房车营地、华池县南梁红色景区自驾车房车营地、正宁县调令关森林公园自驾车房车营地
武威市	甘肃(武威)国际陆港自驾游与房车露营地、民勤摘星小镇露营点

表 3　甘肃省房车自驾车营地主要类型及典型代表

营地类型	服务功能	依托资源	典型代表
景区依托型	自驾车房车停车服务、住宿服务	依托周边知名景区或景区组团作为吸引物	公航旅黄河三峡自驾游基地、白银黄河石林国际露营地等
城市(镇)依托型	为房车自驾车游客提供相对完善的基础设施和服务体验	依托城镇客流和基础设施作为吸引物	公航旅 · 张掖国际露营基地
环境依托型	为房车自驾车游客提供休闲、度假、体验等服务	依托营地周边优美的生态环境作为吸引物	花桥房车露营地
交通依托型	为途经自驾车游客提供餐饮、住宿、补给、车辆保养和维修等必需服务	依托便捷的交通条件作为吸引物	扁都口自驾车营地
特色资源依托型	为房车自驾车游客提供独相对独特的文化或体验服务	依托周边独特的文化资源或旅游资源作为吸引物	东风胡杨林露营公园(酒泉卫星发射中心)

2. 营地类型多样

从营地类型看，涉及森林型（文县天池国家森林公园汽车露营地）、山地型（白银黄河石林国际露营地）、沙漠型（张掖沙漠体育公园自驾车营地）、草原型（甘南卓尼县大峪沟塔古滩自驾车营地）、小镇型（平凉中华崆峒古镇汽车露营地）、湿地型（高台黑河湿地公园房车营地）、农场型

（越国集团旗下永登开心农场自驾游营地）等诸多类型。从营地功能看，包含综合型房车自驾车露营地、单一型房车自驾车露营地和微营地，综合型营地含营位区、管理区、公共娱乐区和综合服务区（见图1），该类营地住宿、商务服务、娱乐区、运动区、补给区等基础和服务设施完备，公航旅·张掖国际露营基地即为此种类型。

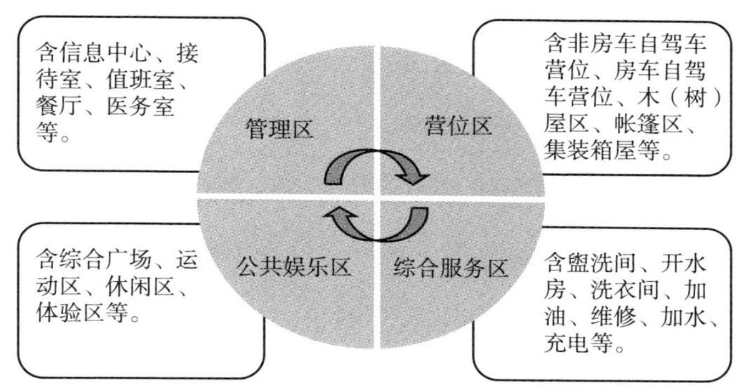

图1　甘肃房车自驾车综合型营地基本空间功能

3. 营地建设还面临系列问题

（1）建设内容单一，功能不完善。甘肃已建成运营的房车自驾车营地以停靠式为主，经营内容主要是营地营位出租、营地空闲场地出租、木屋出租、露营设施出租等，配备餐饮、住宿、购物、游乐、体验、康体等服务的综合型营地数量偏少。大部分营地位于经济发展和基础设施相对薄弱的村镇，供水供电、供暖通信、污水垃圾处理等设施配套不足，部分营地环境卫生状况不佳，远远不能满足游客对高品质自驾游的需求。

（2）发展滞后，地域分布不均衡。2021年公布的全国首批5C级（6家）、4C级（9家）自驾车旅居车营地名单，[①] 甘肃无一入围，说明甘肃房车自驾车营地建设还相对滞后。目前已建成运营的房车自驾车营地主要分布在河西走廊房车旅游带，而河西走廊又以张掖居多，陇东、陇南、甘南等文

① 《全国首批5C、4C级自驾车旅居车营地名单公布》，https：//baijiahao. baidu. com/s? id = 1688733153027616828。

化底蕴深厚、生态资源优良、草原风光迷人地区分布稀少，不利于打造特色房车自驾车旅游线路。

（3）休闲体验项目不足，经营效益不佳。大多数营地建设内容重复、产品体系创意不足，仍以传统的滑沙、滑草、蹦蹦床等游玩项目为主，缺乏创意性体验项目，旅游功能缺乏，收费性休闲娱乐项目吸引力不足。再加上处于起步阶段，管理处于探索阶段，多数营地经营效益不理想。部分营地受季节影响，只在夏秋营业，春冬基本处于停业状态，影响营地经营管理企业的资金回笼。

（二）甘肃房车自驾车旅游发展面临的问题

1. 房车自驾车旅游营销不够

甘肃的房车自驾车营地分布情况、营地设施建设情况、营地周边旅游点布局情况等与房车自驾车旅游发展息息相关的信息资料不足，游客出行前只能通过网络上的零星碎片化线索查找相关出行信息。现有关于房车自驾车营地建设和房车自驾车营地旅游的零星信息也大多是游客的见闻、攻略之类的，鲜见政府、企业的专题宣传。部分房车自驾车营地由于经营问题暂停营业，但游客无从查询相关信息，导致游客到了营地才发现无法正常使用，严重影响游客的满意度和甘肃旅游的美誉度。

2. 房车自驾车旅游引导服务缺失

完善的引导服务是房车自驾车旅游发展的基础，甘肃目前存在房车自驾车旅游集散服务中心、房车自驾车旅游租赁服务中心和房车自驾车旅游引导服务点缺失等多重问题，这些问题的存在直接导致落地自驾、异地还车、途中管理、目的地查找、应急管理等服务的缺位，从而直接影响房车自驾车游客的游玩体验。

3. 相关部门衔接不畅

房车自驾车旅游的发展涉及诸多领域，受众多因素影响（见图2）。对于一般游客而言，独特的旅游资源和新奇的游玩体验是目的地选择的主要因素。对房车自驾车游客而言，独特的旅游吸引物只是出行选择的因素之一，交通的完善程度、营地布局的科学性、营位数量是否充足、中转是否方便等都是必须考虑的因素。由于上位规划的缺失，景区建设部门、营地建设部门、交通建设部门等各自为政，相互之间缺乏衔接，导致房车自驾车游客出行面临的问题比一般游客更多更复杂，在一定程度上影响出行的选择。

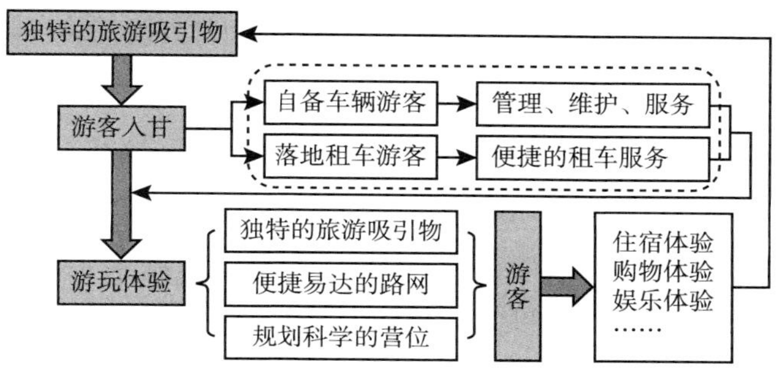

图 2　入甘房车自驾车游客旅游体验的影响因素分析

三　甘肃房车自驾车旅游 SWOT 分析

甘肃房车自驾车旅游的 SWOT 分析有助于厘清产业发展的优势、劣势和面临的竞争与威胁，对未来扬长避短、明确发展方向有重要意义（见图 3）。

（一）竞争优势（Strength）

1. 甘肃丝绸之路黄金段的地理区位为房车自驾车旅游发展提供了竞争优势

甘肃在地理区位上可以承东启西、南拓北展，“一带一路”建设实施以来，甘肃成为通往中亚、西亚和欧洲的重要交通节点。《新时代甘肃融入“一带一路”建设打造枢纽制高点实施方案》明确要把甘肃打造为“以兰州为中心，辐射西北、沟通西南、连接中西亚、联通东南亚的‘一带一路’西北陆海联动枢纽”，这一发展定位为甘肃房车自驾车旅游发展释放了空间。

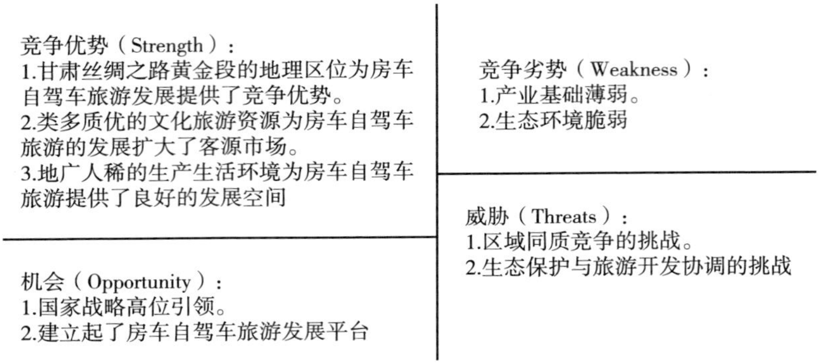

竞争优势（Strength）： 1.甘肃丝绸之路黄金段的地理区位为房车自驾车旅游发展提供了竞争优势。 2.类多质优的文化旅游资源为房车自驾车旅游的发展扩大了客源市场。 3.地广人稀的生产生活环境为房车自驾车旅游提供了良好的发展空间	竞争劣势（Weakness）： 1.产业基础薄弱。 2.生态环境脆弱
机会（Opportunity）： 1.国家战略高位引领。 2.建立起了房车自驾车旅游发展平台	威胁（Threats）： 1.区域同质竞争的挑战。 2.生态保护与旅游开发协调的挑战

图3 甘肃房车自驾车旅游SWOT分析

2. 类多质优的文化旅游资源为房车自驾车旅游的发展扩大了客源市场

甘肃旅游资源丰富，敦煌文化、长城文化、长征文化、民族民俗文化、石窟文化、黄河文化、航天文化等文化资源交错分布，沙漠、绿洲、草原、湿地、森林、冰川等自然景观星罗棋布，可以满足不同喜好的游客对高质量旅游体验的需求，为房车自驾车旅游吸引着数量庞大的游客群体。

3. 地广人稀的生产生活环境为房车自驾车旅游提供了良好的发展空间

房车自驾车营地建设对土地、生态、气候等因素要求较高，甘肃狭长的地形和多样的地貌为房车自驾车营地错位发展提供了空间，不同区域的特殊地域文化可以满足房车自驾车游客的个性化需求。同时，后疫情时代旅游消费的“小聚集、大空间”特征对旅游空间环境提供了较高的要求，甘肃地广人稀的生产生活环境恰恰可以满足游客的环境空间需求。

（二）竞争劣势(Weakness)

1. 产业基础薄弱

甘肃省房车自驾车产业起步较晚，受经济发展水平较低客观因素的制约，房车保有量较中东部地区低。房车自驾车露营地建设相对落后，旅游功能和配套服务尚不充分。

2. 生态环境脆弱

甘肃是生态环境敏感区和脆弱区，面临水土流失和植被退化的双重威胁。同时，甘肃极端气候事件多发，沙尘暴、极寒、干旱、大风、冰雹等极端气候对房车自驾车营地的技术要求较高，建设成本会相应增加。

（三）机会(Opportunity)

1. 国家战略高位引领

旅游高质量发展、旅游新业态、“旅游 + 交通”均是当前国家部署和实施的发展战略，在国家层面，先后出台《关于促进自驾车旅居车旅游发展的若干意见》《交通强国建设纲要》《关于进一步激发文化和旅游消费潜力的意见》，这些意见和纲要提出了解决房车自驾车旅游发展的政策指引，一系列营地建设相关规范、标准的出台也为房车自驾车营地建设提供了标准。

2. 建立起了房车自驾车旅游发展平台

甘肃连续举办了 4 届丝绸之路（嘉峪关）国际房车博览会不仅为房车自驾车生产企业和消费者搭建起沟通的桥梁，还进一步推动房车制造与旅游、房车制造与消费等全产业链的融合发展。2017 年成立的甘肃省自驾车运动协会有力地促进了甘肃自驾车与体育旅游的融合，拓展了房车自驾车旅游的体育功能。

（四）威胁(Threats)

1. 区域同质竞争的挑战

西北地区自然景观相似，人文景观雷同，房车自驾车旅游发展有一定的趋同性，同质化竞争强，这对甘肃房车自驾车旅游产品设计、发展理念、错位开发、市场互补和规划布局等方面提出了更高的要求和新的挑战，房车自驾车旅游的品质与服务竞争将会愈加突出。

2. 生态保护与旅游开发协调的挑战

甘肃气候干旱，降水季节分布不均，降水量少，森林覆盖率低，河西地区土地沙漠化和河东水土流失现象严重。高级别的旅游资源分布地和生态环境脆弱区高度重叠，富有特色的绿洲、丹霞、湿地资源具有较强的市场竞争力，同时，这些地区也是生态脆弱区，生态保护与旅游协调开发的难度大。

四　甘肃房车自驾车旅游创新发展对策建议

（一）加强房车自驾车产业发展的规划引领

功能完善、运营环境优良的房车自驾车营地对选址要求较高，既要考虑用地成本、生态环境影响、外部交通便利度、目标客源距离，还要综合考虑客源的个性化需求。若无法与周边的营地互补互促，就无法形成规模效益，无法充分释放社会效益和经济效益。因此，做好房车自驾车营地中长期规划尤为重要，在规划过程中，既可以与全省的用地、旅游、交通、商贸、产业发展等规划有效衔接，又可以通过市场调研与周边省区错位发展，有效弱化竞争，有利于在全省范围内构建营地网络，形成全省构建格局、区域形成网络、各地打造重点、节点体现特点的房车自驾车发展体系，有计划、有步骤、有重点地分批推进，打造一个成功一个，运营一个成熟一个。

（二）优化房车自驾车营地的空间布局

在完善已建成房车自驾车营地设施服务功能的基础上，参照房车自驾车营地建设相关标准和规范，统筹考虑甘肃地形地貌、气候水文、文化旅游景区分布、特色小镇发展等因素，按照产业互补、供需对接原则，做大河西走廊房车自驾车旅游带，将其打造为“一带一路”房车自驾车旅游核心地段，做强陇中黄河风情房车自驾车旅游线，做精甘南草原风光、陇南山水风光和房车自驾车旅游线，构建以河西走廊、陇中河谷为主轴，以高速公路、国道、高等级旅游干线为纽带，以“城郊＋营地”“景区＋营地”“特色小镇＋营地”“服务区＋营地”为抓手，以河西走廊独特山岳绿洲风光、陇中黄河滨水风情、陇南康养温泉、甘南草原风光、陇东黄土风情为特色，打造以山岳型、绿洲型、滨水型、温泉型、沙漠型、城郊型、村镇型为主的营地设施，优化房车自驾车营地布局。

（三）加强与邻近省区的区域合作

积极协调邻近相关省区，推动成立西北五省区、沿黄九省区、“三区三州”自驾游联盟或自驾游俱乐部，通过定期召开论坛、相互观摩、打造联票等形式，统筹各省区房车自驾车旅游资源，深化营地布局、营地建设、自驾游专题线路、自驾游保障服务、自驾游服务人才等之间的合作，打造统一的联盟（俱乐部）标识，形成资源相连、区域相通、共建共享的发展氛围，最大限度地创造自驾游联盟（俱乐部）的社会效益和经济效益，深化西北自驾游品牌的国际国内影响力。

（四）推动房车自驾车产业链多元化延伸

完善配套设施建设，重视国、省主干道和已建成营地间的通达性建设，科学规划沿途停车区和观景平台建设。在兰州、天水、张掖等核心节点配备房车自驾车旅游服务中心，保障服务中心的停车场、加油站、维修站、供水设施、充电设施和排污设施的配套。放开房车自驾车租赁企业的经营范围、简化审批手续，鼓励发展房车自驾车租赁业务，对开展异地还车企业给予资金或政策支持。支持本地现有车辆租赁企业延伸经营范围，紧跟消费热点，积极开展房车自驾车租赁。引导建立房车自驾车资讯类门户网站、全产业链网络平台和房车租赁网络平台。

（五）做好房车自驾车营地基础和服务提升

积极发挥政府资金的引导作用，以企业为经营主体，鼓励社会资本积极参与房车自驾车营地建设和经营。支持吉利汽车兰州制造基地延链补链，向房车自驾车营地建设、经营和服务辐射。采取政府补贴、企业或社会资本经营的模式在各市州新建或改建数量适中、满足需要的自驾车停车场，疏通自驾车平时停车难的堵点。鼓励和支持省内现有房车自驾车营地积极提升，争创星级营地。引导和支持各类房车自驾车俱乐部、车友会等开展活动丰富、类型多样的自驾运动，打造一批以运动休闲、户外体验为主的社会组织，发挥社会组织在理念转变、氛围营造、活动组织、消费服务等方面的引领作用。

（六）积极打造本土房车自驾车营地品牌

积极对接陕西、新疆和青海，做精丝绸之路经济带甘肃段房车自驾车旅游线，做强与周边省区连接的自驾游精品线路，依托精品线路连接汽车自驾运动营地，拓展营地运动功能。完善赛事体系，用好省内现有房车自驾车赛事品牌，通过媒体精投、事件引爆、网络助力等多种途径，推动现有赛事品牌国际化。通过政府与协会的深度合作，推动专业性赛事和协会赛事有效衔接。引进1~2家口碑好、设施精、服务优、影响大的房车自驾车营地品牌。大力实施品牌战略，推动开展营地星级评定，通过政策、资金等支持省内自驾车营地创建本土品牌，引导公航旅房车自驾车营地深挖营地文化内涵、完善营标、创作营歌、打造特色，做强营地品牌。

（七）做好房车自驾车旅游发展的人才储备

房车自驾车营地运营人才、房车自驾车旅游推广人才和房车自驾车俱乐部管理人才将是未来一段时间内各地人才大战的焦点，及早重视房车自驾车旅游发展专业人才的引进和培养对推动房车自驾车旅游发展意义重大。由于房车自驾车旅游在中国兴起时间不长，相关高等学校人才培养的专业稀缺，必然导致人才供给不足，甘肃目前欠发达的经济发展水平对引进人才吸引力不大，及早动手定向培养本地所需专业人才成为首选。依托目前省内高校体育管理、旅游管理、交通管理等相关院校，择机开设房车自驾车旅游、营地建设、户外旅游等相关专业或专题培训班，为房车自驾车旅游发展提供人才储备。

（八）推动房车自驾车旅游服务智能化

服务智能化既要体现营地管理智慧化，也要体现旅游服务智能化。推动营地网络查询、门禁与票务、引导服务系统、预定与支付、智能停车、智能广播、智能 WiFi 管理等智能化发展。紧盯出游前信息获取、营地查询、落地租车等旅游服务环节信息化建设，加强旅游中的信息化服务和个性化服务打造，做好游客旅游结束后的旅游感知和评价系统信息化建设，确保游前、游中、游后服务不脱节。

参考文献

汪怡辰：《供需均衡视角下云南自驾车旅游营地建设研究》，云南大学硕士学位论文，2018。

王琳、唐建：《中国房车营地现状分析与对策研究》，《建筑与文化》2014 年第 5 期。

王琳：《基于共享发展理念的房车营地营建策略研究》，大连理工大学博士学位论文，2020。

李宋丹：《丝绸之路甘肃段自驾车旅游营地的选址与实证——以甘肃省 4A 级以上景区为例》，西北师范大学硕士学位论文，2019。

杨瑾：《河南自驾车旅游营地开发研究》，郑州大学硕士学位论文，2015。

杨欢：《重庆市自驾车营地建设研究》，重庆交通大学硕士学位论文，2017。

邹统钎：《旅游汽车租赁业：运营方式、发展问题与对策》，《旅游学刊》2015 年第 1 期。

卢松、吉慧、蔡云峰：《黄山市自驾车入游流旅行空间行为研究》，《地理研究》2013 年第 1 期。

B.12
甘肃研学旅行创新发展研究

谢 羽 吴永伟*

摘 要： 研学旅行是研究性学习和旅行体验相结合的活动，引起了社会各界的充分关注。近年来，甘肃省积极探索，研学旅行的参与群体逐渐扩大，并依托资源优势推出一系列研学产品，政策保障力度也在逐年加大。本文结合甘肃省研学旅行的现状，提出了需要加强统筹协调形成社会合力、进一步优化和丰富研学旅行课程、打造研学IP、强化研学人才队伍建设等手段，以“研学+”形成甘肃旅游新的增长点。

关键词： 研学旅行 文化旅游 甘肃

研学旅行又称为研学旅游、修学旅行、教育旅游、游学、研学实践等。近两年的新冠肺炎疫情，对旅游业发展产生明显影响，但研学类旅游产品异军突起。携程旅行数据显示，2021年暑期研学游人数同比增长超650%，亲子游订单中研学类产品订单占比近七成。[①] 从近几年甘肃省研学旅行实施情况来看，研学旅行的参与群体扩大，政策保障力度也在逐年加大。研学旅行既包括夏令营、冬令营、中小学春游秋游和大学生专业认知实习、暑期调研等校外实践教育活动，也包括其他年龄阶段人群以研究、学习或实践为目的

---

* 谢羽，甘肃省社会科学院丝绸之路研究所副研究员，主要研究方向为社会史；吴永伟，甘肃省平凉一中教师。

① 陶稳：《研学游走俏，服务标准要跟上》，《工人日报》2021年9月28日。

而进行的旅游活动。[①]

下面主要围绕甘肃研学旅行的现状、问题，探索促进研学旅行更好发展的对策展开论述。

一 甘肃研学旅行发展现状

（一）各部门积极探索实践

2017 年，甘肃出台了《关于开展中小学生研学旅行工作的实施意见》，成立由甘肃省教育厅牵头，财政、文化、旅游、共青团和铁路局等相关部门共同组成的甘肃省中小学生研学旅行工作协调小组。

2018 年，甘肃省委、省政府出台的《关于加快建设旅游强省的意见》中，把研学旅行、夏令营、冬令营纳入学生综合素质教育范畴，重点打造 10 个国家级研学旅游目的地和示范基地。[②]

甘肃研学旅行与营地教育资源交流会于 2018 年 7 月 1 日在甘肃公航旅·张掖国际露营基地落下帷幕。交流会上，还展示了甘肃 14 地州市研学资源，以及非遗民俗优质资源。

2020 年 12 月 3 日，甘肃省第十三届人民代表大会常务委员会第二十次会议通过《甘肃省中小学校安全条例》，学校组织学生参加研学旅行、春（秋）游、夏（冬）令营等集体外出活动前，应当自行开展安全风险评估，制定安全方案和应急预案，提前拟订活动计划报主管部门备案，并做好学生安全教育，保障学生安全。[③] 目前，研学实践教育营地和基地建设取得阶段性成效，张掖市和兰州市示范性综合实践基地被列为“全国中小学生研学

① 周志宏、禹文婷：《研学旅行概念辨析及研究进展》，《中南林业科技大学学报》（社会科学版）2020 年第 2 期。

② 王有龙、杨育红：《研学旅行正当时》，http：//wlt. gansu. gov. cn/wlt/c108606/202104/594ec7613613409fa0e84de33264d441. shtml。

③ 《甘肃省中小学校安全条例》，http：//jyt. gansu. gov. cn/jyt/c107305/201306/cd62d416b1f949c7a848ef7391926be1. shtml。

实践教育营地”，会宁县、西峰区、临夏市、永昌县青少年校外活动中心和甘肃省博物馆等 10 个单位被评为“全国中小学生研学实践教育基地”。目前，甘肃省积极全力支持沿黄河流域 9 省区成立黄河流域研学联盟，为跨区域研学提供保障。

2021 年，甘肃省河西五市旅游联盟联席会暨研学旅行资源链接会在甘肃省嘉峪关市召开。河西五市武威、金昌、张掖、酒泉、嘉峪关分别推介研学旅行产品，分享研学旅行经验。《河西五市旅游联盟嘉峪关宣言》《加快推动河西走廊研学旅游联动发展框架协议》《研学旅游战略合作框架协议》正式签署。河西五市将合理有效链接资源、优化整合特色资源、设计研学旅行线路，促进联盟成员市县在研学旅游方面协同合作、互惠互利，共同促进研学旅行的发展。

（二）参与群体扩大

甘肃省的研学旅行参与群体除了中小学生，还有大学生的校外实践教育活动，以及其他年龄阶段人群的参与。

2017 年 5 月 13 日，酒泉职业技术学院党委组织师生赴酒泉卫星发射中心，开展“走进神舟故乡·感受航天精神”爱国主义研学教育活动。[①]

西北师范大学敦煌学院 2020 届新生走进位于敦煌市的“莫高里工匠村”，开展以敦煌文化与农耕文化为主题的研学活动，了解敦煌非物质文化遗产保护与传承现状，领略敦煌文化的魅力风采，探寻敦煌工匠精神。敦煌书法、篆刻、剪纸、花砖、土法酿酒、曲子戏等均已入住“莫高里工匠村”非物质文化遗产坊。西北师范大学敦煌学院与“莫高里工匠村”已经建立了长效协同创新合作机制，今后将进一步增加沟通交流共同探索敦煌文化传承新路径。[②]

---

① 《酒泉职业技术学院开展爱国主义研学教育活动》，http：//jyt. gansu. gov. cn/jyt/c107256/202106/549264f3e0584057a9f570cc6ab72863. shtml。

② 《研学敦煌 大学新生“触摸”工匠精神》，http：//jyt. gansu. gov. cn/jyt/c107256/202106/cf3b5148b365495189dbb1ba400dbff0. shtml。

2020 年 9 月 15 日，由敦煌研究院特聘研究员、青年学者邵学成老师带队“国宝”石窟守护人计划研学考察团成员及北石窟全体职工一行 40 余人，到平凉市华亭市博物馆开展佛教石窟艺术研学旅行活动。此次活动，以古丝绸之路为主线，以石窟寺遗址为载体，以“研学模式”为主要方式，以弘扬优秀传统文化为主要目标。①

为迎接建党 100 周年，平凉市结合党史红色研学，推出了泾川吴焕先烈士纪念馆等 10 个党史研学“教学点”、吴焕先烈士纪念馆党史研学线等 7 条“研学线”。甘肃省委宣传部、省委教育工委于 2021 年 4 月 15 日启动为期 5 天的全省大中小学思政课教师“线下重走长征路”实践研学活动。本次研学活动按照红军长征甘肃段路线，分别由天水师范学院、陇东学院、河西学院三所高校具体牵头组织，全省 14 市州（含兰州新区）教育部门和 30 所高校选派 142 名优秀思政课教师参加。研学期间，全省大中小学思政课教师分为陇东南片区、陇东片区和河西片区，前往陇南、甘南、庆阳、张掖，在哈达铺、腊子口、南梁等处的红色纪念馆实地参观，以“长征路上的思政课”为主题开展现场教学，聆听老革命口述红色故事、同上一堂党史课等，并以研讨会和论坛的形式剖析研讨、总结成果。②

2021 年 6 月 4 日，兰州大学文学院党委和社科处党支部组织师生党员赴哈达铺、腊子口等地，联合开展党史学习教育实地研学活动。在讲解员的带领下，师生党员仔细聆听讲解、观看实物资料，了解红色历史故事，重温了革命先烈的革命事迹和艰苦奋斗的革命历程，接受了一次深刻而生动的党性教育。③

---

① 梁艳：《“国宝”石窟守护人计划公益项目研学考察团赴平凉华亭市博物馆开展研学旅行活动》，http://wlt.gansu.gov.cn/wlt/c108561/202104/09372d871e2c46cc827ea16a6bddf46f.shtml。

② 《甘肃将启动“线下重走长征路”实践研学活动》，http://jyt.gansu.gov.cn/jyt/c107259/201306/55bff6591fb44c9eb3c1c82f2bb6dc48.shtml。

③ 《文学院党委和社科处党支部联合开展党史学习教育实地研学活动》，http://news.lzu.edu.cn/c/202106/79852.html。

（三）相关研学旅行产品的推出

甘肃历史文化悠久深厚、自然生态绚丽多姿、民族风情浓郁多彩，是研学旅行的资源富矿，具有开展研学旅行的条件。依托资源禀赋，已相继推出一系列研学旅行产品。

甘肃省红色研学旅游产品以“红色文化+旅游”为切入点，推出了以红色高台、红色南梁、红色会宁为核心，融实践性、体验性为一体的红色研学产品线路，红色研学产品华池“红色南梁”、两当“播撒火种”、腊子口“攻克天险”、会宁“胜利会师”、高台“祁连壮歌”等品牌深入人心。随着研学旅行的发展，游客人数迅猛增长。据统计，2018年上半年，南梁红色旅游景区共接待游客78万人次，其中来自陇东学院和其他中小学的学生人数接近20万，有力带动了周边地区酒店、宾馆及餐饮业发展。

甘肃红色旅游资源丰富，且大多分布在乡村地区。以红色教育为载体的研学旅行发展，将带动乡村旅游发展。位于甘肃会宁县党家岘乡的五七农场红色旅游生态基地，集红色教育、休闲娱乐、绿色观光于一体，是美丽乡村旅游地、综合农业园区及爱国主义教育研学基地。

2017年底，玉门市教育局率先在全市开启中小学研学旅行活动。依托玉门市自然、历史、地理、人文、科技等乡土特色，积极开发研学旅行活动课程，充分挖掘“铁人文化”“企业文化”“乡土特色”“红色旅游基地”等本土资源，就近开展多种形式的研学旅行活动，建设具有良好示范带动作用的研学旅行基地。①

武威历史悠久，文化底蕴丰厚，五凉文化、佛教文化、西夏文化、民俗文化交相辉映，自然景观多姿多彩。现有全国重点文物保护单位12处，其中国家4A级景区5处。雷台、西夏碑、文庙、天梯山石窟、白塔寺、鸠摩罗什寺等文物古迹众多，大漠风光、森林公园、湿地草原、奇山峻岭等自然

① 《玉门市：研学旅行开启教育新模式》，http：//jyt.gansu.gov.cn/jyt/c107257/201306/7bdb85d6f40f4bff8ca53268b3269d66.shtml。

景观并存，还有藏土风情、葡萄酒城、红色旅游等。依托武威文化旅游资源，武威市文体广电和旅游局、市文旅集团牵头整合资源，持续狠抓营销，开发了 2 条研学游线和多种研学体验项目，并推出了合作优惠政策。①

嘉峪关位于河西走廊中段偏西的位置，是丝路与长城交汇之地，拥有全国首批工业旅游示范地、长城沿线第一座专题性长城博物馆、西部最大的城市博物馆和戈壁石艺画艺术创作体验基地等，依托资源嘉峪关推出了丝路长城文化研学产品。与此同时，嘉峪关还推出了“钢铁是这样炼成的”工业研学产品。让游客乘着嘉镜线绿皮火车，开启通往镜铁山矿的秘境之旅，进入镜铁山矿参观学习，了解“一五”时期酒钢发展历程，践行“铁山精神”，培育开发“可读、可感、可参与”的特色研学旅行产品。

敦煌市依托莫高窟、鸣沙山·月牙泉、两关遗址、雅丹地貌等文化自然资源，量身定制打造不同形式的敦煌研学专题，研学产品推出了“九色鹿星空”“阳关壮别”“汉简学堂”“雅丹地质”“戈壁徒步”“民俗体验”等独具敦煌特色的研学产品。

（四）旅行企业和多部门跟进

多家旅游企业，纷纷跟进和开发研学相关产品。甘肃兰神国际旅行联合成立了鸿鹄研学教育科技有限公司，目前主推鸿鹄丝路梦·古今双飞天主题研学产品，“敦煌莫高窟”“酒泉航天城”等已发展成熟。甘肃康辉旅行社主推“河西·行知丝路成长感悟研学”“跟着大师画唐卡艺术研学”“奇趣自然·植物课堂研学”“做客臧家·公益甘南藏文化深度体验研学”等课程。②

2016 年，众程国旅推出了“鸿鹄丝路梦—古今飞天研学成长营”“鸿鹄丝路梦—航天研学成长营”两个研学旅游产品，弘扬“两弹一星”精神、

① 《武威市启动十万学子研学旅行活动》，http：//wlt. gansu. gov. cn/wlt/c108542/202104/689767b994fc42e3bbaf55411cd07b87. shtml。

② 王有龙、杨育红：《研学旅行正当时》，http：//wlt. gansu. gov. cn/wlt/c108606/202104/594ec7613613409fa0e84de33264d441. shtml。

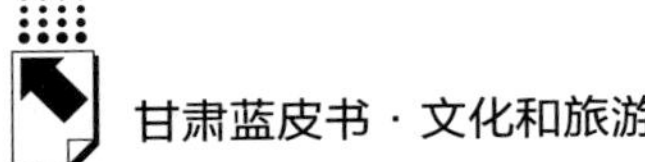

载人航天精神和“东风精神”，树立大国自信。2017 年底，众程国旅研发推出“鸿鹄研学”系列研学产品，包括了农业、工业、科普、传统文化、考古、经济、自然、军事、体验、红色教育、素质拓展、公益等 12 大类，包括“气象万万千”“我的老师是孔子”“博物馆里宝贝多”等 40 个研学产品。

甘肃读者集团依托甘肃丰富的文化教育资源，采用“研学点参观 + 营地研学课件 + 特色研学课程”的体验式教育模式，定制了中小学研学课程。其中，“我的家乡在美丽兰州”系列研学产品之“品读金城故事，赏行黄河之都”，以兰州的 3 张名片“一本书、一碗面、一条河”为研学点展开。①

2018 年 6 月 12 日 21 时 44 分，Y701 次“环西部火车游”列车在兰州车站鸣笛启程，向着甘肃河西走廊一路驶去，开行的这趟列车是全国首列“研学旅行专列”，满载着兰州市五十四中的 550 名师生，开启了为期三天的研学之旅。此次“环西部火车游美丽铁路”研学旅行专列，为确保研学专列高品质开行，研学旅行项目还邀请了甘肃省教育专家、学校教师以及旅游、文化等方面的专业人士，参与研学方案的编订。研学旅途中，在提供高品质列车旅途、住宿、餐饮、授课、青年志愿者接送站引导等后勤服务的同时，增加了“安全小卫士实践”“铁路研学之星评选”“丈量长城”“寻找传说”“美丽铁路随手拍”“旅途短视频征集”“美丽铁路征文”等丰富多彩的特色活动，让研学旅行体验更加美好。此次搭乘“环西部火车游”专列的研学之旅，是铁路部门主动对接市场需求、深度挖掘市场潜力、积极探索多元合作的一次全新尝试，也是助力铁路新市场开发的生动实践。②

“双减”后，其他领域的企业也将进入研学旅行行业，在加大竞争的同时，也会倒逼整个研学行业转型、提升，诞生新的商业形态、引入新的研学元素、实现不同领域的跨界合作、诞生新的研学职业。整个行业的产业链将

---

① 王永东：《研学旅行成甘肃旅游新增长点》，http://wlt.gansu.gov.cn/wlt/c108541/202104/5eb360cffe784d57a90826e4755c4274.shtml。

② 《全国首列“研学旅行专列”兰州启程》，http://wlt.gansu.gov.cn/wlt/c108541/202104/6cb2bacf61674a3a93efa5bcc2c18460.shtml。

进一步优化升级，分工更加精细，服务更加优质。研学旅行或许会迎来长足的发展，同样也会由于融合了更多领域的新元素而进入新发展阶段。①

二 甘肃省研学旅行发展存在的主要问题

近年来，甘肃依托自然资源禀赋和历史文化遗存，充分利用研学基地，打造了一批研学产品，研学旅行成为甘肃旅游的一个新亮点。但是，研学活动的发展在甘肃省起步不久，还有许多不尽如人意的方面亟待完善。

（一）研学旅行重要价值认知不足

甘肃省研学旅行活动的开展，基地条件和社会支持并未达到应有的程度。在实践过程中，一些学校只是将研学旅行简单地作为一种综合实践活动，甚至完全等同于综合实践活动的内容与形式，并未将研学旅行的基本理念与目标渗透到研学旅行的活动中。到目前为止研学旅行行业内部还没有形成一套健全的行业标准，研学旅行的准入门槛、退出机制以及评价准则亟待完善。

（二）研学旅行发展保障条件不健全

研学旅行的开展需要社会各方面对其提供相应的保障，在实施的过程中涉及旅游、财政、文化、交通、旅游等相关部门，面对的头绪多、任务重、责任大。但是，各部门对于研学旅行的工作相对独立，没有相互协调贯通，降低了研学旅行质量和效果，让研学旅行活动开展难度升级。研学旅行活动从设计模型到开展实施再到全面评价，还需要专业的团队，由专业的工作人员组成的研学旅行活动团队共同承担责任。

（三）综合型研学旅行导师欠缺

研学旅行的内涵决定其是一个需要花费大量时间和精力的活动，专业

① 刘妮丽：《“双减”倒逼研学旅行市场走向何方》，《中国文化报》2021 年 9 月 25 日。

的、优秀的研学导师，对于研学旅行的开展具有重要作用。研学旅行的相关活动较多，需要研学旅行导师有良好的协调能力。但在实际工作中，很多研学导师不具备较强的沟通能力。很多导师仅限于自己所熟悉的领域，对于一些专业性强的领域不了解。

（四）研学旅行主题和形式比较单一

目前甘肃省研学旅行产品主要是以红色研学、爱国主义教育、科学普及为主，可供选择的路线较少，主题和形式也比较单一。比如，河西走廊研学旅行产品设计的课程，安排了历史文化、地质学、天文学及爱国主义教育，内容庞杂，缺乏深度。研学过程中以参观为主，互动较少，不能真正满足研学实际需求。在景区游览方面，聘请的讲解员多数只会按部就班地讲解，趣味性弱。比如酒泉卫星发射基地“爱国＋科学类”研学旅行产品，不难发现，体验活动较少，认真研究的时间更少。

三　进一步推动研学旅行发展的对策建议

目前，甘肃省积极提倡开展研学旅行，可以预见，在政策保障、企业规范等多方共同协作下，研学旅行活动一定会成为甘肃省旅游的新增长点。为了进一步提升和发展甘肃的研学旅行，我们提出如下建议。

（一）完善相关制度机制，加强研学旅行监管与保障

研学旅行需要政府给予相关政策支持和引导，不断完善优化相关政策制度，并对市场加强监管。推动社会资本参与进来，并同时给予相关研学机构、研学基地一定的政策支持。根据研学旅行的发展不断完善相适应的法规政策，不断规范研学旅行的实施流程，为研学旅行更好、有序、健康发展保驾护航。有了政府政策支持，还要有更为专业的部门对研学旅行活动进行管理、监督和指导。成立一个专门对研学旅行进行研究的协会，研究人员不定期对社会研学旅行人员或当地人员进行调查分析，为社会各界不

断提供有效信息，并定时开展咨询服务，为研学旅行进行科学化的管理提供保障。

（二）优化和丰富研学旅行产品，打造甘肃研学旅行 IP

在研学旅行产品设计方面，首先，整合现有研学旅行资源，丰富研学旅游产品。设计复合型的研学旅行产品，如在选择临夏研学线路时，可以把八坊十三巷与桑科草原相结合，既了解回族的人文风俗、信仰，又领略了自然风光。如在酒泉卫星发射中心的研学，可以把科学类研学与爱国主义教育研学相结合。其次，增加研学旅行产品的体验性和趣味性。在研学地点，要聘请有经验、具有趣味性的讲解员。还可以运用“知识竞答，猜谜语，你是讲解员”等形式，从而达到更好的研学效果。最后，打造甘肃研学旅行 IP。加强统筹协调形成社会合力，以不同的方式推介甘肃精品研学旅行线路，进一步优化和丰富研学旅行课程，邀请目标客群实地体验甘肃研学魅力，打造甘肃研学旅行 IP，形成甘肃旅游的新增长点。

（三）重视专业人才培养，推动研学旅行高质量发展

首先，研学旅行需要专业人才，对于一些专业性较强较深的知识领域，如生物学领域、天文学领域、声学领域、古建筑领域、地质学领域、高科技领域等，要不断地加强专业人才培养。提高研学基地导师的综合素质。其次，研学旅行相关企业要加强对研学基地导师的培训，以提升研学基地导师的文化素质。研学旅行导师要有丰富的专业学识与生动的讲解技巧，导师所讲内容要具有趣味性。导师的动手能力及洞察能力也是吸引参加研学旅行群体的重要因素。

（四）打造知名品牌，提高全省研学旅行消费水平

首先，以内涵来提升研学旅行产品品质，要加强与知名文化企业的合作，推出一批有文化底蕴和时代精神的高品质研学旅行商品。其次，要串联经典旅行线路与研学旅行产品，开发“环西部火车游”主题线路，将西北

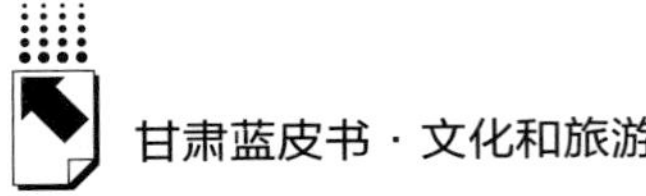

游与研学游打造成西北交通旅游消费独特的场景体验。最后，延长研学旅行产业链条，研学产品覆盖全年龄层，大力释放多元化品牌效应，吸引更多游客到甘肃旅游。

（五）创新“研学旅行＋”模式，丰富文化旅游新业态

推出“研学旅行＋”模式，培育旅游消费新热点，全面提升研学旅行，使其成为甘肃旅游新的增长点。“研学旅行＋文化”深度融合，实现甘肃省文化旅游资源优势向产业优势转化，形成“研学旅行＋边塞文化”“研学旅行＋敦煌文化”等精品线路。“研学旅行＋户外运动”，重走红军长征路，长城线路烽燧墩台徒步行，河西走廊穿越行等。“研学旅行＋科技教育”，充分发挥中国酒泉卫星发射中心“全国研学旅游示范基地”辐射带动作用，通过定期举办走进航天城、暑假亲子游等多项活动大力开发旅游研学产品，营造科技旅游新氛围。“研学旅行＋红色教育”，南梁革命根据地、甘南州迭部县俄界会议旧址和茨日那毛主席旧居、白银市会宁县红军长征会师旧址等红色旅游经典景区，与研学旅行相结合，将成为甘肃省旅游新的消费热点。

（六）加大市场宣传推广力度，提升甘肃研学旅行美誉度

首先，进行“研学旅”数字建设，创建研学旅行景区门户网站、手机智能终端 App、虚拟研学旅体验中心等。其次，结合微信公众号、抖音等新媒体平台进行宣传，针对不同群体和主题，形成线上宣传、数据积累、线下产品更新。再次，加强与旅行社、研学服务公司、旅行商的合作，积极进行省内外研学市场推广。最后，积极参与各类研学产品推介会及研学论坛，加深与同行业的沟通交流，提升甘肃研学市场知名度及产品影响力。

参考文献

周志宏、禹文婷：《研学旅行概念辨析及研究进展》，《中南林业科技大学学报》

（社会科学版）2020 年第 2 期。

陈素平、梅雨晴：《近 20 年我国研学旅游研究综述》，《湖南工程学院学报》（社会科学版）2017 年第 3 期。

李军：《近五年来国内研学旅行研究述评》，《北京教育学院学报》2017 年第 6 期。

刘妮丽：《“双减”倒逼研学旅行市场走向何方》，《中国文化报》2021 年 9 月 25 日。

展 望 篇

Prospect Reports

B.13 甘肃旅游高质量发展分析与展望

金 蓉*

摘 要： 旅游高质量发展是实现甘肃经济社会高质量发展的现实需求。从现状看，甘肃旅游高质量发展的体制机制趋于完善、产业要素日益增强、旅游服务更加优化、产业效应持续放大，但旅游产品竞争力不强、旅游产业融合度低、旅游创新不足和基础设施短板等制约甘肃旅游高质量发展的因素依然存在，甘肃旅游高质量发展的机遇和挑战并存。建议甘肃紧抓机遇，主动迎接挑战，尽快补齐基础设施短板，做大做强市场主体，积极创新发展旅游新业态，大力实施旅游标志性项目建设，提升服务质量和体验品质，持续激发旅游消费潜力，推动旅游产业高质量发展。

关键词： 旅游 高质量发展 甘肃

* 金蓉，甘肃省社会科学院副研究员，主要研究方向为区域文化与旅游产业规划。

2017年，党的十九次全国代表大会首次提出“高质量发展”这一概念，预示着中国经济开始由高速发展向高质量发展转变。此后，关于高质量发展的相关研究在各领域展开，中国旅游产业也从重视发展速度向重视发展质量转变，国内学者就高质量发展的内涵与路径①、乡村旅游高质量发展②、红色旅游高质量发展③、旅游高质量发展的指标体系④、旅游高质量发展的行动逻辑框架⑤等方面展开探讨。“2020《旅游学刊》中国旅游研究年会”以“中国旅游高质量发展与社会福祉”为主题，剖析中国旅游高质量发展路径和社会福祉问题，为中国旅游业高质量发展出谋划策。⑥ 在学者们就旅游高质量发展如火如荼展开讨论的同时，文旅部、国家发改委等部门也就旅游高质量发展出台了系列措施，贵州省、浙江省、河北省、山东省、广西壮族自治区等地方政府也通过规划、实施意见、通知、工作方案等不同形式出台了地方性的促进旅游高质量发展相关政策（见表1）。学界和政界的合力，逐渐厘清了旅游高质量发展的制度框架和实践路径（见图1）。

伴随着中国旅游经济的日益繁荣，甘肃旅游业也步入发展的快车道，“十三五”时期，甘肃共接待游客13.2亿人次，实现旅游收入8995亿元，分别较“十二五”时期增长153.5%和182.8%，两项指标年均增长率均为25%以上，文化旅游产业已成为全省十大生态产业的首位产业和国民经济的支柱产业。⑦ 随着国家全面小康社会的建成，人民群众对高质量的生活需求

---

① 侯兵、杨君、余凤龙：《面向高质量发展的文化和旅游深度融合：内涵、动因与机制》，《商业经济与管理》2020年第10期。

② 于法稳、黄鑫、岳会：《乡村旅游高质量发展：内涵特征、关键问题及对策建议》，《中国农村经济》2020年第8期。

③ 宋昌耀、厉新建、张琪：《红色旅游的高质量发展》，《旅游学刊》2021年第6期。

④ 唐业喜、左鑫、伍招妃等：《旅游经济高质量发展评价指标体系构建与实证——以湖南省为例》，《资源开发与市场》2021年第6期。

⑤ 刘英基、韩元军：《要素结构变动、制度环境与旅游经济高质量发展》，《旅游学刊》2020年第3期。

⑥ 宋志伟、刘鲁、郭秋琪等：《中国旅游高质量发展与社会福祉——2020〈旅游学刊〉中国旅游研究年会会议综述》，《旅游学刊》2020年第12期。

⑦ 《甘肃省“十三五”时期文化旅游业发展综述》，https://www.thepaper.cn/newsDetail_forward_10971630。

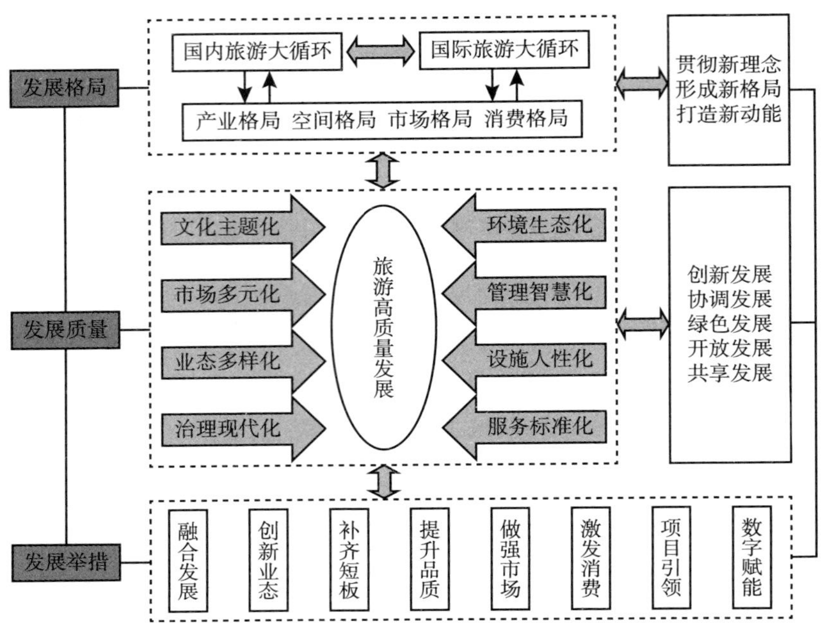

图 1　旅游高质量发展的多维协同机制

旺盛，休闲娱乐、健康养生、体育旅游等特色旅游迎来发展的黄金期。然而，甘肃旅游经济依然存在产品创新不足、产业升级缓慢等问题。如何推动旅游经济实现总量扩张与质量效益双提升，如何实现旅游要素禀赋向现代经济体系转化，已成为甘肃旅游业发展亟待解决的现实问题。

表 1　国家部门及部分省区市出台的关于旅游高质量发展的政策措施举隅

时间	地区或机构	政策名称
2018 年 12 月	河北省	《河北省旅游高质量发展规划(2018 ~ 2025 年》
2021 年 5 月	文旅部	《关于加强旅游服务质量监管 提升旅游服务质量的指导意见》
2019 年 11 月	广西	《关于加快文化旅游产业高质量发展的意见》
2020 年 4 月	浙江省	《全域旅游高质量发展行动 2020 年工作方案》
2020 年 11 月	国家	《关于深化“互联网 + 旅游”推动旅游业高质量发展的意见》
2020 年 11 月	广西钦州	《关于促进乡村旅游高质量发展若干措施的通知》
2020 年 12 月	广西	《关于促进乡村旅游高质量发展若干措施的通知》
2021 年 1 月	浙江丽水	《关于推动生态旅游业高质量发展的若干意见》

续表

时间	地区或机构	政策名称
2021 年 1 月	贵州省	《关于推动旅游业高质量发展 加快旅游产业化建设多彩贵州旅游强省的意见》
2021 年 2 月	山东省	《关于促进文化和旅游产业高质量发展的若干措施的通知》
2021 年 6 月	吉林省	《关于推进乡村旅游高质量发展的实施意见》
2021 年 6 月	福建省	《关于促进旅游业高质量发展的意见》
2021 年 7 月	广东广州	《广州市促进文化和旅游产业高质量发展的若干措施》
2021 年 8 月	浙江省	《浙江省文化和旅游厅推进文化和旅游高质量发展 促进共同示范富裕区建设行动计划(2021～2025 年)》
2021 年 8 月	江西赣州	《江西省赣州市旅游产业高质量发展三年行动计划(2021～2023 年)》
2021 年 9 月	天津市	《天津市“十四五”时期推进旅游业高质量发展行动方案》

资料来源：根据网络公开资料整理。

一　甘肃旅游高质量发展基础分析

甘肃旅游经过近几年的提质增效，呈现市场多元化、业态多样化、治理现代化、管理智慧化的特征，具备了旅游高质量发展的产业基础。

（一）数字文旅建设成就为甘肃旅游高质量发展培育了新动能

2015 年以来，甘肃抢抓“互联网＋旅游”新机遇，高位推进智慧旅游顶层设计，先后出台了《关于促进智慧旅游发展的实施意见》《甘肃省智慧旅游建设总体方案》等系列政策，通过政企合作持续发力，智慧旅游平台功能凸显。2019 年，建成甘肃省文化旅游大数据中心和“一部手机游甘肃”公共服务平台；2020 年，“一部手机游甘肃”综合服务平台和甘肃文化旅游大数据交换共享平台入选年度中国文化和旅游信息化发展典型案例。围绕“一中心、三体系、三朵云”的总体框架，不断推进旅游数字化建设，全面加强线上产品供给，优化旅游产业运行监测与应急指挥平台，2021 年 1～6 月，完成 75 个 4A 级景区、6 个 5A 级景区共 1294 路视频监控信号的接入，全省 373 家景区（场馆）接入分时预约平台，预约游客总数 270 万人次，推动 50 家博物馆、1000 件藏品实现了数字化展示。[①] 一系列数字文旅建设成就为疫情防控常态化背景下的甘肃旅游高质量发展提供了新动能。

（二）旅游品牌建设为甘肃旅游高质量发展打造了新优势

2019 年，“一包如意走丝路”打造了具有地标意义的甘肃文化旅游 IP 符号，带动文化旅游消费升级，提升“交响丝路·如意甘肃”品牌的大众认知度。2020 年 12 月 24 日揭晓的中国 2020 旅游产业影响力风云榜，甘肃省斩获 2 项大奖，“丰收了·游甘肃”冬春文化旅游惠民活动入选 2020 年度中国旅游影响力品牌案例，兰州市荣获 2020 年度中国夜游名城称号。2021 年 4 月 23 日举办的第四届中国文旅品牌影响力大会上，甘肃省的“联通陆海丝·助推双循环”——“环西部火车游”主题推广营销活动获评“2020 年度中国文旅营销创新典范”，敦煌研究院荣膺“2020 中国文旅年度特别贡献”。2021 年 7 月，“‘交响丝路·如意甘肃’入境旅游精品线路征集活动”面向全球启动，此次征集活动，旨在扩大“交响丝路·如意甘肃”国际旅游影响力，进一步巩固和提升甘肃国际旅游目的地品牌。系列荣誉的取得加快了甘肃国内知名旅游目的地建设步伐，为甘肃旅游高质量发展提供了坚实的基础。

（三）日益增强的产业要素为甘肃旅游高质量发展构建了新格局

2021 年 9 月 24 日，甘肃“一会一节”在敦煌召开，“一会一节”已成为服务“一带一路”建设、促进丝绸之路沿线各国和地区合作交流的重要平台。2019 年，“一会一节”被文化和旅游部赞誉为文旅融合的典范。2021 年 3 月 19 日发布的《中国·甘肃乡村旅游发展指数报告（2020）》，系统分析了甘肃省 2020 年乡村旅游发展态势，对甘肃乡村旅游的游客构成、客源地分布、游客消费构成等要素做了系统解读，为乡村旅游发展拓宽了思路。

---

① 甘肃省文旅厅：《2021 年上半年全省文化旅游重点工作进展情况》，2021。

2020 年 12 月 23 日召开的“‘一带一路’美丽乡村论坛”开创了“一带一路”与美丽乡村建设融合发展的先河，进一步提升了甘肃乡村旅游的知名度，推广了甘肃乡村旅游的“康县模式”。截至 2020 年末，甘肃省共有 A 级旅游景区 358 家，其中：5A 级旅游景区 6 家，4A 级旅游景区 107 家，3A 级旅游景区 172 家；有以莫高窟为代表的世界文化遗产 7 处，有敦煌雅丹国家地质公园和张掖地质公园 2 处世界地质公园。有 3 个国家全域旅游示范区，5 个国家级生态旅游示范区。有全国重点文物保护单位 152 处，各类博物馆 227 家，国家级非遗名录 83 项。截至 2021 年 8 月，甘肃省有旅游星级饭店 390 家，旅行社 847 家。截至 2021 年 9 月，甘肃省有全国乡村旅游重点村（镇）41 个（见表 2）。日益增强的文化旅游产业要素为甘肃省文化旅游产业高质量发展提供了新支撑。

表 2　甘肃省主要文化旅游资源占沿黄九省区比重

项目	甘肃省	沿黄九省区	甘肃占沿黄九省区比重
世界遗产(处)	7	19	36. 84
世界地质公园(处)	2	18	11. 11
国家全域旅游示范区(个)	3	47	6. 38
国家级生态旅游示范区(个)	5	31	16. 13
5A 级旅游景区(个)	6	65	9. 23
全国乡村旅游重点村(个)	41	214	19. 16

资料来源：甘肃省数据来自相关网站查询，沿黄九省区数据来自张妍文《一文读懂：什么是国家文化公园?》，人民日报人民文旅，2020 年 12 月 14 日。

（四）日益健全的体制机制为甘肃旅游高质量发展提供了新支撑

截至目前，全省 18 个大景区全部形成“大景区管委会 + 旅游开发公司”的管理运营模式，张掖七彩丹霞大景区和永靖炳灵寺世界文化遗产旅游区相继创建为国家 5A 级旅游景区，全省 5A 级旅游景区达到 6 家。官鹅沟大景区正在积极申报 5A 级旅游景区，大景区正逐渐被打造成全省文化旅游产业融合的龙头和旅游高质量发展的标杆。2018 年 10 月，甘肃文化和旅游部门合并，为全省文化和旅游产业融合提供了合力，有助于统筹全省文化旅游产业持续高效发展，为推动全省旅游产业高质量发展提供了坚实的保障。同时，甘肃紧盯高质量发展目标，引导文旅企业规范化经营，提升旅游服务质量，分别印发了《关于进一步加强文旅企业规范化经营的通知》和《关于加强旅游服务质量监管提升旅游服务质量的实施方案》，为旅游加快“放管服”改革、推动高质量发展营造了良好的发展环境。

（五）持续放大的产业效应为甘肃旅游高质量发展赋予了新活力

2021 年，甘肃旅游稳中向好，乡村旅游、红色旅游、文博旅游、假日旅游呈现较强的市场复苏和增长潜力。文化和旅游部发布的 10 条黄河主题国家级旅游线路中有 8 条涉及甘肃，1 条线路成功入选“中国旅行社协会百条红色旅游精品线路”，3 条线路入选全国“建党百年”红色旅游百条精品线路，4 条精品主题旅游线路入选全国“疫去春来·江山多娇”100 条精品主题旅游线路，2 条线路入选全国 12 条非遗主题旅游线路名单。通过高位推动、提前预热、培育热点、丰富供给等有效措施，2021 年，甘肃“十一”黄金周旅游市场持续火热，成绩亮眼。1～7 日，全省共接待游客 1700 万人次，实现旅游综合收入 102.6 亿元，分别较 2020 年同期增长 17% 和 21.7%；分别恢复至 2019 年假日同期水平的 79% 和 68.4%①，全省六大 5A 级旅游景区共接待游客 54.3 万人次。同时，甘肃全力打造高品质乡村振兴“旅游版”，2021 年第一季度全省乡村旅游共接待 2962 万人次。

尽管全省旅游发展取得一定成效，驶入发展快车道，但旅游产业内部发展的不平衡和不充分问题在一定程度上依然存在，与人民日益增长的美好生活需要仍有差距。主要表现为，一是资源开发利用率低，旅游产品竞争力不强。入境旅游市场受疫情影响处于停滞状态，国内旅游市场竞争力不足，过夜游客比例低，省内旅游市场长线游比例低，短线游的旅游消费不足，旅游

① 甘肃省文化和旅游厅：《2021 年国庆假日期间全省文化和旅游市场平稳安全有序》，http：//wlt.gansu.gov.cn/wlt/c108541/202110/1844534.shtml。

收入规模低于人数增长规模。二是旅游产业融合度低，产业链条短，旅游龙头企业少，带动功能不强，缺乏有影响力的旅游品牌企业。三是旅游创新不足，旅游新业态发展缓慢，旅游淡旺季明显趋势没有得到根本改变。四是旅游交通等基础设施存在短板。“铁路—公路—机场”的互联互通和转乘便捷性不够，支线机场还没有完全实现串飞，还有部分4A级景区不通二级以上公路，旅游专线交通不完善，旅游集散接驳布局不合理，数量和规模还不能完全满足需要，质量与服务和现代化高品质、个性化的旅游需求还有差距。

二　甘肃旅游高质量发展面临的挑战和机遇

2021年，在新冠肺炎疫情的持续影响下，甘肃统筹推进疫情防控，紧抓“一带一路”机遇，着眼建设世界一流文化旅游高地，积极响应黄河流域生态保护和高质量发展，充分挖掘资源优势，精心设计特色线路，打响“交响丝路·如意甘肃”品牌，旅游强势复苏，品牌形象显著提升，旅游吸引力进一步增强，产业效益的规模持续扩大。当前，还有几方面的机遇必将为甘肃旅游高质量发展创造新契机。

（一）甘肃旅游高质量发展面临的挑战

1. 旅游业对外部环境变化敏感且依赖性较强，如何弱化疫情影响是甘肃旅游高质量发展面临的首要问题

目前，国内疫情虽有间歇性波动，但总体平稳可控，国际疫情依然严峻，入境游团队和散客基本“停摆”，以国内游为主将是未来一段时期我国旅游业的常态，旅游消费终端人群聚集性的特点使其极易受突发事件的冲击，只有构建起绿色安全的旅游运营体系、快速响应的旅游应急体系、现代高效的旅游治理体系和多元有效的旅游政策支持体系，才能弱化疫情等突发事件对旅游业的冲击。

2. 旅游消费不足

从消费内涵看，基础性旅游消费比重大，文化性旅游消费和纪念性旅游

消费的比重较低，旅游消费的文化附加值不高，深度旅游消费的氛围尚未形成；从消费支出看，门票经济依然一支独大，旅游各要素消费占比尚需优化；从消费人群看，青壮年是消费的中坚力量，学生、银发老人、自驾游家庭消费挖掘不足；从消费目的地看，景区消费比重大，旅居生活消费比重偏低。如何优化旅游消费结构、提升人均旅游消费是甘肃旅游高质量发展面临的一大挑战。

3. 旅游服务重视不足，缺乏明确的旅游服务行动和标识

旅游做的是产品，最终服务的是人，未来旅游的竞争主要是服务的竞争。放眼周边省区，青海提出“大美青海 放心消费”服务口号，奋力打造国际生态旅游目的地。新疆以“微笑新疆”为目标，实施服务质量提升行动，推动新疆旅游形象品质全面提升、旅游服务优质高效。宁夏以“宁夏多礼”“宁夏微笑”等特色行动，打造宁夏服务品牌，推动大西北旅游中转站建设。甘肃目前尚未围绕旅游服务提炼出特色服务口号、推出特色服务行动。如何探索具有甘肃特色的服务模式，让甘肃服务在西北省区中脱颖而出是甘肃面临的一大挑战。

（二）甘肃旅游高质量发展面临的机遇

1. “双循环”发展理念是甘肃旅游高质量发展的基石

构建以国内大循环为主体、国内国际双循环相互促进的新发展格局，是党中央的重大战略布局，尤其是在新冠肺炎疫情影响下，未来旅游产业的发展走向面临诸多不确定性，积极构建以国内旅游大循环为主体，以国际国内旅游双循环为支撑的旅游发展新格局，以国内旅游全面复苏弥补入境旅游市场低迷的困境，通过格局重组，优化发展格局、丰富产品类型、完善运行机制，有利于激活国内旅游市场，拉动旅游内需，促进旅游消费市场振兴。

2. 良好的政策环境是甘肃旅游高质量发展的保障

国家层面出台的《关于深化“互联网＋旅游”推动旅游业高质量发展的意见》《关于加强旅游服务质量监管提升旅游服务质量的指导意见》等政策措施为优化旅游营商环境、提升旅游服务质量提供了方向指引和政策保

障。新时代甘肃融入“一带一路”建设打造文化制高点和国际海陆贸易新通道建设的走深走实，为甘肃旅游高质量发展提供了地方实践。

3. 科技赋能是旅游业高质量发展的重要驱动力

在信息技术突飞猛进背景下，网络强国战略深入推进，数字中国持续推进，涵盖5G、大数据、人工智能等领域的“新基建”持续发力，旅游业数字化、智能化转型成为高质量发展担当，在线旅游预订、“旅游+直播”、“云旅游”、“数字景区”、“数字酒店”等新业态应运而生，科技赋能必将驱动旅游业态多元，促进管理智慧化，从而实现高质量发展。

三 甘肃旅游高质量发展对策建议

（一）培育旅游业态新模式，丰富旅游产品有效供给

积极推动“旅游+”“+旅游”融合发展。以“旅游+农业”打造田园旅游综合体，以“旅游+体育”做大做优体育运动品牌，推动赛事经济、户外休闲装备发展，以“旅游+健康”促进沙浴沙疗、温泉疗养、森林康养、中医药养生等旅游产品开发，打造主题康养基地。以“旅游+教育”促进研学旅游发展，主推红色教育、非遗体验、农耕民俗、治沙体验等主题研学线路，打造一批有影响力的中小学研学体验基地。以“旅游+制造业”打造工业遗产旅游项目，大力发展工业旅游，推动形成一批省级工业旅游示范基地。“旅游+互联网”形成田园综合体、户外目的地、康养基地等新业态（见图2）。

打造中国西北房车自驾游集散中心。在兰州新区规划建设中国最大、西北一流的房车自驾游集散中心，将集散中心打造成集景区、购物、娱乐、服务等功能于一体的综合体和中国体量最大、级别最高、设施最全、服务最优的自驾游体验胜地。在全省重点交通干线规划或改造布局3~5个有文化内涵、有一定体量、功能完善、设施齐全、环境优美、特色突出、兼具自驾游营地功能和休闲娱乐功能的高速公路网红服务区，拓展高速公路服务区的景

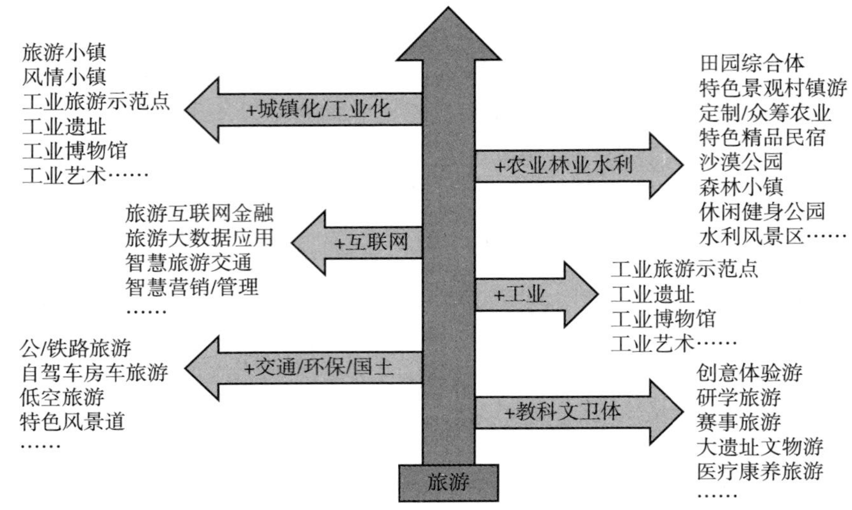

图 2 “旅游 +”打造新型旅游产品思路

观功能和游憩功能。合理规划建设一批类型不同、特色各异、功能完善的房车自驾车营地，在各交通枢纽周边配套建设一批“房车自驾车租车港”“房车自驾车泊车港”。大力发展房车自驾车租赁产业，将丝绸之路甘肃段打造成为“一带一路”自驾车旅游国际旅游目的地。

引导发展特色民宿。依托全省的气候小镇、生态小镇、美丽乡村等品牌影响力，统筹规划布局一批精品民宿、特色民宿、主题民宿，引进 1 ~2 家有全国性知名度和影响力的民宿品牌，构建以特色民宿为主，主题民宿和精品民宿为有益补充的民宿分布格局，以特色民宿为乡村旅游发展助力。

错位开发冰雪旅游。发挥全省资源优势，强化冰雪旅游的优质产品供给，引导全省冰雪旅游产品错位开发、特色化发展，鼓励冰雪旅游开发企业完善服务，配合夜间旅游消费，丰富夜间产品和体验项目开发，促进冰雪旅游与研学旅游、体育旅游、健身旅游等结合，丰富旅游淡季产品供给，深挖冰雪旅游消费潜力。

创新发展旅游演艺。继续做精做响以敦煌文化为底蕴的《大梦敦煌》《丝路花雨》等国际知名演艺品牌，进一步深挖《大豆谣》《八步沙》《达玛花开》等精品力作的文化内涵，创新表达形式。适度开发 VR 漫游、剧本杀等沉浸式旅游产品并加强引导和监管，引导现有旅游演艺品牌和沉浸式旅游有机结合，互相促进。

（二）补齐基础设施短板，提升旅游服务质量

提升景区通达性。配合《交通强国甘肃方案》，大力推进全省重点、主要景区与依托城镇之间高等级公路的贯通，实现机场、火车站、客运站与主要景区公路交通的无缝连接。加强国、省干线与 4A 级景区的便捷有效衔接，开通 4A 级及以上景区的班线客车、旅游专线。合理规划通往景区的风景廊道、观景台、健身步道等设施建设。提升“公路—铁路—机场”转乘便捷性，提升机场、车站到主要景区的公共交通对接。规划建设一批旅游风景道，打造一批主题旅游观光铁路线。

深入推进“厕所革命”。完善高速公路服务区厕所的服务功能，确保厕位数量充足、卫生设施完善、环境干净卫生、管理服务优良，从根本上解决如厕难和卫生差的问题。合理规划国、省道干线沿线卫生服务设施布局，统筹考虑自驾车出行游客的停车、如厕和休息需求。完善运营机制，引入社会资本参与运营并加强服务监管。

加强旅游地通信基础设施建设。深入推进“互联网 +”文化旅游行动计划，高效发挥推广甘肃智慧旅游公共服务平台的有效功能，让游客在短时间内可以明确旅行的相关重要信息，使整个旅游行程变得更加简单省心易行。推进 A 级景区智慧化建设，实现 4A 级及以上景区 4G/5G 网络全覆盖。加快优化旅游消费环境，保障游客合法权益，通过满意度调查、旅游市场整治等行动加强旅游综合治理。

注重住宿餐饮等基础设施的改造升级。提高星级酒店、宾馆的硬件设施，同时优化酒店、宾馆的软环境，树立优质服务理念，提升员工的业务服务能力，提升专业性，创建企业文化，增加企业凝聚力，保证服务质量，以优质的住宿环境吸引更多的游客尽量在景区过夜，从而提升个人旅游消费水平。

（三）激发旅游消费潜力，做大做强市场主体

全方位延伸旅游消费链条。推动旅游产业经济代替门票经济，弱化旅游业门票依赖，适当下放旅游定价权限。积极发展旅游平台经济，推动建设旅游消费品专业平台，支持打造一批以土豆、中药材、戈壁农业等为主的特色产业文旅小镇。

实施“甘货”进景区工程。引导景区、高速服务区、房车自驾车营地等建设“甘肃特色商品体验馆”，赋予临夏砖雕、天水漆雕、陇南根雕更多科技含量和文化创意，推动其进入旅游消费领域。完善景区服务，推广“现场下单物流交付”模式。

大力发展夜间经济。在传统灯光秀、夜游船和文艺演出的基础上，创新开发夜游博物馆、夜间康体休闲中心，打造特色夜游品牌，从时间维度、空间维度、品质维度创新多元夜间消费形态。抓好兰州市和张掖市文化和旅游消费试点城市建设，推动第二批国家文化和旅游消费试点城市创建。积极指导和支持八大省级旅游休闲街区创建国家级旅游休闲街区。

积极培育旅游龙头企业。大力发展中小型旅游企业，扶持中小型旅游企业培育和创新旅游业务，助力中小型旅游企业应对风险，支持中小优质旅游企业做精做特。紧盯符合消费市场需求、具有业态创新和文化创意的旅游项目落地。

优化旅游运行模式。在商业运作方面，协助处理好线上旅游企业和线下旅游产品之间的关系；在旅游治理方面，既要做好监督和服务，又要助力形成公平有序的市场环境；在政企合作方面，致力于形成旅游合力。用好“一会一节”等平台，立足产业链实施精准招商，积极创建国家级文化和旅游产业融合发展示范区。

打造一批标志性项目。加强中国旅游集团、华侨城等知名企业合作，谋划2~3个有一定投资规模、体现先进规划理念、市场辐射带动强、具有延链补链和聚集效应的文化旅游核心项目，重点推进大敦煌文化旅游经济圈、“读者印象”精品文化街区、兰州老街、麦积山景区游客服务中心及配套建设项目建设。将敦煌国家级文化产业示范园、临夏砖雕文化艺术产业园、兰州国

家级创意文化产业示范园和十大省级历史文化街区打造成全国知名文化旅游示范基地。做强民勤摘星小镇、肃南“巴尔斯”文旅小镇、甘南扎尕那生态旅游养生小镇、甘肃十大特色气候小镇等一批特色文化旅游小镇。抓好国家中医药养生保健旅游示范园区建设，建设一批大遗址公园。深入挖掘敦煌历史文化遗产的旅游开发价值，推动大敦煌文化旅游圈和河西走廊国家遗产线路提档升级。依托“环西部火车游”的品牌基础，打造“环中国火车游”“环‘一带一路’火车游”等陆上游轮品牌，建设中国西部陆上游轮中心。

（四）提升数字旅游服务效能，增强旅游发展动力

打造智慧旅游平台。持续完善和拓展“一部手机游甘肃”App 功能，进一步拓宽服务面，推进“一部手机游西部”“一部手机游全国”。推广旅游厕所、房车自驾车营地等“一厕一码”“一营一码”扫码点评，建设一批智慧旅游厕所、智慧营地。

加强智慧景区建设。制定出台智慧景区建设规范，明确在线预约、在线预订、分时预约、流量监测、无接触支付、非接触式服务等标准和规范。打造 2 ~ 3 个智慧旅游样板景区，推动景区电子地图、线路选择、语音导览全覆盖，支持智慧景区打造数字博物馆、数字展示厅，提升旅游体验。

加强旅游数字营销。拓展“媒体 +”“网红 +”“直播 +”功能，推动线上线下有机融合、演出演播多路并举、直播带货双管齐下。以数字乡村建设为抓手，打造一批数字旅游示范村镇。拓宽旅游数字营销渠道，全面整合政府、旅游经营企业、旅游资源管理部门和社会媒体资源，用好抖音、微博、微信、网站等新媒体平台，邀请旅游代言人、“大 V”、“网红”等参与讲好甘肃旅游故事。

参考文献

侯兵、杨君、余凤龙：《面向高质量发展的文化和旅游深度融合：内涵、动因与机

制》，《商业经济与管理》2020 年第 10 期。

于法稳、黄鑫、岳会：《乡村旅游高质量发展：内涵特征、关键问题及对策建议》，《中国农村经济》2020 年第 8 期。

宋昌耀、厉新建、张琪：《红色旅游的高质量发展》，《旅游学刊》2021 年第 6 期。

唐业喜、左鑫、伍招妃等：《旅游经济高质量发展评价指标体系构建与实证——以湖南省为例》，《资源开发与市场》2021 年第 6 期。

刘英基、韩元军：《要素结构变动、制度环境与旅游经济高质量发展》，《旅游学刊》2020 年第 3 期。

宋志伟、刘鲁、郭秋琪等：《中国旅游高质量发展与社会福祉——2020〈旅游学刊〉中国旅游研究年会会议综述》，《旅游学刊》2020 年第 12 期。

黄震方：《“双循环”新格局下旅游高质量发展的理论内涵与推进机制》，《中国名城》2021 年第 2 期。

B.14
甘肃文化旅游数字化发展分析与展望

杨 波 田彦龙*

摘 要： 文化旅游业是甘肃十大生态产业首位产业，也是全省绿色转型的朝阳产业和助力乡村振兴的优势产业。近几年，甘肃文化旅游数字化发展迅猛，以“互联网+”为手段，以供给侧结构性改革为重点，以打造“五个制高点”为依托，以推动数字文旅深度融合为方向，以文旅服务智能化、体验互动化、管理数字化为目标，持续放大文化旅游业综合效应，提质增效，化资源为产业，拓展新空间、注入新动能，不断做强做大。同时，发展过程中仍存在核心数字技术及第三方服务供给不足；数字化人才短缺制约产业数字化转型；资源碎片化、孤立化现象等问题。故而提出完善体系建设，强化内容建设；加快新一代信息基础设施建设，提升数字化装备硬实力；以共享经济和平台经济为依托，促进新业态、新消费、新模式发展；加快文化旅游资源数字库扩容增效，开展线上精准营销；抓好“一部手机游甘肃”市场化运营，打造综合性文旅服务管理平台；深化数字化与文旅融合发展，加快区域发展战略步伐；加大特色经济的打造力度等相应对策，以供决策参考。

关键词： 文化旅游 数字化 甘肃

* 杨波，甘肃省社会科学院决策咨询研究所副研究员，主要研究方向为产业经济、区域经济；田彦龙，甘肃省文化和旅游厅科技信息处干部，主要研究方向为科技信息。

党的十九届五中全会明确提出，实施文化产业数字化战略，加快发展新型文化企业、文化业态、文化消费模式。文化和旅游部发布《关于推动数字文化产业高质量发展的意见》，进一步推进了文化旅游数字化发展的进程。中共中央政治局第三十四次集体学习时，习近平再次强调，要推动数字经济和实体经济融合发展，把握数字化、网络化、智能化方向，推动制造业、服务业、农业等产业数字化，利用互联网新技术对传统产业进行全方位、全链条的改造，提高全要素生产率，发挥数字技术对经济发展的放大、叠加、倍增作用。甘肃是文化资源大省，文化底蕴深厚、旅游资源富集，作为全省十大生态产业首位的文化旅游业，成为全省绿色转型的朝阳产业和助力乡村振兴的优势产业。深入贯彻文旅部等十部门《关于深化“互联网+旅游”推动旅游业高质量发展的意见》，需要以“互联网+”为手段，以供给侧结构性改革为重点，以打造“五个制高点”为依托，以推动数字文旅深度融合为方向，以文旅服务智能化、体验互动化、管理数字化为目标，持续放大文化旅游业综合效应，加大网络化、信息化、产业化系统研究的投入力度，提质增效，化资源为产业，拓展新空间、注入新动能，做强做大文化旅游产业。

一　甘肃文化旅游数字化发展历程

2018年，甘肃省文化和旅游厅正式在兰州挂牌成立，开启了甘肃文化旅游融合发展的新征程。甘肃省文化和旅游厅统筹全省文化事业、文化产业和旅游业发展，顺应数字化发展趋势，围绕“一平台、一中心、三体系、三朵云”（“一部手机游甘肃”综合服务平台，大数据中心，智慧旅游服务体系、管理体系、营销体系，智慧旅游支撑云、功能云、内容云）的基本框架，按照“全员、全要素、全系统、全方位、全过程”信息化的总体要求，主动适应移动互联网发展趋势，不断加快5G、大数据、云计算、物联网、区块链、人工智能等技术在旅游行业的深度实践与应用，全力推进甘肃旅游业科技化、信息化和智慧化建设。

（一）智慧旅游政策及标准制定

1. 政策制定

甘肃省高度重视智慧旅游建设，2018 年 2 月印发的《关于加快建设旅游强省的意见》（甘发〔2018〕7 号）提出，积极构建互联智能智慧旅游体系、推进智慧营销。同期印发《关于加快全省智慧旅游建设的意见》，为全省智慧旅游建设提供了科学依据。为确保上述两个意见落到实处，2018 年 3 月又制定下发了《甘肃省智慧旅游建设三年行动计划（2018～2020 年）》（甘旅办发〔2018〕17 号），明确了 2018～2020 年智慧旅游建设的主要任务。

文化和旅游部等十部门《关于深化“互联网+旅游”推动旅游业高质量发展的意见》印发后，结合甘肃实际，省文旅厅联合省发改委、教育厅等 9 厅局，于 2021 年 3 月 19 日印发了《关于深化“互联网+旅游”推动旅游业高质量发展实施意见》（甘文旅产业办〔2021〕12 号），为全省旅游业数字化发展提供了遵循。

2. 标准制定

2020 年，省文旅厅为加强智慧旅游标准化工作，启动了《甘肃省智慧景区建设标准》编制工作，预计 2022 年正式发布实施。同时，启动《甘肃省智慧酒店建设标准》编制工作，正在申请立项，争取 2023 年正式发布实施。

（二）资金支持

2016～2020 年，甘肃省文旅厅加大智慧旅游建设资金投入，累计从省级旅游发展专项资金中安排 1.36 亿元，其中用于智慧旅游营销（网络宣传推广）8430 万元，用于省级各类信息化智慧化平台建设 5208 万元。同时，2016～2018 年共获得中央财政旅游发展基金补助地方项目资金 1130 万元，用于智慧旅游相关平台建设。

2018 年，甘肃文化和旅游厅争取到省委网信办省级信息化建设专项资金 150 万元，整合市州资金 1050 万元，分别用于智慧旅游相关平台建设和智慧旅游营销。

2021 年，甘肃省文旅厅安排智慧旅游预算 2650 万元，其中安排用于智慧旅游营销（网络宣传推广）1700 万元，用于相关智慧化平台建设、旅游科技创新及培训等 950 万元。

（三）政务建设

2018 年，伴随政府单位的转型升级，甘肃省文化和旅游厅进入快速发展阶段，从传统的信息化建设到 PC 端官网，再到与蓝凌智能 OA 合作，打造移动办公，甘肃文旅在信息化建设上不断创新。

合作智能 OA，提效内部协同。针对甘肃省文化和旅游厅下辖甘肃省文物局、甘肃省文化博览局、甘肃省图书馆、甘肃画院、甘肃省文化馆、甘肃省歌剧院、兰州飞天剧院等十几所文化旅游单位，打通各个机构及直属单位的信息平台，保障各景区、办公室间实时沟通、协作，确保公文高效流转。积极融入蓝凌智能 OA，加快甘肃文旅政务信息平台建设，统一流程管理、配置工作门户、集成多元化的业务系统，接入钉钉等移动端，打造多场景、多角色、多功能的一站式工作平台，提供全新智慧沉浸式办公体验，加速多流程协作，提效全员协作。

1. 门户统一，协同在线

甘肃省文旅厅针对直管的 11 家直属单位，通过多角色工作门户配置，集中信息、简化流程、统一管控、高效协作。

2. 移动办公，高效协作

利用蓝凌智能 OA 平台，提高了单位内部机构办公效率，构建了安全、稳定、便捷的统一移动办公网络。通过在线流程审批、发文收文、公文交换、会议管理等关键模块的建设，实现重要信息处理效率的大幅提升，使内部沟通、文件审批、上传下达更加畅通，更具时效性。

3. 移动公文，流转便捷

借助蓝凌智能 OA 公文管理政务版的开发，提高了各类公文的流转速度。多类公文在线快速拟稿、套红与发布，移动审批、快速下达，公文交换，政策贯彻及时到位。

智能 OA 的融入加快了甘肃文旅政务数字化建设的步伐，在管理数字化、协作移动化、服务标准化方面做到了高效便捷，为后续全产业信息化奠定了坚实的基础。

（四）内容建设

1. 智慧旅游监测管理平台建设

（1）旅游产业运行监测与应急指挥平台。2017 年，依托文旅部旅游产业运行监测与应急指挥平台，甘肃建成了省级旅游产业运行监测与应急指挥平台，目前已累计接入 75 个 4A 级景区（占全省 4A 级景区总量的 70%）、6 个 5A 级景区（占 100%）的视频监控 1294 路，并与文旅部、省政府总值班室实现共享，视频监控基本覆盖了全省重点景区的出入口、游客中心、重要景点、停车场等重点部位，技术上解决了重点景区监管问题，全面提升了国家和省市县四级联动应急指挥能力。积极推进“全国文化市场技术监管与服务平台”“全国旅游监管服务平台”与甘肃政务服务网数据互联互通，进一步提升政务服务效率。扎实推进“互联网 + 监管”和信用监管，进一步提升执法监管效能。

图 1　甘肃智慧文旅之窗

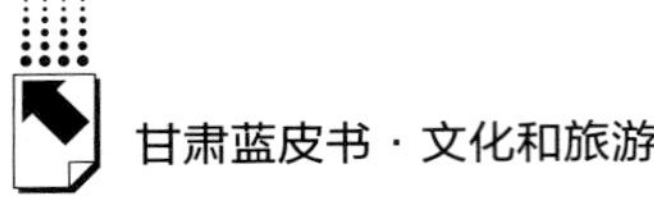

（2）旅游大数据平台。从2018年开始，甘肃省按照省委、省政府关于建设“数字甘肃”“丝绸之路信息港”的总体部署，紧盯信息化赋能产业升级、智慧化助力提质增效这一主线，先后实施甘肃智慧旅游一期、产业运行监测平台、旅游数据交换平台、旅游大数据监测指挥中心等项目。2019年，建成了省级旅游大数据平台，实现了数据“互联互通、多元融合、精准分析、全面共享”。

大数据平台纵向贯通了市县旅游部门及景区、酒店、旅行社数据，横向对接了电信、移动、联通、公安、交通、铁路、民航等13类数据，使旅游数据统计更加精准高效。率先在全国范围内实现了公安住宿数据、民航客流数据与旅游数据的实时共享，使旅游住宿统计卡点由原来的6391家扩展到14782家，占比从43.24%提高到96%，客流数据更加完善和准确。2020年，平台全面接入高速公路“龙门架”数据，为自驾游线路推广提供精准数据支撑；全方位升级公安数据，将省级11类数据升级为全省86个县市区的33类数据，为大数据深度应用打下坚实基础；2020年11月接入全省铁路数据，持续提升文旅大数据平台优势；加强大数据中心在国家法定节日值守，对景区客流情况进行实时监控，防止瞬间聚集、超限运行。

目前，甘肃省旅游大数据平台日均处理数据7亿条，占用空间40G；建成客流分析、客源地分析、游客喜好分析等数据分析模型60多个。甘肃省文旅厅依托大数据平台，每月、每个国家法定节假日形成全省旅游大数据报告，使全省文旅大数据的全面性、准确性和精细化持续保持全国一流水平，使平台数据精准服务全省文旅产业，促进了甘肃文旅大数据的价值提升。通过互联网、大数据、人工智能等现代技术与文旅产业的深度融合，极大提升了整个产业的数字化、网络化、智能化水平，促进了产业高质量发展。2020年6月，平台入围文旅部评选的“年度文化和旅游信息化发展典型案例”。

2021年7月31日，旅游信息融合处理与数据权属保护文化和旅游部重点实验室揭牌仪式在兰州大学举行，这是甘肃文旅部门和兰州大学科技合作建设的一项重大成果，为促进甘肃乃至全国文化旅游科研工作搭建了重要平台。下一步，省文旅厅将继续加强与兰州大学的密切合作，全力支持实验室各项工作，力争将实验室建成文化旅游大数据科研领域独树一帜的综合服务平台，为服务甘肃乃至全国文化旅游业以及大数据产业高质量发展提供强大的科技支撑。

2. 智慧旅游公共服务模式及智慧景区建设

（1）建成“一部手机游甘肃”综合服务平台。伴随移动互联网的发展，甘肃省文旅厅以“金牌导游、贴心管家、文化导师、全能导购”为目标，以“微游甘肃”微信公众号为入口，在全国较早建成省级“一机游”平台。2018 年 5 月底，“一部手机游甘肃”平台正式上线，实现了全省 4A 级和 5A 级旅游景区智能导游导览、线路查询、语音讲解、VR 体验、分时预约、门票预订，以及酒店预订、导游预约、网络约车、特产预定、旅游投诉等功能，大力提升了甘肃省智慧旅游公共服务水平（见图 2）。

图 2 “一部手机游甘肃”平台

截至目前，平台已接入全省113家4A级及以上景区导游导览信息，包括景点点位2390个、讲解视频2430条、美图1.3万张、VR全景1476幅，发布攻略涵盖城市目的地15个、乡村游26个、自驾游22个，推出游记1475篇、宣传短视频865个，实现了6843家酒店及家庭旅馆、814家农家乐、573条旅行线路、63家景区门票、9695名注册导游的在线预订预约。2019年以来，平台累计浏览量达到7650万人次。“5G+AR增强现实慢直播”已在甘肃省博物馆、兰州水车博览园和康县5个美丽乡村示范点上线使用，极大提升了用户云游体验感。

加大正向宣传力度。2020年，新冠肺炎疫情期间，“一机游”平台先后上线了“文旅抗疫”“你是人间四月天”“5G云赏花”“甘味农产品”“环西部火车游”等12个网络专题，实现“景区（场馆）分时预约”“疫情数智分析”等功能，全年累计接入近4万条文旅业态信息，共服务游客778万人次。

助推5G落地。在“一机游”平台创新实现全省首个“5G+文旅”场景落地，相继开展了什川梨园云赏花、公祭伏羲大典、渭河源带货等5G网络直播活动，直播观看量累计超过3800万人次。2019年6月22日，2019（己亥）年公祭中华人文始祖伏羲大典暨第30届天水伏羲文化旅游节在天水市秦州区伏羲广场盛大举行，天水电视台全程用甘肃移动提供的5G网络进行直播，公祭伏羲大典首次实现在5G网络下的超高清内容传输。2020年4月11日，“最美人间四月天·天翼5G云赏花”直播活动在兰州什川古梨园举行，首次实现电信5G技术在甘肃省文化旅游行业的应用场景落地，广大市民及网友可在线360度+4K高清实时观赏“世界第一古梨园”的烂漫春景，全方位浸入式感受“千树万树梨花开”的最美人间四月天。2020年以来，甘肃省文旅厅借助5G技术应用场景，通过网络直播带货活动，积极探索文旅扶贫和电商扶贫新模式。2020年7月11日，甘肃省文化和旅游厅主办的“探渭水源头·寻陇原好礼”文旅扶贫直播带货活动在渭源县渭河源景区举行，累计有1000余万人次网友通过电信5G直播技术，在“云端”欣赏渭水源头的优美风光。与之同步进行的网红主播直播带货活动，当日接单 1.14 万单，销售各类农产品 27.53 万元，取得了良好成效。

2019 年 5 月，“一部手机游甘肃”先后荣获第四届中国文旅产业巅峰大会突出贡献奖、腾讯全球数字生态大会“数字文旅先锋奖”。2020 年 6 月，平台入围文旅部评选的“年度文化和旅游信息化发展典型案例”。

（2）建成景区门票分时预约平台。2020 年，按照文化和旅游部、国家卫生健康委《关于做好旅游景区疫情防控和安全有序开放工作的通知》（文旅发电〔2020〕71 号）和全国旅游景区分时预约工作视频会要求，甘肃省启动建设 A 级旅游景区和文化活动场所门票分时预约平台。目前，平台以“一部手机游甘肃”和微信小程序、支付宝小程序为入口，接入全省 373 家景区（场馆），其中 A 级景区 194 家，文博场馆 179 家，6 家 5A 级景区全部接入，进一步丰富了全省旅游大数据统计维度，切实提高了预约制度在文旅行业的普及率。

3. 加强智慧服务体系建设，提升公共服务水平

全省推出“五馆看甘肃”主题宣传活动，组织全省各级各类博物馆、图书馆、美术馆、文化馆、纪念馆参与“甘肃宝藏”抖音话题挑战，发布相关视频超过 6500 个，播放量超过 1.2 亿次。通过人民网、新华网、新甘肃、凤凰网、腾讯、今日头条等多个网络平台，以及“微游甘肃”微信公众号、头条号、企鹅号等自媒体平台，发布图文 1.2 万篇，阅读量达 4200 万次。

（1）加快推进智慧图书馆体系建设。推动“陇上飞阅”数字文化建设，完成数字资源整合，图书馆总分馆管理系统平台通过安装测试，投入使用 65 家市、县图书馆，配备 516 套分馆流通设备、500 套数字资源阅读设备。

（2）加快推进数字博物馆建设。2013 年甘肃省敦煌市被列为国家智慧城市试点，建成了莫高窟数字展示中心，利用数字摄影、三维扫描等技术采集洞窟内景和壁画彩塑，通过 8K 影院系统让游客获得身临其境的感观体验。尤其，新冠肺炎疫情期间，敦煌市开启“云游”模式、开通“云端”直播、开展“云上”营销，进一步提高了全市文化旅游智慧化、数字化水平。

2020年，甘肃全省启动甘肃数字博物馆建设，以微信小程序和支付宝小程序为入口，以文字、图片、视频、AR等方式全面展示博物馆及相关藏品资源。目前，平台已完成50家博物馆、5000件藏品基础信息数据采集。同时，依托甘肃三木自行车博物馆，开展了全省第一家数字博物馆试点工作，完成自行车及其零部件的AR互动4项，开发了智能导游机器人和自行车DIY搭配平台，为全省博物馆数字化提供了示范。积极实施马蹄寺石窟数字化工程等一批重点项目，着力提升文物保护和利用水平。实施数字博物馆二期工程，力争将全省4家一级博物馆、12家二级博物馆、20家三级博物馆及重点馆藏资源实现数字化展示。下一步，省文旅厅将继续加大投入力度，扩大博物馆数字化范围，力争将更多的馆藏文物通过数字化进行展示展览。

甘肃玉门昌马石窟壁画彩塑实现数字化保护。玉门昌马石窟与敦煌莫高窟一脉相承，同属敦煌石窟范畴，被誉为莫高窟的“姊妹窟”。2019年，昌马石窟被列为第八批全国重点文物保护单位，为加强昌马石窟壁画及彩塑的保护和开发，实施了玉门昌马石窟壁画彩塑数字化工程。到2020年5月，昌马石窟3个石窟约150平方米的壁画彩塑完成数字化工程，实现了昌马石窟文物数字化档案的永久保存，永续利用。

4. 挖掘文化“新内涵”

（1）讲好黄河故事，挖掘黄河文化内涵。2021年，甘肃省实施了马家窑遗址等10处史前文化遗址公园建设和永泰城址等34处黄河文物数字化保护项目。推出《大河流韵——兰州历史文物展》等黄河文化精品展览。加快建设黄河文化资源数据库，指导黄河流域地区公共文化机构拓展服务功能，建成659个乡镇数字文化驿站、744个村级数字文化服务点，“乡村飞阅”计划覆盖228个乡镇，104个图书馆均配备数字文化云屏服务设备。支持文化旅游企业开展技术改造，推动黄河文化与大数据、云计算、区块链等新技术深度融合，建成“1+11”多源数据融合与分析体系，黄河文化数字化成效显著。

（2）创新主题公园，不断提升数字化产品和服务水平。各类主题公园依托“互联网 + 文旅”，运用云计算、人工智能、5G 等数字技术，采取“云展”“云游”“云播”“云销”等云接触的智慧化旅游方式，强化平台建设，助推产业“上云”，提升数字经济的赋能和效益，优化创新文旅功能，多元开发文旅产品，举办形式多样的促销活动。

（3）启动红色产业联盟，构建红色文旅文创体系。2021 年 4 月 24 日，在皋兰县什川镇举行了甘肃红色文旅数字 IP 运营中心暨红色产业发展数字化联盟启动仪式，加快了红色文化旅游业发展步伐。启动仪式在清大文产数字产业院和甘肃九源红色文化博物馆合作支持下，通过“型”（联合国《和平之声》雕塑设计大师黄剑展示百年图腾“中华树”）、“旅”（故宫/天安门文创总经理齐环宇介绍“梨不离”玩偶）、“云”（红星美凯龙红星云首席云产品官顾健勇介绍红星云数字红色文旅解决方案）、“智”（红集实鉴社发起人陈刚推出红色文化实鉴私域智库）、“驿”（红集长三角驿站基地发起人王列推出红集新零售联盟计划）、“妆”（鄂尔多斯软金羊绒董事长白云推出《初心》红色主题绒巾）、“链”（阿里巴巴前区域链主架构师覃汉强介绍“红币”）、“商”（泛华集团—泛威科技 CEO、红集联合发起人周行推出红集文旅农商融合发展体系）等 19 种独特形式全面展示红色文创艺术产品。运营中心建成后，将充分挖掘城市文旅资源进行数字 IP 场景顶层设计，通过“数字长征旅图”和“红色礼物”孵化、“数字名片”、“云上市集”、“红色农产品”线上销售等 IP 打造路径，构建红色文旅文创体系，促进红色文旅产业发展。

5. 借力新科技提速数字化

（1）数字文旅新模式构建。作为国内最早开启文旅数字化的单位之一，甘肃文化和旅游厅将充分利用丝绸之路的黄金路段的区位优势，充分挖掘众多丰富的历史文化遗存，利用数字技术激活传统文旅产业。2021 年 9 月 17 日，甘肃文旅产业集团、众洋星光与蚂蚁链正式达成战略合作，三方将以丝路文化区域文旅业态为基础，打造全国首个“丝路文化文昌星平台”，探索传统文化焕新与文旅场景运营融合的新模式。

蚂蚁链已推动区块链从单一技术走向融合技术，开启守护中国传统文化

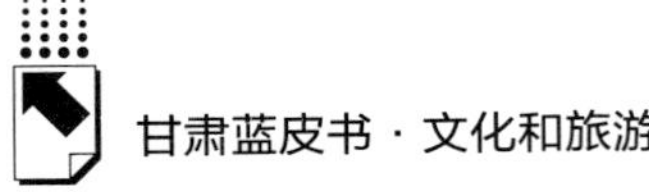

之旅，正式发布“文昌星计划”。而此次三方合作是“文昌星计划”首次落地于文旅产业。“丝路文化文昌星平台”将由蚂蚁链提供技术解决方案，众洋星光进行文旅业深度运营与服务，共同助力全省相关商家数字化转型，并结合传统文化资源，促使甘肃文旅业发展实现文化保护与商业化的双轮驱动。敦煌美术研究所在数字藏品领域实现的跨界创新已做出了好的尝试，此次三方合作的目的就是通过技术的力量，保护中国传统文化，并将其演绎和活化。

（2）企业技术支持。2020 年 11 月 20 日，中国电信赋能（甘肃）智慧文旅创新发展大会在兰州召开。甘肃智慧文旅从无到有、由弱渐强，中国电信旗下的中电万维始终给予技术支持。从大数据到“一机游”，从微信运营到大型活动，从景区智慧化到全业态提升，从疫情防控到复工复产，从落地短信到直播带货，电信科技成果赋能甘肃智慧文旅的创建。在 5G 时代，中国电信甘肃公司与甘肃智慧文旅公司签订了战略合作协议，启动“中国电信天翼 5G 助力甘肃文旅发展行动”，携手“翼见未来”，共同推动甘肃文旅行业的高质量发展。

（3）强化技术应用，推动数字经济格局下的文旅深度融合。根植甘肃深厚的文化旅游资源，通过数字化手段全面融入文旅项目；促进更多的文化遗产、遗存“活化”，让游客真正见到历史、懂得历史、记住历史。创新文旅演艺项目，通过大量应用数字技术，更好地诠释文化内涵，将文化资源融入旅游场景，为游客提供沉浸式的视听“大宴”。

（五）营销及品牌建设

主动适应移动互联网时代特征，针对不同年龄、不同地域、不同兴趣、不同上网行为习惯的网民，选择不同层面的网络平台，以更加灵活、更显特色、更有实效的方式，不断加大智慧营销力度，持续提升“交响丝路·如意甘肃”品牌形象。2017 年以来，甘肃文化和旅游厅与人民网、新华网、腾讯、今日头条、网易、凤凰、百度、中国搜索、携程、马蜂窝、途牛、Facebook 等 20 余家网络平台合作，累计投放各类网络广告 1.2 万条，发布图文视频稿件 13.5 万篇，甘肃旅游核心信息网络曝光量超过 75 亿次，点击量超过 4.2 亿次。同时，先后开通“微游甘肃”微信公众号、百家号、头条号、抖音号、快手号等12个自媒体平台，形成了完善的智慧营销体系。特别是在2020年疫情发生后，主动对接抖音、快手等短视频平台，组织省内180家重点景区、博物馆等基层文化旅游机构和300余名导游、讲解员，开展了“宅家游丝路”“疫尽甘来·花开陇原”等主题推广活动，发布短视频1.36万个、播放量超过6.2亿次。

得益于强有力的网络智慧营销，2017年以来甘肃先后斩获相关荣誉50余项，成为“交响丝路·如意甘肃”品牌知名度提升的直观体现。特别是2017年国际权威旅行杂志《孤独星球》公布的“亚洲最佳旅行目的地榜单”，甘肃荣登榜首；2018年《纽约时报》发布“全球必去的52个目的地”榜单中，甘肃被评为中国唯一入选省份；2018年以来甘肃先后荣获“腾讯旅游宣传营销创新奖”“百度旅游行业优秀目的地奖”“爱奇艺市场洞察力大奖”，多次入选途牛旅游网评选的最佳旅游目的地，“微游甘肃澎湃号”荣获“最佳政务传播—地方形象塑造和传播奖”，“如意甘肃政务抖音号”进入今日头条全国旅游排行榜前十名。在《中国国家旅游》杂志举办的科技与文旅融合发展论坛暨第五届中国国家旅游年度榜单颁奖盛典上，甘肃被评为“年度臻选自驾旅游目的地”，兰州被评为“年度臻选旅游城市”；在《国家人文历史》杂志社和人民文旅联合主办的第四届中国文旅品牌影响力大会上，甘肃文旅“环西部火车游”主题推广营销活动被评为“2020年度中国文旅营销创新典范”。

（六）产品“双渠道”融合发展

积极推动线上线下“双渠道”旅游产品融合发展，与携程、美团、途牛、马蜂窝等国内旅游互联网企业建立长期的合作关系。在“一部手机游甘肃”、马蜂窝、腾讯、美团、知乎等多个网络平台推出“就地过年·团圆甘肃”专题，从吃、住、行、游、购、娱等多个维度推出线上服务，举办了携程BOSS甘肃专场直播，超过1.6亿人次在线参与体验。

1. 联合携程

通过“惠民补贴+平台让利”的方式大力推广甘肃旅游产品，2020年完成旅游产品惠民补贴500万元，平台让利1758.72万元，涉及订单12.97万份，订单原价9300万元，其中，酒店（含民宿）让利1683.56万元，旅游线路产品让利30.45万元，门票产品让利18.48万元，交通（租车）产品让利26.23万元。举办了"携程BOSS直播"西北专场和甘肃专场，"携程BOSS"以导游的视角向游客推荐甘肃，观看量达436万次，成交额达583万元。在携程建立了甘肃官方旅游旗舰店，并整合携程平台优势渠道资源，进行甘肃旅游全媒体平台推广，通过线上专题营销、社会化媒体热点传播、游客服务中心宣传推广等方式，线上线下联动，全面宣传甘肃，有效提升了"交响丝路·如意甘肃"品牌知名度和影响力。

2. 联合美团

大力宣传推广甘肃乡村旅游产品，带动贫困地区脱贫致富，打造了"互联网+旅游扶贫"新模式。2018年以来，在美团开发甘肃特色旅游线路产品35条，搭建甘肃目的地特产品牌馆6个，14个市州入驻，并按照农家乐、民宿客栈、农家采摘三大品类，上线甘肃乡村旅游产品388个，销售牛肉面、两当农产品等共计78个土特产，累计销售额突破4500万元；完成全省旅游新业态主题培训10场2000人次；推出"美团·定西马铃薯前世今生"宣传视频，微博、微信、大鱼号等同步上线，大众点评、优酷、UC、土豆四大网站联合推出，累计点击量1065万次；通过美团渠道助农销售定西土豆3100吨、会宁洋葱2050吨、张掖山药110吨、庆阳苹果260吨，使甘肃农产品成为新晋"网红"，这些举措被纳入国务院扶贫办首肯案例。

3. 联合途牛

2018~2020年，先后实施了"丰收了·游甘肃——钜惠体验大礼包营销"和"甘肃特产尊享计划"文化旅游宣传推广项目，在途牛旅游网搭建了甘肃文化旅游产品旗舰馆，为在途牛平台订购甘肃旅游产品的游客发放"丰收了·游甘肃"（甘肃特产）大礼包1150份、甘肃特产尊享礼盒4万份、"洲际酒店免费住"产品666份，并组织开展了"粤享丝路·冬游甘肃——广东媒体和劳模游甘肃""甘陕好邻居·丰收庆新年——陕西考察采风团走进甘肃”“丰收了·游甘肃——途牛专享团游甘肃”等多项活动，有效促进了全省线上线下旅游产品融合发展。

4. 联合马蜂窝

实施“一包如意走丝路”文创 IP 项目，打造了一款具有甘肃特色、融入丝路文化的文创 IP。结合甘肃各地特色文化旅游元素，设计制作“如意城市包”“如意智能包”“如意骑行包”等 8 款 30 套“如意包”，量产“如意城市包”7500 个、如意环保包（杜邦纸）3500 个，并在马蜂窝、天猫、淘宝等网络平台推广。发布了包括甘肃景区、酒店、美食等旅游行业“如意榜单”，推出城市特色旅游线路攻略 14 篇，切实提升了“交响丝路·如意甘肃”品牌知名度和影响力。

（七）服务国家大战略发展

1. 服务乡村振兴国家战略

互联网时代，通信、交通、金融的高效便捷，使农业这个最基础的行业站在了互联网的浪尖。在互联网的助推下，农村电商、农业物联网、农村金融等行业飞速发展，越来越多的特色优质的农产品借助网络平台畅销全国。“一部手机游甘肃”公共服务平台在建设时就涵盖了农村电商工程，已建成甘肃土特产馆、避暑胜地、最美乡村等板块，将全省乡村旅游景点票务、农家乐订餐订房、土特产销售、乡村旅游交通、旅游纪念品营销与美团、携程、途牛等对接，搭建了甘肃乡村旅游网络营销新平台。

2018 年以来，甘肃省在美团平台上建成甘肃目的地特产品牌馆 6 个，吸引 14 个市州入驻，并按照农家乐、民宿客栈、农家采摘三大品类，上线甘肃乡村旅游产品 388 个，销售土特产 3 万件，销售额 231 万元。途牛旅游定期向会员精准推荐甘肃特色文化和旅游商品，促进甘肃特色文化和旅游商品的销售与宣传。通过线上、线下“双渠道”多个销售场景的搭建，以及与多家互联网平台互动，“互联网 + 旅游”在实现市场化盈利目标的同时，积极助推了甘肃省乡村旅游的多元化发展。

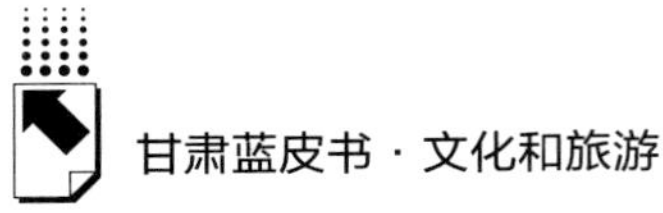

2. 服务适老化发展现状

在加快发展智慧旅游的同时，省文旅厅高度重视旅游场所服务适老化问题，全力保障老年人旅游体验。一是督促景区等旅游场所在做好疫情防控的前提下，继续保留传统的现场预约和电话预约方式，继续保留老年人持身份证、老年证等有效证件登记进入方式，或安排专人用智能设备帮助老人调取“健康码”。二是督促景区等旅游场所为老年人提供人工讲解，并在景区内醒目位置标注开放时间、参观路线等，不断优化服务水平。三是督促景区等旅游场所为老年人设置游客服务中心专区、休息专区、专用卫生间，提供室外升降梯、轮椅、拐杖等辅助工具，配备急救箱提供紧急医疗救助等服务。

（八）科研应用平台建设

甘肃省文化和旅游厅加强与兰州大学智慧旅游信息团队深度合作，围绕“一平台、一中心、三体系、三朵云”的总体框架，按照“全员、全要素、全系统、全方位、全过程”的信息化工作方法，主动适应移动互联网发展趋势，不断加快5G、大数据、云计算、物联网、区块链、人工智能等技术在文旅行业的深度实践与应用，先后建成“一部手机游甘肃”、甘肃文化和旅游大数据、产业运行监测等多个科技化、信息化、智慧化平台，为全省文化旅游产业转型升级和提质增效发挥了重要作用，也为打造文化和旅游部重点实验室积累了丰富经验、奠定了坚实基础。

2021 年 6 月，兰州大学获批文化和旅游部旅游信息融合处理与数据权属保护重点实验室，这是甘肃省首个获得文化和旅游部认定的重点实验室。该实验室主要任务是紧密围绕文化和旅游行业的科技需求，积极开展基础与应用基础研究，培养领军科技人才，进行高水平学术交流。兰州大学旅游信息融合处理与数据权属保护重点实验室获批后，将致力于促进文化和旅游科技发展，探索人工智能、云计算、机器学习、数据权属及个人隐私保护技术在智慧旅游方面的深度应用，打造智慧旅游管理、服务和运营的新增长极，形成文化旅游数字知识产权保护体系。实验室将建设国内一流并有国际影响力的“旅游信息融合处理与数据权属保护”研究平台，培养领军科技人才，为文化和旅游事业高质量发展提供科技支撑。

二　存在的问题

当前，甘肃省文旅行业由于专业人才欠缺、数字化技术供给不足、旅游服务相对滞后等诸多原因，产业数字化转型发展困难较多，面临资金、人才、基础、观念、组织管理、协作机制等多方面制约因素。

（一）经济基础薄弱，财政支撑乏力

数字化技术水平存在区域差异。文旅产业数字化需要技术、资金、人才等要素支撑，地方经济实力的强弱直接影响了技术研发的力度、数字建设的强度和数字化进程的深度。甘肃作为财政支持乏力的西部欠发达省份，数字化转型所需的资金投入、智力支撑、技术扶持、营商环境等要素的供给都显得不足，尤其是在市州、县区、景区层面更为突出。

（二）数字化基础薄弱，数字化水平较低

数字化是文旅产业发展的高阶，数字化转型建设既需要关键核心技术的支持，也需要新基建的保障，这些技术研发和应用对网络基础环境有很高的要求。甘肃文旅产业数字化发展仍处于起步阶段，存在硬件设施建设滞后等根基问题。要想建成智能化综合性数字信息基础设施，打通经济社会发展的信息“大动脉”任重道远。

（三）数字化技术应用不充分

数字化文旅是数字经济与实体经济的融合，是新科技与传统模式的融合，是创新与传承的融合，是历史与现实的融合。如何高效、充分、全面地将数字化技术应用到文旅行业和文旅产业的各环节是亟待解决的问题。技术创新一定要为实践应用服务，实践应用要为技术创新开通思路，二者相辅相

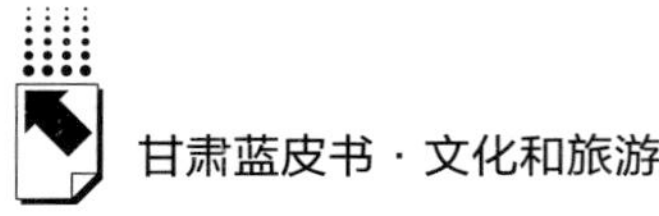

成。尤其是甘肃文旅行业市场主体普遍规模较小，对新技术的实践应用接纳能力非常有限，亟待提升。

（四）专业化人才的短缺制约产业转型

文旅产业的数字化转型发展需要大量的专业技术人才和先进的管理人才队伍支撑。甘肃虽是文化大省，但数字化人才严重不足。文旅数字化转型是专业技术背景下的产业高质量发展的要求，人才短缺将直接影响文旅行业向更高层次的跨越发展。没有专业的人才，技术研发与应用、科学管理和规划、产品营销和推广都将面临不可逾越的鸿沟，革新的关键就是人才，转型的重点就是人才。

（五）资源碎片化、孤立化现象仍然存在

文旅产业数字化转型是个系统工程，解决的技术鸿沟就是资源的整合、产业的协同、环节的疏导、渠道的疏通。甘肃各地区文旅产业数字化发展不平衡不充分现象较为突出，绝大多数地区数字化、智能化、信息化基础单薄，数字孤岛现象也较为显著。这个系统工程涉及吃住行游购娱等多个产业链，需要协同合作，信息共享，形成数字产业集群。而甘肃文旅产业中，各个产业链间交流不畅，互通受阻，信息孤立，每个服务点都是一个数字孤岛，数据资源库利用率低下。

三　对策建议

（一）完善行业标准，理顺发展机制

1. 完善行业标准体系建设

深入实施标准化战略，加速文旅行业标准的制定、完善、推广和实施，重点制定智慧景区、智慧酒店、智慧场馆等地方标准和行业标准。搭建标准化的公共服务平台，以标准建设促进行业良序发展；加强智慧标准应用，充

分发挥行业标准对产业的导向作用，完善数字化、智能化、信息化领域产品、技术和服务的制定标准，建立起数字文化产业的标准体系。

2. 加快数字经济治理体系建设

产业的数字化转型，要求文旅产业必须提高数字经济治理体系和治理能力现代化水平，要改革创新现有的管理模式和组织形式。传统管理体系下，信息流通渠道不畅，工作效率低下，服务监管多有死角，不利于产业的高效高质发展。数字化转型以后，基于信息渠道的畅通、数据处理的高效、信息反馈的及时，势必要提高管理目标的准确度、流程设置的精确度和用户群体的黏合度，这样才有利于管理手段的多元、管理方式的创新、管理效率的提升。

3. 丰富"文旅强省"的数字化内涵

全省文旅资源的数字化转化开发，推动了行业产品与服务的数字化转型，加深了产品的生产、创作和服务向更深层次拓宽拓展，借助数字技术"活起来"，借助"云端""走出去"，实现数据、信息、产品、服务在系统内横向和纵向交错互通，使地方文化资源更具活力，数字文化产品更具特色。

（二）加快新一代信息基础设施建设，提升数字化装备硬实力

1. 继续加快智慧旅游景区（场馆）建设

2021 年底前，全省 4A 级及以上旅游景区全部实现在线预约预订服务，全面落实"限量、预约、错峰"要求；2025 年底前，全面完成 4A 级及以上旅游景区智慧化建设，全省国家三级及以上博物馆全部实现数字化、智慧化，重点酒店、民宿、乡村旅游基本实现智慧化。

2. 夯实文旅产业信息化基础设施建设

首先，加快提升大数据处理分析能力。在加强互联网、云技术等信息基础设施建设的基础上，继续加快基站建设以及网络布局，推动大数据与文旅产业的深度融合。其次，增强数字技术与行业间的联动。充分借助数字技术的强力支撑，提高产业基础设施的运作能力。再次，要充分利用好技术红利，科学布局要素分配。采取先易后难的原则，优先解决与供应商/合作伙伴的合作深度、线上线下"双渠道"疏通、资源共享平台搭建、场景优化

创新、工作效率提升等方面的技术问题，再深度研发共性环节数字化技术难题，推动相关业务系统逐步向“云端”迁移。最后，降低信息运营商入行门槛，简化信息运营商接入手续，降低资费水平。同时要提升信息安全技术，保障数字化转型各环节的运行安全和信息安全。

（三）以共享经济和平台经济为依托，促进新业态、新消费、新模式发展

共享经济能高效解决数字信息资源碎片化、孤立化现象，提升资源利用效率。平台经济则有助于加强产业上中下游的关联度，打通各个环节渠道。共享经济和平台经济将有效地全面整合资源，优化资源配置，完善大数据应用、全景营销及智慧宣传等全方位的功能，使用户获得数字化、个性化的智慧服务。

1. 加快业务向新兴领域拓展

时代的发展催生了消费分级和个性化的多元需求，文旅行业在大量新兴领域中深度融合发展。加速发展了电竞游戏、线上娱乐、在线办公、线上教育、医疗卫生、时尚文创、智慧城市、健康养老等新消费，以及“云共享厅”全新会议活动等新模式，“云场景 + 云技术 + 流量”等一键式服务及其衍生的各种服务场景和产品需求。

2. 重塑数字化商业模式

在线数字展览模式、数字服务贸易云平台等新的商业模式，促使行业和产业在数字化支持下的精准营销，实现内容与受众链接，满足多元化需求，打破了产品销售、服务提供、沟通交流、信息反馈等时空界限，赋予产品和服务更多的功能展示。

3. 建立基于数字化生态系统的运营模式

数字化转型推动了文旅行业从线性的产业链向全产业链和基于数字化的生态系统转变，促进利益相关各方价值共创，多向共赢。建立基于数字化生态系统的运营模式，推动行业向以产业生态构建为核心的价值创造机制、模式和路径的转变。

（四）加快文化旅游资源数字库扩容增效，开展线上精准营销

1. 用海量文旅资源库与先进数据模型赋能文旅产业

数字化产业的发展转变了传统信息传播方式，突破了时空限制，以更高效的传播渠道完成信息由点到面的多维传播，为数字文旅产业构建全新营销模式提供助力。建设智能化的运营管理系统，多维度、多指标、结构化，实时更新对数据源与点信息的实时数据对接、实时监测、实时采集并实时推送，自动更新高质量数据内容。减少数据对接成本，轻松对接各个管理平台，减少开发过程中的信息提取、数据清洗、数据融合和系统对接问题。

2. 精准决策、精细化运营。

通过数字化转型，文旅企业可快速准确收集信息资源，通过信息整理分析，建立内容丰富的数据库，对比不同渠道的拉新与获客效率，筛选出优质渠道精准投入费用进行推广。根据用户行为数据，对用户进行精细分群，根据不同群体的偏好策划不同的活动，持续与新用户进行互动，促进用户的付费转化，提升资源利用率。通过数据分析对产品持续迭代，提升用户体验感，制定精细化运营策略增加用户黏性，对流失用户进行分析，通过推送消息，召回部分流失沉默用户，提升用户留存。针对性地制定营销方案，锁定个性化的旅游产品，通过游客在平台中留下的数据痕迹，点对点沟通，面对面服务，完成文旅产品的推广和营销。

（五）继续抓好“一部手机游甘肃”市场化运营

将“一机游”数字化体验产品的扩容增建与市场化运营有机结合，全面引进战略性投资及专业化运营主体，在“一部手机游甘肃”平台实现门票在线预订、信息无死角展示、会员管理、团购优惠、文创产品销售、电商带货、监测管理等功能，让甘肃景区景点、文化场馆、乡村旅游的自驾交通、活动视频秀、美食特产、周边资源等以网络集约的方式，瞬间走向游客，吸引潜在游客入甘体验。

（六）深化数字化与文旅融合发展，加快区域发展战略步伐

鼓励扶持“互联网+旅游”创新创业。联合省内外高校、企业建立甘肃智慧文旅专家智库，搭建智慧旅游创新创业平台，建设国内领先的互联网旅游大数据关键技术研发及应用重点实验室。实施甘肃文旅品牌突围战略，用IP品牌价值支撑，集中培育一批文化旅游高端产品，推动数字文旅商农结合。加快建设“云游甘肃”品牌，打造甘肃云旅游创新应用矩阵。集中建设5G云网、AI视觉、AR增强、高清流媒体、VR虚拟现实等文旅数创平台。推进文化会展行业数字化转型，引导支持举办线上文化会展，实现云展览、云对接、云洽谈、云签约，探索线上线下同步互动、有机融合的办展新模式。

（七）加大特色经济的打造力度

1. 丰富旅游形式

红色游、研学游已成为热潮，受到众多年轻游客喜爱，应加强对红色景区、重点场馆的数字化建设，开展创新设计和旅游产品开发，以文旅服务智能化、体验互动化、管理数字化为目标，为红色旅游注入新活力。

2. 打造特色品牌

高铁开通，汽车普及，自驾游、自由行已成为主流趋势，打造精品自驾游品牌“西部自驾文旅黄金线”，将省外游需求转化为自驾游、周边游，促进省内内循环经济发展。

3. 拓展宣传渠道

运用技术手段，持续开展线上线下相结合的直播、展会活动，通过网络媒体放大宣传效应，提升甘肃文化旅游品牌美誉度。

4. 着力打造夜间文旅市场

从夜景观光、街区夜游、景区夜游、夜市夜宵、夜间演艺、夜间节事和城市文化艺术休闲游等方面入手，让丝路文化搭乘“夜间经济”的列车，谱写新篇章。

参考文献

钱坤、杨莉萍、吴云鹏、胡宗华：《旅游产业数字化转型发展路径研究》，《绿色科技》2020 年第 15 期。

秦斌峰：《甘肃依靠信息技术推动文旅产业高质量发展》，《经济参考报》2019 年 7 月 19 日。

冯志军、张维萍：《甘肃玉门昌马石窟壁画彩塑实现数字化保护》，中国新闻网，http：//www. chinanews. com/cul/2020/05 – 13/9183019. shtml。

B.15
甘肃旅游治理能力现代化发展与展望

梁海燕*

摘　要：　《中共中央关于全面深化改革若干重大问题的决定》提出推进国家治理体系和治理能力现代化，为旅游治理能力现代化指明了方向。旅游治理能力现代化是保障旅游治理顺利进行并达成现代化目标的各种理念、方法与规则的综合，是旅游治理体系现代化的支撑。近年来，甘肃坚持“创新、协调、绿色、开放、共享”的发展理念，推进旅游业依法治理、智能治理、高效治理、多元治理，旅游治理现代化能力在实践中得到锤炼和提升，但制度体系不健全、公共服务能力薄弱、市场主体参与不足的问题也制约治理能力提升。面对新发展阶段旅游业面临的新形势、新要求，甘肃应从健全协同保障机制、创新治理方式、强化旅游公共服务、提高监管能力等方面持续发力，不断推进旅游治理体系和治理能力现代化。

关键词：　旅游　治理能力　现代化　甘肃

治理能力是衡量一国现代化程度和社会进步程度的重要向度。① 改革开放40多年来，中国经济高速增长的同时，传统权力结构发生改变，各种盘根错节、相互交织的社会问题凸显，迫切需要政府转变角色，实行更加灵活的

---

* 梁海燕，甘肃省社会科学院决策与咨询研究所研究员，主要研究方向为地方法治、法社会学。

① 刘建伟：《国家治理能力现代化研究述评》，《上海行政学院学报》2015年第1期。

治理体系。为此，党的十八届三中全会提出推进国家治理体系和治理能力现代化，并将其作为全面深化改革的总目标。治理现代化目标的提出，不仅是应对治理困局的内在需要，也为各领域、各产业的现代化提供了方向和选择。

旅游治理是国家治理的重要组成。旅游业的综合性、关联性、旅游产品的易折性等决定了要实现旅游治理能力的现代化，全面促进旅游业高质量发展，《“十四五”文化和旅游市场发展规划》也将文化和旅游治理体系与治理能力现代化作为“十四五”时期发展目标，为新时代旅游治理能力现代化提供了根本遵循。甘肃旅游资源富集，旅游业发展迅速（见图1），是重要的支柱产业，推进旅游治理能力现代化对促进全省旅游业提质增效、建设文旅强省具有重大现实意义。

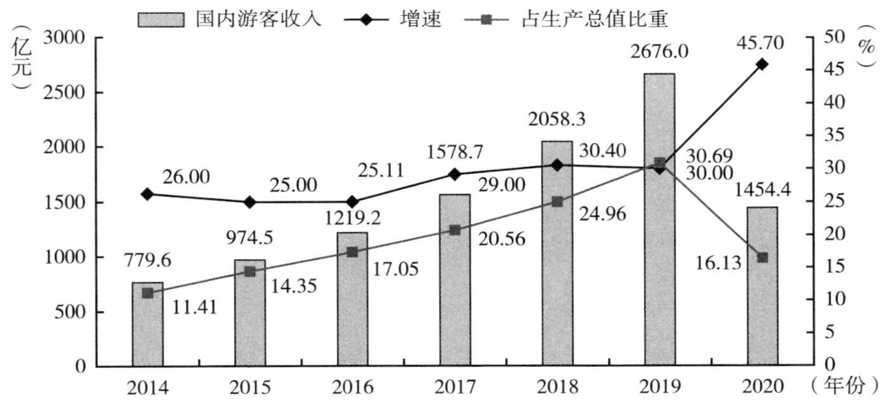

图1　2014～2020年甘肃省国内游客收入、增速及占比

资料来源：根据历年甘肃省国民经济和社会发展统计公报整理。

一　旅游治理能力现代化的含义分析

（一）治理理论的兴起

20世纪80年代，随着治理理论在西方社会逐渐兴起，公共管理范式开始从统治走向治理。1989年世界银行首次使用“治理危机”，之后治理被引进政治、经济等领域并被赋予更为广泛的内涵。1995 年，全球治理委员会认为治理是公共部门与私人共同管理诸多事务的总和。这一概念明确了治理的疆界是“共同事务”，而共同事务又源于责任赋予以及多元主体的培育与演化。显然，治理主体的行为特征具备了多样性、共同性、协同性、互益性等应有之义。治理理论的重要奠基人詹姆斯·N. 罗西瑙认为治理包括政府机制以及非政府、非正式的机制，治理是被多数人接受才会生效的规则体系。

（二）旅游治理与旅游管理的区别

治理理论进入我国后，在理论和实践方面取得了进步，被广泛应用到国家治理、社会治理、生态治理等领域，为旅游治理提供了重要支撑。概言之，旅游治理不同于旅游管理，其一，旅游管理主体主要是文旅管理部门，旅游治理的主体包括文旅管理部门、企业、社会组织、公众等。其二，性质不同。旅游管理体现的是统治型的管理，具有极强的强制性，旅游治理突出的是服务。其三，权力运行方式不同。旅游管理是自上而下的管理，体现的是科层制；旅游治理权力运行方式是平行的，强调多主体协同。其四，资源配置过程不同。旅游管理中政府在资源配置中起决定性作用，旅游治理中起决定性作用的是市场。长期以来，我国对旅游业的管理采取的是政府主导的模式，伴随旅游行业环境的变化、互联网的发展和国家治理的要求，旅游行业规制必须从管理转向治理，不断提升旅游治理主体的现代化能力。

（三）旅游治理能力现代化的内涵

2013 年，党的十八届三中全会将国家治理体系和治理能力现代化作为全面深化改革的总目标，党的十九届四中全会提出到 2035 年基本实现治理能力现代化，《“十四五”文化和旅游市场发展规划》再次强调治理体系和治理能力现代化，为旅游治理能力现代化提供了实践进路与目标选择。旅游治理专业化程度高，主要包括旅游经济运行监测和宏观调控、旅游市场促进、旅游行业监管等。旅游治理现代化是指政府与多元化主体协同合作，运用多样化、专业化与智能化等治理方式，对旅游事务进行全面、协调、有效治理的过程，从而实现治理规范化、科学化、优质化、高效化、协调化。旅游治理体系和治理能力现代化是辩证的逻辑顺延关系。旅游治理能力现代化是保障旅游治理顺利进行并达成现代化目标的各种理念、方法与规则的综合，大致包括依法治理能力、现代技术运用能力、高效整合社会资源能力、创新协调与合作能力等。旅游治理能力现代化具有重要的现实意义，是提高旅游治理效率的内在需要，也是旅游治理体系现代化的重要支撑。

二　甘肃旅游治理能力现代化的实践进展

（一）法治保障，不断提升依法治理能力

法治化是旅游治理现代化的重要标志。旅游治理能力的现代化，离不开法律法规以及健全的法治体系。旅游业是关联性、依托性较强的行业，其良性发展必须有优质的法治环境，政府、行业协会、企业、公众参与治理也需要坚实的法治保障，依法治理是最为可靠和稳定的治理。随着全面依法治国的深入推进，我国旅游业法治体系逐步健全，基本形成以旅游业为核心的法治体系（见表1），涵盖旅游企业、旅游交通、旅游行业标准、旅游安全、消费者权益保护等领域，为旅游治理体系和治理能力现代化提供了有力的法律支撑。一直以来，甘肃省文旅系统注重依照《中华人民共和国旅游法》《旅行社条例》等法律法规开展旅游治理，旅游治理法治化水平不断提升。同时，结合本省实际积极推进地方立法，《甘肃省长城保护条例》的颁布实施填补了立法空白。对《甘肃省旅游条例》进行了修订，该条例于2021年10月1日起施行。条例增设了“旅游安全”专章，强化了旅游安全保障措施；规定可采取限量、预约、错峰等方式监测和控制接待旅游者的数量；规定了旅游经营者以及从业人员的12项禁止性行为；对行业信用体系建设、旅游投诉管理进行了明确规定。此外，甘肃还推进《甘肃省公共文化服务保障条例》《甘肃省公共图书馆条例》《甘肃麦积山石窟保护条例》等的立法工作，对《甘肃省非物质文化遗产条例》

《甘肃省娱乐场所管理条例》等地方性法规进行了清理，以法治推进旅游治理能力现代化。

表 1　旅游领域主要法律法规

分类	名称	颁布机构	实施时间
法律	《中华人民共和国旅游法》(2013年通过,2016 年、2018 年两次修订)	全国人民代表大会常务委员会	2018 年 10 月 26 日
	《中华人民共和国公共文化服务保障法》	全国人民代表大会常务委员会	2017 年 3 月 1 日
	《中华人民共和国公共图书馆法》	全国人民代表大会常务委员会	2018 年 1 月 1 日
	《中华人民共和国非物质文化遗产法》	全国人民代表大会常务委员会	2011 年 6 月 1 日
	《中华人民共和国文物保护法》	全国人民代表大会常务委员会	2002 年 10 月 28 日
法规	《旅行社条例》(2016 年、2017年、2020 三次修订)	国务院	2020 年 11 月 29 日
	《博物馆条例》	国务院	2015 年 3 月 20 日
	《导游人员管理条例》(1999 年发布,2017 年修订)	国务院	2017 年 10 月 7 日
	《营业性演出管理条例》(2005 年公布,2018 年、2013 年、2016 年、2020 年四次修订)	国务院	2020 年 11 月 29 日
	《长城保护条例》	国务院	2006 年 12 月 1 日
部门规章	《旅行社条例实施细则》(2016 年修订)	国家旅游局	2016 年 12 月 12 日
	《导游管理办法》	国家旅游局	2018 年 1 月 1 日
	《旅游行政许可办法》	国家旅游局	2018 年 5 月 1 日
	《国家级文化生态保护区管理办法》	文化和旅游部	2019 年 3 月 1 日
	《在线旅游经营服务管理暂行规定》	文化和旅游部	2020 年 10 月 1 日
	《网络表演经纪机构管理办法》	文化和旅游部	2021 年 8 月 30 日

资料来源：根据中国人大网、文化和旅游部网站、甘肃省文化和旅游厅网站公布资料整理。

（二）深化改革，提升旅游治理效能和服务能力

甘肃文旅系统将“放管服”改革作为推进旅游治理体系和治理能力现代化的重要抓手，加快政府职能转变，推进旅游治理能力提升。

1. 推行权力清单制度

梳理编制基本目录及实施清单，完成 7 项公共服务事项、48 项行政处罚、54 项行政检查基本目录。开展了公平竞争审查第三方评估试点单位工作，2020 年省文化和旅游厅完成行政审批 52 件，其中经营性互联网文化单位 27 件、演出经纪机构 16 件、演出活动 9 件。

2. 优化在线审批

实行“一网通办”“最多跑一趟”，2020 年核发 733 家旅行社经营许可证，核发办理 1 万余名执业导游证。甘肃旅行社年度审核率 100%，为全国 4 家审核率 100% 的省份之一。

3. 持续优化营商环境

良好的服务就是治理。截至 2021 年 8 月，全省拥有 A 级旅游景区 364 家，星级饭店 390 家，旅行社 849 家，娱乐场所 1310 家，互联网服务场所 1156 家，新改建旅游厕所 8529 座。加快推进全省一体化政务服务平台建设，推动系统整合与数据共享，甘肃省文化旅游厅政务平台已接入省交通厅旅游客运车辆基础信息、省公安厅人口基础信息、省环保厅城市空气质量监测等 5 类数据。积极完善“不来即享”机制，在涉企政策精准推送和“不来即享”服务系统累计上传相关政策 146 条。建立旅游气象预警信息联合发布机制，2020 年发布省级旅游安全预警信息 128 条。

（三）创新科技，提升旅游治理智能化水平

近年来，智慧旅游成为旅游业发展新趋势，甘肃正在走入“智慧旅游时代”。为推进产业转型升级，甘肃制定《关于深化“互联网 + 旅游”推动旅游业高质量发展实施意见》，加快大数据、云计算、区块链、物联网、人工技能在文旅业的深度实践和应用，并重视用科技赋能，建成甘肃文化和旅

游大数据、“一部手机游甘肃”等智慧化平台，推进治理能力现代化。

1. 实现景区门票分时预约管理，推动传统旅游管理向现代治理方式转变

以景区、公安、公路、移动、气象等数据为支撑，打造“一部手机游甘肃”综合服务平台，推进全域智慧文旅及文创 IP 体系化建设。该平台自 2018 年上线以来，共计接入全省 A 级景区和文博场馆 405 个，实现 773 家农家乐、577 条旅行线路、9596 名注册导游信息在线展示，以及 6843 家酒店和家庭旅馆预订。利用平台开发完成景区（场馆）分时预约服务小程序，实现预约、错峰、限量常态化，全省 A 级景区和文博场馆通过这一平台实现了对客流的有效疏导和精准分流，助力常态化疫情防控工作开展。2021 年上半年预约平台共计接入全省 373 家景区（场馆），预约游客 270 万人次。该平台获评 2020 年文化和旅游部年度信息化发展典型案例。

2. 建设数字平台提升治理效能

推动“陇上飞阅”数字文化建设，截至 2021 年 8 月，全省图书馆电子图书累计达到 1864.4 万册，群众可利用手机等移动终端设备享受 127TB 数字文化资源，让公共文化服务零距离。完成 50 家博物馆、1000 件藏品基础信息数据采集，基本实现数字化展示。开发建设非遗大数据平台，实现非遗项目的上传、存储、管理、展示。建成甘肃文化旅游大数据交换共享平台，获评 2020 年文化和旅游部年度信息化发展典型案例。优化全省旅游产业运行监测与应急指挥平台，完成了 75 个 4A 级景区、6 个 5A 级景区共 1294 路视频监控信号的接入。

3. 推进公共服务平台系统整合与数据共享

建成运营甘肃文旅公共服务平台矩阵，推进“全国旅游监管服务平台”“全国文化市场技术监管与服务平台”与甘肃政务服务网互联互通。在全国一体化在线政务服务平台电子证照系统中梳理签发电子证照名称、代码等信息，并全面推进电子营业执照、电子居民身份证、电子印章等技术的深度应用，推进旅游治理高效化、规范化。

（四）加强监管，全面提升旅游市场治理能力

构建平稳有序的市场秩序，全面提升旅游市场治理能力，是旅游治理体

系和治理能力现代化的重要内容。近年来，甘肃省坚持规范监管与促进发展并重，推进“互联网+监管”方式，构建现代化的旅游市场治理体系，促进市场繁荣与有序发展。

1. 持续开展专项整治

近年来，甘肃组织开展了“雷霆行动”“利剑行动”“市州交叉暗访”“旅游市场专项整治”等专项行动，对各地文化娱乐场所、旅游景区、星级饭店、演出市场、出版物市场进行了排查整治，依法规范旅游市场秩序。深入开展“行业清源”“见黑见恶不见伞”专项整治，配合省纪委监委对重点市州扫黑除恶专项斗争开展督导，督促清理整治无证经营娱乐场所68家。持续开展疫情常态化防控，督促各类场所严格落实防控措施，防止疫情通过文旅业传播。2021年1~8月，“雷霆行动”执法检查累计出动执法人员3.4万人次，检查文旅经营单位1.2万家（次），办结案件130件，行政处罚84.2万元。

2. 创新旅游执法机制

甘肃省文化和旅游厅与公安、市场监督管理局共同建立审批执法信息推送机制，敦煌市、永靖县等市、县建立“1+3+N”的文化旅游市场执法监督检查制度，省公安厅打造了“旅游警务”品牌，全省15个景区建成景区派出所、75个景区警务室，建立甘青两省文化市场综合行政执法工作协作机制等，联合开展甘青大环线旅游线路执法检查，整治旅游市场乱象，提高执法效能。

3. 深入推进执法改革

全面推进“互联网+监管”和涉企信息统一归集，加强系统平台应用并对接完成数据录入，2020年梳理编制检查实施清单116条，录入存量监管数据46条。积极推行柔性执法，建立文化旅游部门“两轻一免”清单，优化法治营商环境，激活文旅市场活力。深化文化市场综合执法改革，进一步健全完善全省文化市场综合行政执法运行机制，基本实现地市级“同城一支队伍”、县区级“局队合一”的改革目标。

4. 强化执法队伍建设

通过线上线下培训、中西部对口交流协作、岗位练兵、以案施训、交叉办案等方式组织开展各类培训，提升执法队伍能力素质。2016 年以来，全省各级文化市场综合执法机构共培训执法人员 4855 人次，其中，线上培训 2315 人次，线下培训 2540 人次；培训文化旅游市场从业人员 8500 多人次。

5. 推进信用监管

信用体系建设是提升旅游治理能力现代化的重要途径。甘肃省利用国家企业信用信息公示系统、“信用中国”网站对企业信用信息进行归集和共享，建立文化旅游市场经营“黑名单”和“警示名单”，对纳入黑名单的依法予以限制或者禁入，实施联合惩戒，加快构建以信用监管为核心的新型监管体系。2020 年对全省 68 家经营出境旅游业务的旅行社、104 家 4A 级以上的景区、94 家四星级以上的星级饭店进行第三方信用等级评估，并根据评定结果实施信用分级管理。利用“一部手机游甘肃”平台对 9733 名导游资料进行公开，方便游客选择、更换和评价导游，发挥信用评价的监督约束作用，促进市场主体守法合规经营。

（五）多元共治，优化旅游治理结构

坚持政府主导、企事业单位参与、社会组织协调推进，不断优化旅游治理结构，改善多元投资结构和经营水平，推进多元主体旅游治理能力提升。

1. 培育发展壮大文旅市场主体

截至 2020 年底，甘肃省有旅行社 784 家，[①] 文化市场经营单位 3156 家（见图 2），从业人员 24296 人。建立文化旅游企业基础信息库，至 2021 年 8 月录入企业 5140 家。实施新型文化企业培育计划，扶持中小微文旅企业向“专精特新”发展，加强政银企合作支持企业发展。2020 年，全省文旅企业申请贷款项目 386 个、172. 75 亿元，发放贷款 124. 95 亿元。疫情防控期间，筹集省级旅游发展专项资金 2100 万元，支持补贴中小型文旅企业复工复产和稳岗就业，为企业经济复苏向好提供了有力支持。

① 《甘肃省旅行社名录》，甘肃省文化和旅游厅网站，2020 年 12 月 31 日。

2. 创新融资渠道，改革创新治理模式

实行“优质旅游资源 + 优秀龙头企业”，打造文化旅游旗舰企业，形成“1 +1 >2”的叠加效应。2019 年成立甘肃文旅集团，重点解决旅游资源开发滞后、市场主体不强、文旅融合度低、投资渠道不畅等问题。集团牵头设立甘肃文旅产业基金，首期规模 5 亿元，其中引入社会及民营资本 4 亿元，强化了国有资本和社会资本共同推动文旅发展、治理的新举措。集团还自主研发了“墨迹”文旅运营服务平台，依托平台发行运营“兰州文旅年卡”，推进了旅游治理能力现代化。甘肃积极打造“大景区管委会 + 旅游开发公司”的管理运营模式，张掖七彩丹霞由甘肃省公航旅集团接管后，基础设施和运营管理都上了新台阶；平凉市与陕旅集团合作开发崆峒山大景区、嘉峪关市引进方特欢乐世界游乐项目，都是融资模式和治理方式的实践创新。截至 2021 年 8 月，全省 18 个大景区已完成管理体制改革工作，大景区成为甘肃旅游治理的重要主体。

3. 发挥行业协会和企业自律机制

充分发挥行业协会治理优势，支持文旅企业建立“首席质量官”“标杆服务员”制度，以及优质旅游服务承诺标识制度，引导企业向社会做出诚信经营承诺。2020 年实施旅游行业自律升级行动，委托第三方从诚信记录管理、诚信评价管理、激励与警示等方面对全省文旅行业进行评估，促使文旅企业强化行业自律。2020 年成立甘肃文旅企业家俱乐部，俱乐部组织全省文旅企业向陇南洪水暴洪地区捐款 300 万元。

4. 推进文化和旅游志愿服务

文化和旅游志愿服务是提升社会文明程度和旅游治理体系现代化的重要举措。甘肃大力推进文化和旅游志愿者队伍建设，引导志愿者开展旅游宣传、旅游咨询、旅游服务等，开展专业培训，提升旅游治理的专业化、社会化、现代化水平。各地积极探索形式多样的旅游志愿服务模式，成效突出。白银市群众艺术馆“文化暖心 · 点亮铜城”、定西市图书馆“关爱留守儿童阅读志愿服务”项目和庆阳市“南梁红色志愿讲解团队建设”项目分别获 2020 年全国文化和旅游志愿服务项目线上大赛一等奖、三等奖、三等奖。

（六）人才支撑，促推旅游治理能力现代化

近年来，甘肃文旅系统积极探索人才培养、展示、评价、考核等一体化管理机制，为旅游治理能力现代化提供了有力的人才支撑。修订了文博、图书资料、艺术和农村实用文化人才职称评价条件标准，建立人才评价体系，搭建专业技术人员成长的平台。2005 年在全国首开为农民评职称之先，截至 2020 年底，共评定农村文化实用人才 1090 人，其中高级职称 322 人。[①] 政府、企业与教育机构多方合作，为人才培育注入创新力。2021 年，甘肃省文化和旅游厅联合携程集团、兰州文理学院共同成立“美丽乡村国际学院”，扩充人才储备。甘肃文旅集团构建了引才、育才、用才、励才机制，面向全国引进各类人才 100 余名，对特需顶尖人才，打破现有薪酬体系，实行“一人一议”协议工资制，并推行职业经理人契约化管理，提升专业运营管理水平。2018 年甘肃成立旅游智库，智库专家由知名企业家、国内权威专家学者、省内专家学者等 36 人担任，开展咨政建言，为旅游治理能力现代化提供了有力的智力支持。定期组织开展依法行政、文物执法、旅游投诉受理等培训，2021 年实施了全省文化和旅游行业从业人员技能升级行动，举办为期 3 个月的文艺编创舞蹈表演、公共服务人才专题培训班 2 期，极大提升了从业人员的专业能力。

（七）科教赋能，促推治理能力向纵深发展

甘肃省深入推进“文旅 + 科教”，充分发挥科学教育对旅游治理能力现代化的引领作用，自 2019 年开始连续编撰《甘肃文化旅游业发展报告》，以理论指导促推治理能力提升。2020 年举办“黄河文化数字化论坛”，搭建沿黄省区数字文化产业研讨交流平台。成立由甘肃文旅集团和兰州文理学院，以及省内主要旅游企业、智库和科研院校、金融机构、媒体企业、线上运营商、演艺企业、涉文旅工程建筑和设计公司等单位共同发起的甘肃文旅

① 高婕、刘晓：《甘肃省文化和旅游厅人才职称评价改革工作迈上新台阶》，甘肃省文化和旅游厅网站，2021 年 8 月 20 日。

科教创新联盟，加快文旅科技成果和知识产权应用转化。甘肃省文化和旅游厅联合省内科研院所向文旅部申报了“黄河上游文化保护、传承与弘扬的基本内涵与推进体系研究”等十余项黄河文化研究课题，联合兰州大学申报了旅游信息融合处理与数据权属保护文化和旅游部重点实验室，获得文化和旅游部认定。实验室将深入开展涉旅信息在旅游行业的应用，探索涉旅信息在旅游业的应用模式、规范和标准，推动全国文旅数据应用平台的数字化建设，推进旅游治理能力现代化。

三 甘肃旅游治理能力现代化存在的问题

（一）制度体系建设有待加强

制度建设是旅游治理能力现代化的基础。甘肃旅游治理制度体系建设还比较薄弱，文化和旅游立法与文化旅游的发展形势不相适应，急需立法的项目较多且推进较慢，尤其是公共文化服务等方面的立法亟待加强。景区开发和自然保护之间的矛盾突出，部分风景名胜区与自然保护区重叠，制约旅游基础设施建设。景区内一些资源分属文物、宗教、水务、水利、林业等多个部门管理，存在多头领导和条块分割问题，制度规范不足，加大了治理难度。

（二）旅游治理市场化程度不高

全省文旅企业“小、弱、散”问题突出，资源整合共享不足，融资渠道单一，龙头企业少，带动能力弱，特别是缺少具有品牌影响的景区、酒店、旅行社、民宿等，缺乏市场竞争力。文旅投公司主要是通过财政投入、资产整合方式扩大规模，一些景点通过公私合作开展旅游设施建设和运营，旅游投资市场化程度低。社会组织自治性弱、规范性欠佳、筹资渠道狭窄，不能很好地承接政府职能转移，政府与社会协同治理旅游的机制尚未完全形成，难以完全适应旅游市场需求。

（三）旅游公共服务体系欠完善

当前，与快速发展的旅游业相比，旅游公共文化服务没有跟上，在土地、交通、餐饮、环境等方面存在短板，公共服务保障能力不能满足市场需求。如全省范围内“铁路—公路—机场”相互连接的通达性和便捷性不高，支线机场还没有完全实现串飞，部分4A级景区不通二级以上公路；一些景区旅游交通标识和导览系统不完善，停车场、游客集散中心等基础设施缺乏，餐饮、购物、住宿条件不能满足游客需求；部分景区的预约旅游服务功能相对单一、使用体验不佳。据《2020中国国内旅游发展报告》，甘肃属于出游力弱的地区。

（四）旅游监管方式需进一步创新

当前，旅游行为趋向于大众化，文旅消费人群显著增多，对旅游监管能力提出了更高要求，而监管职责分散、政府监管与协调不到位、风险应对能力不强等问题严重制约旅游治理能力现代化。2021年发生的白银景泰“5·22”山地越野赛事件就暴露出相关部门风险防范意识不强、安全监管措施落实不力的问题。机构改革后，甘肃文化和旅游市场监管和执法力量比较薄弱，对旅游潜在危机的监测能力不足，在线旅游存在盲区，这与迅猛发展的旅游形势不相匹配。

四　甘肃旅游治理能力现代化的建议及展望

2021年，我国进入新发展阶段，开启全面建设社会主义现代化国家新征程，旅游业发展环境面临严峻挑战，呈现一些新特点，表现为品质游、定制游、自驾游、小团体游将更受推崇；游客更注重个人体验、文化休闲与健康卫生；康养旅游、休闲度假、情感旅游、探险探奇受到大众青睐；国内游、周边游成为主流，这为甘肃旅游发展带来机遇和挑战，也对旅游治理能力现代化提出更高要求。

（一）构建协同治理机制，明确治理主体地位

着力构建立体、高效的旅游治理机制，进一步激活各类旅游参与主体的活力，优化旅游治理结构。第一，推进旅游治理制度化。加强优化营商环境、行政执法、信用承诺、游客集体诉讼和法律援助等制度建设，使各项制度更加成熟、定型，并构建协调一致的保障机制，确保制度之间良性互动。完善景区管理办法，理顺景区所有权、管理权、经营权权责关系，对一些风景名胜区与自然保护区重叠的景区重新确界。第二，明确政府治理旅游的职能边界，推动“全能型”政府向“有限政府”转变，最大限度地提高政府权力的运行效率，推动不同政府部门、政府和企业在旅游治理中的协同。第三，充分激发文旅企业和非营利性组织的治理积极性。引入第三方市场化营运主体，打造文旅领军企业、骨干企业，推进文旅业集团专业化、多元化发展，提升市场主体旅游治理能力。旅游行业协会要积极推进行政与市场分离，提升资源整合能力，着力构建资源共享、市场共拓、优势互补的机制，发挥服务行业、支持企业的作用。

（二）改革创新治理方式，大力提高治理效能

当前旅游业进入小众化、高端化、精细化发展阶段，“云峰会”“宅家游丝路”“云上文博”等新业态、新模式不断涌现，对治理能力提出相应的要求。第一，强化依法治理。建立健全文化旅游治理相关的法律制度，规定市场监管、人才培养、法律责任等内容，健全文化旅游法治保障机制，保障企业和非营利组织发挥自主权，促进旅游市场规范化运行。第二，健全现代化、精细化的旅游预约制度。后疫情时代，传统在线旅游转向智能出行管家模式，“云旅游”“去门票化”成为大势所趋，“预约、错峰、有序、文明”成为治理常态。应进一步完善景区预约服务功能，建立符合不同层次游客需要的预约旅游服务制度，提升游客体验和满意度。第三，提高治理智能化水平。运用互联网建立数字旅游信息，用好网络化、数字化、智能化科技创新成果，创新服务方式，使“科技+”“旅游+”相互赋能，同时高度关注在

线旅游及相关服务的风险和安全性，完善民商事法律规则，以网络监管为核心，做好服务监管与规范、信息安全管理等工作。第四，发展科技教育。科技教育是旅游治理能力提升的核心动力。要发挥科技教育对旅游治理的引领作用，支持旅游科技创新，培育旅游人才和队伍，围绕旅游治理能力提升开展相关研究，探索旅游治理能力现代化的评价标准及实现路径。

（三）提升旅游公共服务能力，营造优质旅游环境

目前，大众旅游需求及其增长成为旅游需求主力，快速增长的需求与公共服务能力薄弱的矛盾突出，需要将旅游战略回调到大众旅游消费面上，建立更高品质的旅游公共服务，提高服务能力。第一，提高结构性供给，推动科技应用与公共服务结合，将企业、社会组织、公民的积极性充分调动起来，完善“景区管委会 + 旅游开发公司”的开发运营模式，加大招商引资力度，加大对民营企业的融资扶持力度，推动形成多元化的供给机制，提高产品和服务的供给质量。第二，探索“旅游 +”“文化 +”公共服务模式，发挥甘肃文化资源优势，推进文旅融合，可在一些酒店、景区打造“书吧”，提高旅游的内涵品质。第三，提高旅游应急能力。建立风险防控机制，完善集旅游攻略、旅游气象、旅游预警、旅游投诉、旅游救援、疫情防控于一体的制度体系，发挥旅游保险作用，确保文旅行业安全稳定。第四，尽快出台《甘肃省公共文化服务保障条例》，创新旅游公共产品的供给模式，明确公共文化服务设施的运营与维护、管理权责，提升旅游公共服务能力。

（四）增强市场监管能力，提升旅游服务质量

把旅游质量提升作为强化市场管理的重中之重。加快旅游服务诚信体系建设，对严重失信列入“黑名单”的企业进行联合惩戒，对进入“红名单”的在市场准入、资质审核、评优评价方面给予便利，引导企业根据法律法规和行业准则，以健康的市场行为参与旅游治理。推进旅游价格、购物等信息公开，建立暗访、有奖举报制度及监督平台，鼓励群众参与旅游治理。发挥

携程、去哪儿、驴妈妈、马蜂窝等在线旅行服务商的作用，运用大数据、云计算等现代信息技术发布统计报告，对旅游市场形成监督。加快推进旅游标准化工作，构建服务质量标准体系、第三方质量评价体系，逐步实现标准化主体由政府主导转变为行业协会或企业主导。探索构建综合执法机制，创新包容监管、容错性促进等制度，在旅游信息共享、情况通报、联合执法等层面加强跨区域联合执法，提高执法效能，营造安全品质的消费环境。

未来几年，甘肃旅游将从高速发展转向高质量发展，新发展阶段的挑战、互联网时代的到来、新型旅游业态的不断涌现，亟待推进治理能力现代化。要坚持科技赋能、创新驱动，大力培育新的治理主体，因地制宜完善旅游治理机制，逐步实现以正式机制为主导转变为正式和非正式机制共同作用，加快补齐发展短板，营造优质旅游环境，不断满足人民群众对美好生活的需要。

B.16 甘肃旅游人均消费提升分析与展望

杨春利*

摘　要： 近十年来，随着甘肃旅游接待人数与旅游综合收入快速增长，全省国内人均旅游消费水平稳步提高，入境人均旅游消费水平波动上升。然而，由于高品位旅游资源少、旅游资源开发滞后、旅游产业链条短、旅游商品类型相近、旅游景区景点分散，存在游客吸引力不大、景点知名度不高、娱乐体验性不足、特色创新性不够、空间格局网络化和组织性不强等关键问题，因此人均旅游消费基础水平不高，增速较慢，与全国平均水平相比差距明显，与周边省份相比也全面落后。未来，要深入挖掘全省文化和旅游资源的潜力，着力丰富旅游产品供给层次，增强旅游资源体验性及吸引力，不断优化旅游消费结构。同时，要扩大旅游消费投资规模，持续完善旅游基础设施建设，切实提升旅游服务质量，综合各种媒介，加大旅游宣传创新力度，打造提升旅游人均消费的新优势。

关键词： 旅游　人均消费　甘肃

旅游业作为经济发展中的朝阳产业，具有“一业带百业”的重要作用，目前已成为我国增长势头最强劲和规模最大的产业之一。

甘肃是华夏文明的重要发祥地，地处三大高原交汇地带，境内人文资源

* 杨春利，甘肃省社会科学院副研究员，主要研究方向为区域经济与可持续发展。

丰富多彩，自然景观多元奇特。近几年，甘肃紧抓“一带一路”倡议重大机遇，加快文旅强省建设步伐。特别是“十三五”以来，甘肃深入实施省委省政府关于促进旅游业改革发展的意见精神，通过大力发展全域旅游、大景区改革，完善旅游基础设施，延伸旅游产业链条，2016 年后旅游接待人数绝对量加快跃升，2017 年国际权威旅游指南《孤独星球》将甘肃评为亚洲十大最佳旅游地之榜首，2018 年甘肃入选《纽约时报》“2018 年全球必去的 52 个目的地”榜单，列第 17 位，意味着甘肃旅游的知名度和美誉度进入全球视野、享誉世界口碑。2019 年甘肃省国内游客收入为 2676 亿元，增长 30%，国际旅游外汇收入出现井喷式增长，当年国际旅游外汇收入 5904.6 万美元，增长 108.7%。然而，2020 年由于新冠肺炎疫情影响，全省旅游业发展受到严重冲击，国内游客比上年下降 43.1%，国内旅游收入下降 45.7%，入境游客比上年下降 87.2%，国际旅游外汇收入下降 88.2%。

在此背景下，2019 年全省旅游人均消费达到近十年来最高水平，2020 年明显下降。与此同时，甘肃与全国及周边邻近省区相比，人均旅游消费水平依然偏低，需要进一步加强应对资源开发、产业链条、旅游商品等方面存在的短板，不断塑造自身优势，缩小横向差距，才能持续推进全省文旅业高质量发展。

一　甘肃旅游人均消费水平现状

（一）国内旅游人均消费水平稳步提高

通过 2010～2020 年甘肃省国内旅游人均消费变化（见图 1）可以看出，近十年来，全省国内旅游人均消费水平不断增长，整体呈现缓慢上升态势。具体来看，2010 年全省国内旅游人均消费 553.63 元，较上年减少 15.4 元，同比下降 2.71%，此后一直呈现正增长态势。2012 年全省旅游人均消费水平达 602.08 元，增速为 5.12%，首次超过 600 元大关。

2019 年全省旅游人均消费水平进一步突破 700 元，达 716.14 元。2020 年，由于新冠肺炎疫情影响，全省国内旅游人均消费 682.82 元，同比下降 4.65%。

图 1　2010～2020 年甘肃省国内旅游人均消费变化

资料来源：根据《甘肃发展年鉴 2020》《2020 年甘肃省国民经济和社会发展统计公报》整理计算。

（二）入境旅游人均消费水平波动增长

通过甘肃全省入境旅游人数和旅游外汇收入，计算得出全省入境旅游人均消费水平变化（见图 2）。可以看出，2010～2020 年的入境游客人均消费总体呈现波动上升趋势。其中，2010 年入境旅游人均消费为 211 美元，较上年增长 2.17%，随后增速波动变化，2011 年、2013 年和 2017 年均为负增长状态，其余年份表现为正向增长。2015 年增速最高，达 24.70%，2019 年全省入境旅游人均消费上升到 298 美元，增速为 5.39%。2020 年，全省入境旅游人均消费稍有减少，为 274 美元，同比降低 8.05%。

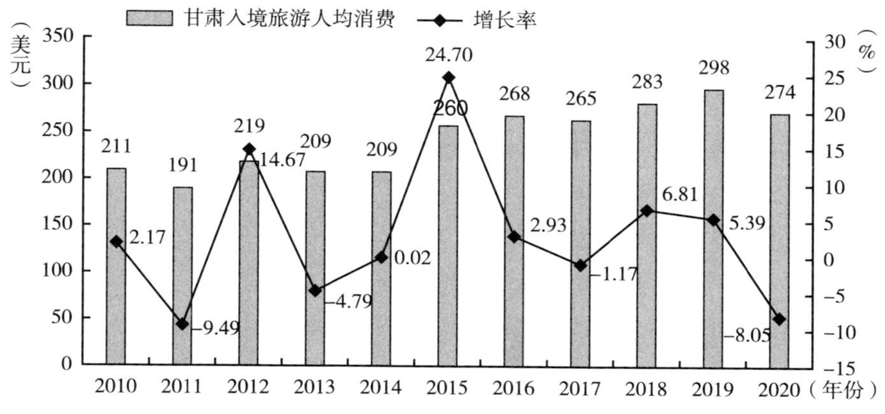

图 2　2010～2020 年甘肃省入境游客人均消费变化

资料来源：根据《甘肃发展年鉴 2020》《2020 年甘肃省国民经济和社会发展统计公报》整理计算。

（三）旅游人均消费与全国平均水平差距明显

表1 显示的是甘肃旅游人均消费与全国平均水平比较，可以看出，2010～2020 年甘肃国内旅游人均消费均低于全国平均水平，且总体上具有不断扩大的趋势。其中，2010 年甘肃国内旅游人均消费与全国平均水平相差 44.6 元，此后在增速相差不大的情况下，由于增长基数不同，两者之间绝对差距逐步拉大，2019 年达到 237.2 元，2020 年由于全国国内旅游人均消费降幅较大，因此从数据上看，两者仅仅相差 91 元。但总体来看，仍然反映出甘肃国内旅游人均消费与全国平均水平之间还有明显差距。

从入境旅游人均消费水平来看，2010～2019 年甘肃入境旅游人均消费也全面低于全国平均水平，且差距更大。其中，2010 年甘肃入境旅游人均消费为 211 美元，全国入境旅游平均水平为 343 美元，两者相差 132 美元，随后差距迅速扩大，2014 年甘肃与全国平均差距达到 814 美元。近几年随着甘肃入境旅游人数和收入不断提高，两者差距有所缩小，2019 年甘肃入境旅游人均消费低于全国平均水平 605 美元，依然具有很大的差距。

表1 甘肃旅游人均消费与全国平均水平比较

年份	国内旅游人均消费(元)			入境旅游人均消费(美元)		
	全国	甘肃	差距	全国	甘肃	差距
2010	598.2	553.6	44.6	343	211	132
2011	731	572.7	158.3	842	191	651
2012	767.9	602.1	165.8	867	219	648
2013	805.5	616	189.5	928	209	719
2014	839.7	616.5	223.2	1023	209	814
2015	857	623.7	233.3	849	260	589
2016	888.2	639.3	248.9	867	268	599
2017	913	661.4	251.6	885	265	620
2018	925.8	682.4	243.4	900	283	617
2019	953.3	716.1	237.2	903	298	605
2020	773.8	682.8	91	—	274	—

资料来源：根据《中国统计年鉴2020》《甘肃发展年鉴2020》《中华人民共和国2020年国民经济和社会发展统计公报》《2020年甘肃省国民经济和社会发展统计公报》整理计算。

（四）旅游人均消费与周边省区相比全面落后

进一步比较2019年西北五省区旅游人均消费水平（见图3）可以发现，甘肃人均旅游消费不仅与全国平均水平相比差距明显，即使与西北邻近省区相比，旅游人均消费水平也全面落后。从国内旅游人均消费水平看，西北五省区中新疆最高，达1701.4元，其次是青海1102元，排在第三的是陕西994.1元，宁夏为839.2元，处于第4位，最低的是甘肃723.2元，与其他四省区差距相当明显，特别是新疆，比甘肃高出978.2元，是甘肃的2.35倍。从入境旅游人均消费水平看，由高到低顺序为：陕西、宁夏、青海、新疆、甘肃，其入境旅游人均消费分别为723.2美元、515.3美元、456.3美元、327.8美元和297.9美元，陕西入境旅游人均消费比甘肃高出425.3美元，是甘肃的2.4倍。

（五）各市州旅游人均消费水平差异较大

由于各市州旅游资源禀赋的区域差异较大，加之各地旅游市场开发程度

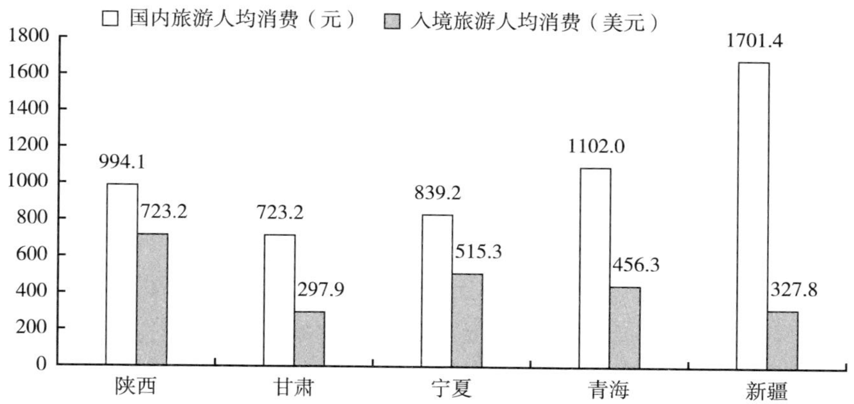

图3　2019年西北五省旅游人均消费对比

资料来源：根据2019年陕西省、甘肃省、青海省、新疆维吾尔自治区国民经济和社会发展统计公报，2019年宁夏旅游经济发展公报搜集整理。

不尽相同，各市州旅游人数、收入等明显有别，从而使其旅游人均消费水平也具有明显的地区差异。图4显示了2019年各市州人均旅游消费水平现状，从旅游人均综合消费水平看，人均消费排名前五的市州分别为酒泉、兰州、嘉峪关、张掖和白银。其中酒泉为995元，全省最高，人均消费相对较低的市州是甘南、临夏和定西等市州，其中定西市为490.4元，全省最低。从入境旅游人均消费水平看，排在全省前五的分别是酒泉、兰州、庆阳、甘南和张掖，其中酒泉入境旅游人均消费仍然最高，达346.5美元，而定西、嘉峪关、天水和平凉等市州较低，其中定西入境旅游人均消费仍然最低，仅为195.7美元。

二　甘肃游客旅游消费结构变化及特征

（一）国内外游客消费变化趋势类同，消费结构逐步优化

根据抽样调查数据和相关统计数据可知，2016～2020年甘肃国内游客旅游基本消费和非基本消费比重具有波动特征，但总体结构逐步优化。从基

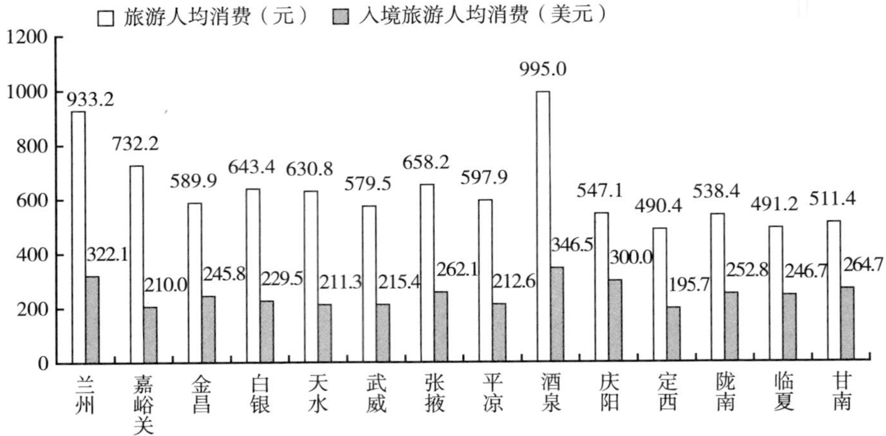

图4　2019年甘肃省各市州旅游人均消费水平

资料来源：根据2019年甘肃省各市州国民经济和社会发展统计公报、《甘肃发展年鉴2020》搜集整理。

本消费变化来看，所占比重呈下降趋势，2016年餐饮、住宿、长途交通、游览所占的比重为71.05%，2019年下降到66.21%，2020年抽样数据显示，基本消费占比为68.88%，与近几年平均比重基本持平。从非基本消费变化来看，所占比重总体呈上升趋势，旅游购物、娱乐等方面的消费支出比重由2016年的28.95%增加到2019年的33.79%，提高了4.84个百分点，2020年比重稍有下降，为31.12%，与平均比重基本一致，表明甘肃国内旅游消费结构层次在不断升级，逐渐向更高旅游水平发展。

甘肃省入境旅游消费结构与国内旅游消费结构变化趋势较为相似，均显示出逐渐优化趋势。从基本消费看，其所占比重总体下降，从2016年的69.1%下降到2019年的62.1%，下降了7个百分点；从非基本消费看，其所占比重逐渐提高，从2016年的30.9%上升到2019年的37.9%。

（二）国内游客住宿消费平均比重最高，市交及通信比重最低

从消费类别看，2016～2020年甘肃国内游客旅游消费构成中，住宿、长途交通、餐饮、购物所占比重较高。其中，住宿所占比重2016年为

22.05%，2020年下降到18.11%，下降3.94个百分点，但其平均比重在所有消费类别中仍然最高，达20.82%。长途交通平均比重也较高，且具有波动变化态势，2016年所占比重为20.25%，2019年下降到15.60%，减少将近5个百分点，但2020年有所上升，占比为24.70%。餐饮和购物比重总体呈现上升态势，餐饮所占比重从2016年15.85%上升到2019年的18.56%，购物所占比重从2016年15.75%上升到2019年的18.31%，但2020年两者比重均有降低，分别为17.82%和15.18%。

游览、娱乐、市交及通信所占比重较低，其中市交及通信的比重最低，由2016年的3.08%下降至2020年的1.59%，游览比重由2016年的12.90%下降到2020年的8.25%；而娱乐比重有缓慢上升态势，2016年为7.10%，2020年上升到9.04%，增加了近2个百分点（见表2）。

表2　2016～2020年甘肃国内游客旅游消费构成比重及变化

单位：%

年份	基本消费					非基本消费				
	餐饮	住宿	长途交通	游览	合计	购物	娱乐	市交及通信	其他	合计
2016	15.85	22.05	20.25	12.90	71.05	15.75	7.10	3.08	3.02	28.95
2017	15.92	22.44	20.30	12.77	71.43	16.53	7.87	3.16	1.01	28.57
2018	17.50	19.91	17.67	12.07	67.15	18.57	7.91	2.69	3.68	32.85
2019	18.56	21.59	15.60	10.46	66.21	18.31	7.57	2.24	5.67	33.79
2020	17.82	18.11	24.70	8.25	68.88	15.18	9.04	1.59	5.31	31.12
平均	17.13	20.82	19.70	11.29	68.94	16.87	7.90	2.55	3.74	31.06

资料来源：2016～2019年甘肃旅游统计报告，2020年度甘肃省国内游客抽样调查数据报告（甘肃省文旅厅提供）。

（三）入境游客长途交通消费平均比重最高，娱乐与市交及通信比重最低

甘肃省入境游客消费结构中各消费类别中所占比重较高的是长途交通、住宿、购物。由于入境游客一般离旅游目的地较远，大部分支出花在交通上，因此长途交通的占比最大，近年来其平均比重达到29.43%，但其比重

呈下降趋势，从 2016 年的 37.1% 下降到 2019 年的 24.1%，降低了 13 个百分点；住宿和购物的比重在逐渐上升，住宿从 2016 年的 14.9% 上升到 2019 年的 21.4%，购物从 2016 年的 15.6% 上升到 2019 年的 24.9%，增加了 9.3 个百分点。此外，占比较低的是游览、娱乐、市交及通信，其中最低的是娱乐和市交及通信，且两者的比重呈现下降趋势，娱乐由 2016 年的 4.7% 下降到 2019 年的 2.3%，市交及通信由 2016 年的 5% 下降到 2019 年的 1.9%，降低了 3.1 个百分点（见表 3）。

表 3　2016～2019 年甘肃入境游客旅游消费构成比重及变化

单位：%

年份	基本消费					非基本消费				
	餐饮	住宿	长途交通	游览	合计	购物	娱乐	市交及通信	其他	合计
2016	8.5	14.9	37.1	8.6	69.1	15.6	4.7	5	5.6	30.9
2017	8.3	16.2	35	7.8	67.3	17	4.7	4.8	6.2	32.7
2018	11.5	24.7	21.5	9.6	67.3	19.1	2.1	1.9	9.6	32.7
2019	8.7	21.4	24.1	7.9	62.1	24.9	2.3	1.9	8.8	37.9
平均	9.25	19.30	29.43	8.48	66.46	19.15	3.45	3.4	7.55	33.55

资料来源：根据 2017～2020 年《甘肃发展年鉴》整理。

（四）甘肃与全国入境游客消费结构高度相似

通过对比 2019 年甘肃与全国入境游客旅游消费构成比重可以发现，两者高度相似。从具体消费类别看（见图 5），甘肃入境游客消费支出中住宿、游览、购物及其他消费的比重高于全国平均水平，其中住宿之间的差距最大，甘肃入境游客住宿消费比重为 21.4%，全国入境游客住宿消费比重为 15.3%，两者相差 6.1 个百分点，游览相差 3.4 个百分点，购物仅差 1.8 个百分点。与此同时，甘肃入境游客餐饮、长途交通、娱乐、市交及通信的消费比重低于全国平均水平，其中差距最大的是长途交通，甘肃为 24.1%，比全国的比重低 6.5 个百分点，餐饮比全国低 3.5 个百分点，而娱乐与市交及通信的比重与全国比重相差较小。

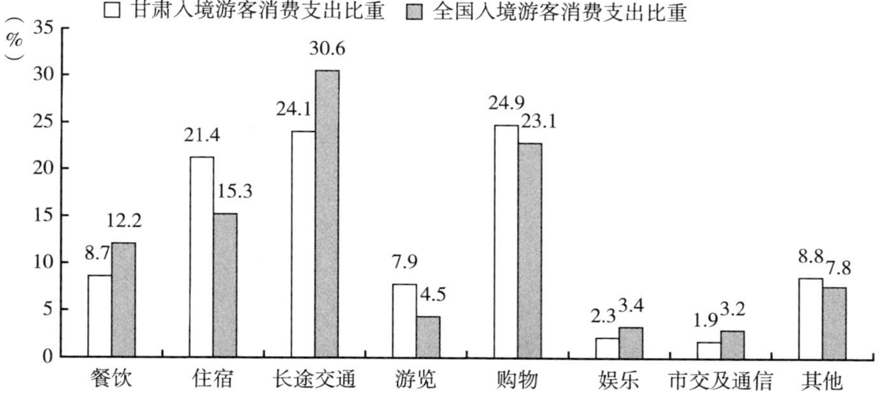

图 5　2019 年甘肃与全国入境游客旅游消费构成比重

资料来源：根据《甘肃发展年鉴 2020》《中国统计年鉴 2020》整理。

三　甘肃旅游个人消费提升难点及关键问题

（一）高品位旅游资源少，游客吸引力不大

甘肃旅游资源虽然类型多样，品类比较齐全，但是高品位的旅游资源单体数量并不多。从 5A 级景区数量看，截至 2021 年 6 月，全国共有 306 家旅游景区被评为国家 5A 级景区，甘肃有 6 家，数量在全国排名并列倒数第 4 位；从国家级风景名胜区数量看，目前我国共有国家级风景名胜区 244 处，甘肃仅有麦积山、崆峒山、鸣沙山—月牙泉、关山莲花台等 4 处，仅占全国数量的 1.6%；从世界遗产数量看，目前全国共有世界遗产 56 处，其中世界文化遗产 38 项、世界文化与自然双重遗产 4 项、世界自然遗产 14 项，甘肃境内虽然有 7 处世界文化遗产和 3 个世界级非物质文化遗产项目，位居全国前列，但自然遗产少，没有双遗产。因此，旅游资源独有垄断特性不足，高品位旅游资源相对偏少，必然不会产生太大的客源吸引力。2019 年抽样调查结果显示，国内游客中省内游客占比 39.01%，省外游客占 60.99%，而在省外游客中陕、川、青、宁四个周边省区的游客总数达到全部游客的

26.97%，占省外游客总数的44.22%，充分说明甘肃旅游资源吸引力有限，辐射范围较小。

（二）旅游资源开发滞后，景区景点知名度不高

旅游资源丰富不等于旅游知名度高，也不等于旅游消费市场大。甘肃省旅游资源类型多样，开发利用程度却处于全国后位，丰富的旅游资源只有在科学保护的前提下，做好品质化、市场化的规划开发，配套完善的服务基础设施，达到旅游活动的基本规律，才能成为有价值的消费产品，才能产生良好的市场效益。甘肃经济发展水平低，早期市场经济观念淡薄，对于旅游的开发投资起步较晚，在景区建设、旅游产品开发、旅游设施建设和服务水准等方面落后较多，大多数旅游景区开发程度低，景区产品大多是单一游览观光的初级开发状态。2019年甘肃国内游客抽样调查数据报告显示，观光旅游占比为61.25%，而观光旅游的非基本消费远低于其他类型旅游产品的消费支出，大规模的观光型旅游并不利于旅游人均消费的提升。此外，旅游资源开发中与本地文化的融合不够，对深厚文化底蕴的认识不足，或在文化旅游融合过程中缺乏创新意识，未能充分挖掘文化资源潜在的独特价值，并将其转化为现实旅游产品。

（三）旅游产业链条较短，娱乐体验性不强

甘肃旅游业产业链与相关产业关联度低，旅游业产业链较短，特别是旅游文娱项目大多处在发展阶段，虽然资源类型丰富多彩，但长期处于“有说头、没玩头”的发展状态。而文娱类项目已成为现代旅游的重要组成部分，其在旅游需求中的弹性较大，可以带来巨大的综合性经济效益，因此对经济消费的贡献具有相对的无限性。目前，甘肃旅游文娱项目可供旅游者消费的产品类型还不丰富、不完善，不能充分满足游客的消费需求，因此在有效延长游客停留时间和拉动旅游消费方面作用有限。特别是旅游消费能力较强的年轻一代青睐的参与性项目开发不足，以及沉浸体验式产品供给滞后，旅游产品市场供给不充分，难以适应现代旅游个性化、差异化及休闲旅游发

展的需求和趋势，使消费人群的总体规模小，旅游消费结构欠佳，消费能力不足，旅游产业综合效益不高，由此产生自我评价与游客体验价值之间落差较大，导致游客游玩和愿意停留时间短，人均消费水平低，必然不会产生太大的市场效益。

（四）旅游商品类型相近，特色创新性不够

购物是现代旅游的重要组成部分，也是促进旅游收入提高的强大动力，直接反映一个地区旅游的商业化水平。入境游客在发达地区的购物支出通常可达到30%～40%，但从近几年相关统计数据看，虽然甘肃国内外游客购物消费在逐年上升，但均未超过20%。主要由于旅游商品开发过程中存在产品类型相似、缺乏创新和文化内涵以及地区特色不够鲜明等问题，各地旅游商品虽然琳琅满目，但都大同小异，旅游纪念品的品质及价值内涵挖掘不够，质量不高，不能满足旅游消费者的购物需求，提升其购物欲望。特别是近几年文创产品虽然逐渐热销，但其火爆背后仍然存在一些弊端，诸如同质化严重，无法体现各自地域的文化内涵和民俗风情，有些文创产业主体小而散，发展资金欠缺，严重制约文创产品的研发和市场推广，甚至还有部分文创产品，打着文化的旗号，实则产品质量低劣而价格虚高。因此，富有本土特色的旅游商品种类少、研发慢、品牌弱、质量差等问题，仍是影响旅游购物消费的关键短板。

（五）旅游景区景点分散，空间格局网络化和组织性不强

甘肃地处西北内陆，地形东西狭长，各市州距离较远，近几年随着基础设施投资力度不断加大，交通条件持续改善。但对旅游交通而言，整个空间组织体系还不够完善，全省范围内“铁路—公路—机场”相互连接的通达性和便捷性不高，支线机场还没有完全实现串飞，5A级景区炳灵寺陆路等级不高，还有部分4A级景区不通二级以上公路，导致旅游景点所在地区的可进入性较低，加之旅游景区之间距离较远，景点分散，旅游空间格局优化和组织方面的联结度和便捷度不够，未能形成网络体系，耗费时间过长、旅

游成本较高，严重影响甘肃旅游的吸引力和经济效益。一般情况下，“有钱又有闲”的游客群体毕竟是少数，大多数“想出来旅游，并且有时间旅游”者，恰恰是普通上班族，这是一个很大的基数。因此，当其将大部分时间精力和花费消耗在长途交通上时，相应在旅游景点或一些相关项目上的时间和花费势必会受到一定影响，导致没有更多时间体验相关消费产品，造成部分游客只是“打卡式”游览，并没有深度参与到景区现有的各种活动当中，必然影响个体旅游的整体体验和其他文旅产品的消费。

四　进一步提升旅游人均消费的建议及展望

（一）加紧培育高等级文旅大景区和度假区，提高基础消费

一是加快推进以兰州中山桥—白塔山为核心的黄河风情线、陇南官鹅沟、武威雷台汉墓、甘南冶力关及扎尕那、庆阳南梁等大景区为主的新一批国家5A级景区申报创建，让大景区成为全省文旅产业发展的龙头和标杆；二是围绕全省已有的六大5A级景区，以全域旅游发展为宗旨，整合周边高质量文旅景点资源，优化游览路线布局，充分利用大景区的知名度和吸引力，发挥“以大带小”作用，实现区域文旅资源连片协同发展；三是进一步完善基础设施建设，着力解决重点景区交通线路、停车场、游客服务中心、星级酒店等旅游基础设施和公共服务设施建设中存在的问题，不断提升旅游接待能力及服务质量；四是高度重视全省旅游度假区的布局与发展，对度假旅游市场进行充分调研，准确判断、科学规划，不断提高现有的兰州兴隆山旅游度假区等两批次7个省级旅游度假区的发展质量，并以此为基础争创一批国家级旅游度假区，引领文旅行业由观光型向休闲度假型转变。

（二）深入实施文旅及相关行业融合发展，增强体验消费

要坚持按照“宜融则融、能融尽融”的理念，深入实施“文旅+”战略，全面推动文化与旅游在理念、产业和市场等方面的深度融合发展，推进

文化旅游与体育康养、工农业发展、教育科技等领域和行业融合发展，加大对国家级文化产业示范园扶持建设力度，大力培育国家级体育旅游、工业旅游、研学旅游、文化和科技融合等示范基地，大力发展国家级中医药养生保健旅游示范园区等新型旅游业态；同时，要围绕文旅融合发展的关键行业与领域，重点瞄准增强体验性消费的目标，培育一批业态多元、吸引力强的参与性活动项目和产品，延长文旅产业发展链条，比如在工业旅游示范基地中，融入简单工业产品的制作与实践，在农业乡村旅游发展中，开发休闲、农创、研学体验等特色产品，在非遗的宣传展示活动中，指导实践学习与操作等，通过这些体验性的消费活动，不断挖掘文旅与相关行业融合发展的价值与魅力，持续提升文化旅游产品供给能力，提高综合效益和服务质量。

（三）丰富旅游产品，优化旅游消费结构

文化旅游娱乐消费和购物消费是能为旅游业发展带来巨大收益的消费类别。因此，要着力从旅游购物和旅游娱乐两方面进行产品的创新，一是要持续推进旅游业界的“双创”活动，引进一些有实力的特色旅游产品开发企业，扶持培育一批旅游商品生产经营主体，减少同质化旅游项目及商品的供给，增加具有甘肃特色、高文化内涵的创新产品以及符合游客需求和兴趣的产品。二是要积极引导景区自身利用拥有的文化资源、自然资源等优势，加强与文化企业的深度合作，建设一批具有历史价值、活态传承、创意文化等旅游综合体项目，开发高品质旅游消费项目，制定鼓励性的旅游娱乐消费政策措施，优化旅游消费结构，提高游客参与活动的积极性和参观景区时的兴趣，从而延长游客在景区景点逗留的时间，增多文化旅游体验，增加旅游消费支出。

（四）建立扩大文旅消费长效机制，引导刺激消费

一是深化文旅消费市场投资运营机制，持续改善投资经营软环境，要特别注重对有资本运作实力和市场运营管理经验的大型旅游投资、策划、管理等方面的上市公司与知名品牌企业的引进，有效解决全省文旅消费领域投融

资及运营管理等方面存在的难题；二是建立文旅企业引进、培育与跟踪服务机制，切实加大对引进和本地文旅企业的支持与服务力度，引导其在文旅产业发展中对文娱体验项目的开发与研究，以及对本土特色文创与旅游商品创新研发，扶持培育精品品牌，提升文旅消费市场潜力；三是注重文旅消费示范平台的创建与提升，加快推进第二批国家文化和旅游消费示范城市及第一批国家级夜间文化和旅游消费集聚区创建，指导提升第一批国家文化和旅游消费示范城市的发展质量，通过示范引导全省文化旅游消费提质增效；四是加大文旅消费引导力度，制定完善刺激旅游消费市场发展的指导性政策，持续开展文化旅游消费促进活动（例如扩大文旅消费券发放范围，包括景点门票、交通票、演艺票、旅游酒店、餐饮等），有效刺激文旅消费市场，发挥消费杠杆对文旅市场的撬动作用。

（五）持续创新文旅市场营销方式，宣传鼓励消费

一是进一步扩大文化和旅游市场开放，鼓励引进更多有实力的文化和旅游跨国公司参与全省文旅产业发展，鼓励支持转型企业和社会资本进入全省文旅领域，建立对外文化贸易市场信息平台和国际营销平台，加强对外文旅贸易；二是发挥旅游联盟平台作用，注重加强与周边邻近省区文旅发展的联合与协作，通过媒体宣传、事件营销、会展节庆等多种形式抱团营销，共同打造跨区域、具有国际影响力和竞争力的主题旅游线路产品；三是创新营销模式，注重各种媒介的综合使用，通过各类相关 App 进行大数据精准推送，在微信公众号或是相关小程序上进行门票低价抢购或秒杀活动，在一些特定时段或节假日对目标群体给予降价或免票，或多种类型的门票联合促销等；四是要加快制定和完善应对于各类旅行社团、自媒体宣传等优惠政策和措施，借助大众宣传的力量，提高全省景区景点的价值口碑和美誉程度。

综上所述，近些年甘肃通过紧抓“一带一路”建设的发展机遇，在经济全球化的时代背景之下，加强与沿线国家、地区的合作，精心策划举办了多届丝绸之路（敦煌）国际文化博览会和敦煌行·丝绸之路国际旅游节；

加强与《区域全面经济伙伴关系协定》成员国，东盟10国、日本、韩国、澳大利亚、新西兰等14国的文化旅游交流合作。同时，数字化时代的到来为甘肃旅游发展提供了新机遇，通过打造各类发展平台、推进“互联网+”旅游模式、打响“交响丝路·如意甘肃”文化旅游主题形象品牌等，甘肃旅游业取得了较好的发展成就，旅游个人消费水平得到不断提高。目前，虽然国内新冠肺炎疫情总体得到较好控制，但局部疫情零星出现，对旅游消费市场具有不确定性影响。同时，国外疫情形势依然严峻，短期内入境旅游市场前景仍然不太明朗。但长期来看，世界范围内的新冠肺炎疫情危机终将缓解。未来，相信在“一带一路”倡议和数字化时代的促进下，政府主管部门对旅游发展的支持力度将不断加大，加上各类旅游文创企业不断发力，地方景区加快后发赶超，甘肃文旅产业将会蓬勃发展，文旅消费市场不断繁荣，甘肃旅游人均消费水平必然会跃上一个新的台阶。

参考文献

魏松峰：《甘肃省旅游业发展的经济效应分析》，《延安职业技术学院学报》2019年第6期。

汪曌：《甘肃文化旅游产业发展现状分析》，《甘肃农业》2021年第7期。

王霖：《甘肃文化与旅游融合发展报告》，《新西部》2019年第19期。

李晓、彭茂：《四川旅游消费结构与贡献度研究》，《商业经济研究》2016年第23期。

陈再福：《福建省国内旅游消费结构分析》，《山西高等学校社会科学学报》2009年第9期。

白明刚：《河北省国内旅游消费结构变动实证研究》，《中国集体经济》2021年第5期。

胡红梅：《河南省旅游消费结构优化对策研究》，《烟台职业学院学报》2016年第4期。

鲍富元、杨玉英、李慧：《海南入境游客消费水平及结构》，《海南热带海洋学院学报》2021年第2期。

李经龙、黄育花：《安徽省国内旅游消费时空演化及影响因素分析》，《济宁学院学

报》2020 年第 1 期。

刘佳、张洪香：《山东省旅游消费增长差异时空演化特征与影响因素》，《华东经济管理》2017 年第 5 期。

李中建、罗芳：《山西省国内旅游消费结构分析》，《晋中学院学报》2016 年第 5 期。

贾艳慧：《东亚旅游业发展现状与展望》，《城市》2020 年第 11 期。

附　录

Appendix

B.17 2021年甘肃文化和旅游业亮点工作回顾

张彦勤　金　蓉*

一　樊锦诗当选第八届全国道德模范

2021年11月5日，“德耀中华——第八届全国道德模范颁奖仪式”在北京举行。敦煌研究院名誉院长樊锦诗被授予敬业奉献类“全国道德模范”荣誉称号。

樊锦诗把敦煌文化遗产保护研究、弘扬管理工作当作终生事业，在敦煌莫高窟永久保存与永续利用等方面做出重大贡献，被誉为“敦煌的女儿”。她完成敦煌莫高窟北朝、隋、唐代前期和中期洞窟的分期断代，揭示各个时期洞窟发展演变规律和时代特征。先后承担国家及省部级研究课题10余项，主持国际合作项目10余项，出版专著13部，发表学术论文120余篇，主持

* 张彦勤，甘肃省文化和旅游厅办公室副主任；金蓉，甘肃省社会科学院丝绸之路研究所副研究员，主要研究方向为甘肃文化旅游。

编写《敦煌石窟全集》第一卷《莫高窟第266—275窟考古报告》，是国内第一本具有科学性和学术性的石窟考古报告。

二 2021年“一会一节”成功举办

2021年9月，第五届丝绸之路（敦煌）国际文化博览会和第十届敦煌行·丝绸之路国际旅游节（简称“一会一节”）以常态化疫情防控为前提，以线上线下相结合的方式举办了开幕式暨高峰会议、会见会谈、会议论坛、展览展会、文艺演出等一系列活动。中宣部部长黄坤明以视频会议的形式出席开幕式并发表主旨演讲，文化和旅游部、甘肃省委省政府、国际组织及国内省区市代表现场约300人参加会议，400多万名网友线上参加有关活动。“一会一节”有力促进了丝路沿线国家的文化交流与旅游合作，进一步推动文旅融合发展、共商“一带一路”建设、提升甘肃对外影响力，得到各界一致好评。

三 敦煌市当选东亚文化之都

“东亚文化之都”是深化中日韩文化领域务实合作的重要品牌活动。2021年“东亚文化之都”花落敦煌。4月，由文化和旅游部、甘肃省人民政府指导，省文旅厅、省外事办、酒泉市政府、敦煌研究院主办，敦煌市政府、敦煌研究院陈列中心承办的“东亚文化之都·中国敦煌活动年”开幕式在敦煌市隆重举办，活动期间，文化和旅游部、甘肃省政府、中国—东盟中心、日本和韩国驻华使馆等相关领导及日韩文旅机构代表、国内历届当选省市代表、知名文旅企业代表等近300人出席开幕式及相关活动，对进一步激发敦煌城市活力、提升“交响丝路·如意甘肃”的国际知名度和影响力产生重要的影响。

四 空中丝绸之路快线开启航旅融合新篇章

2021年3月，省文旅厅联合省民航机场集团、新华社甘肃分社和浙江长龙航空公司，以“共建空中丝绸之路，共促富了口袋富脑袋”为主题，组团赴湖北恩施、浙江杭州、江苏南京举办了“畅游交响丝路·启航如意甘肃”文化旅游推介营销活动，与鄂浙苏500多家文旅企业面对面洽谈、市场化对接，签订合作协议22份，共促“杭州—恩施—兰州”“南京—延安—兰州”两条新航线开通运营，构建空中丝绸之路快线。省文旅厅与浙江长龙航空公司共同举办了航旅融合主题推广、组织浙江旅行商实地考察踩线等系列活动，开展为期3年的“空中丝绸之路快线”“交响丝路·如意甘肃”飞机机身冠名宣传，推动航旅融合深度发展。

五　红色旅游助推党史教育活动走深走实

为庆祝建党百年，省文旅厅创新“党史教育+产业振兴”模式，组织开行“三区三州”红色旅游专列，推出“建党百年·红色之旅”六大主题20条精品线路，启动177场活动，目前已开行“三区三州”红色文旅专列等26列，组织游客2.87万人，实现旅游收入1331万元。以“追寻红色足迹·逐梦砥砺前行”为主题，组织全省各地农民、工人、学生等社会群体，创排《为有牺牲多壮志》等文艺作品534件，举办红色经典诵读264场次，观众300多万人次。同时，组织厅系统党员干部自创自排自演了“永远跟党走——红色家书诵读会”3场，干部参与度90%以上，现场及网络观演人数60万人次，30多家主流媒体持续关注和广泛报道。

六　话剧《八步沙》展现当代愚公精神

为大力弘扬“困难面前不低头、敢把沙漠变绿洲”的八步沙精神，落实陇原文艺高峰攀登工程，由省委宣传部指导，省文化和旅游厅组织，甘肃省话剧院以“时代楷模”——古浪县八步沙“六老汉”三代人先进群体治沙造林感人事迹为原型，精心创排大型原创话剧《八步沙》，入选中共中央宣传部、文化和旅游部、中国文学艺术界联合会“庆祝中国共产党成立100

周年优秀舞台艺术作品展演”，作为甘肃省唯一晋京演出剧目，在北京天桥剧院成功演出。首都文艺界评论该剧是精心创作、精致打磨、精雕细刻、精彩呈现的话剧精品，是展现我国脱贫攻坚奋斗历程的舞台艺术史诗之作、从脱贫攻坚走向乡村振兴的舞台艺术时代之作。

七　创新机制激发活力打造文旅铁军

坚持党管干部和人才的原则，树立鲜明的选人用人导向，创新人才评价机制，修订完善职称评价条件标准。加强选优配强年轻干部，2021 年以来，厅机关选拔任用 35 名年轻优秀干部，占干部总数 30.1%；厅直属事业单位配备干部 20 名；公招本科以上专业人才 52 名；为 690 余名专业技术人才评定了中高级职称，50 余人被评为文旅部“乡村文化旅游能人”，选拔培养“三区”文化工作者 200 余人。厅系统 25 名获评省级领军人才，为 120 余名高级职称人员办理“陇原人才服务卡”，组织获得艺术系列高级职称资格人员举办了艺术成果展演和展览等，协调举办全省文化旅游康养产业发展及全省民宿主人等培训班，参训 4200 余人。

八　“十四五”规划开启文旅发展新征程

立足新发展阶段，贯彻新发展理念，构建新发展格局，研究确定“1 + 3 + 9 + 15 + 12”规划体系，编制《甘肃省“十四五”文化和旅游发展规划》《甘肃省黄河文化保护传承弘扬规划》等专项规划、子规划、部门规划 40 部，统筹推进文化事业、文化产业和旅游业协同发展，不断扩大“交响丝路·如意甘肃”的国际知名度和影响力。“十四五”时期，全省文旅工作全面贯彻全域旅游发展理念，重点优化“龙头引领、枢纽联通、圈层集聚、带状拓展示范”的发展布局，全产业融合、全要素配套、全时空统筹，构建“一个龙头、两大枢纽、四圈拓展、四带示范”的文旅发展新格局，形成点上有精彩、线上有风景、片上有产品、面上有产业的文旅强省生动局面。

九　世行贷款甘肃文旅项目建设全面启动

2021 年以来，省文旅厅先后通过召开项目工作推进会、协调会、领导小组会、实地督办等多种形式，全面启动实施总投资 21.5 亿元人民币（其中世行贷款 1.8 亿美元）的世行贷款文化传承创新项目。截至目前，8 个文化旅游子项目已开工建设 1 个、准备开工建设 4 个，已签订合同 10 个，签订合同金额 9454 万元，项目建设取得实质进展，标志着世行贷款项目全面启动。同时，通过集中培训、以会代训等方式，培训世行项目业务人员 200 余人次，取得世行相关资格证书 60 人次，项目实施发挥了示范引路、社会带动的放大效应，进一步深化了与世界银行、联合国教科文组织、世界旅游组织的交流合作。

十　非遗传统文化展演亮相时代大舞台

组织举办庆丰收、迎国庆——“如意甘肃 · 多彩非遗”全省非物质文化遗产展演等系列活动，25 个非遗代表性项目近 100 名传承人在兰州音乐厅轮番登台展演。“文化和自然遗产日”期间，26 个国家级、省级非遗项目，14 个市（州）1000 余件非遗精品展演展销，取得良好的效果。启动省级文化生态保护区创建申报及实地考察评估等重点工作。目前，非遗保护已建成完整的国家、省、市、县四级非遗名录体系，其中入选联合国教科文组织人类非遗代表作名录 3 项；县级以上非遗代表性项目 8158 个，其中国家级非遗代表性项目 83 个；县级以上非遗代表性传承人 12336 名，其中国家级非遗代表性传承人 68 名；省级及以上非遗扶贫就业工坊 93 家。

十一　重拳出击守护文旅市场秩序

2021 年，全省文旅市场坚持重拳出手整治市场秩序，着力提升服务效能，组织开展文化市场“2021 雷霆行动”专项整治，建立甘青两省文化市场综合执法机制，六大领域综合行政执法工作有序开展。协调应急、消防、卫健等多部门开展联合检查，常态化抓好“扫黑除恶”工作，配合省纪委监委对文旅行业进行专项督查，55 家无证经营文娱场所得到整改。疫情期间整治文旅市场不间断，全年累计执法 11.51 万人次，检查经营单位 4.35 万家次，排查隐患 5800 多个。省文旅厅首次被省安委办评为全省安全生产工作先进集体，文旅行业安全生产教育培训工作获全省通报表扬。

十二　甘肃新修订旅游条例助力文旅强省建设

2021 年 7 月 28 日，《甘肃省旅游条例》（简称《条例》）经省十三届人大常委会第二十五次会议修订通过，于 10 月 1 日起施行。《条例》自 2012 年 1 月 1 日施行以来，为保护和合理开发甘肃省旅游资源、维护旅游市场秩序、促进旅游业健康发展发挥了重要作用。此次修订旨在深入贯彻习近平总书记对甘肃重要讲话和指示精神，结合甘肃省实际和旅游特色，补充完善了发展生态旅游、乡村旅游、红色旅游等新业态旅游的内容，增加了旅游安全保障的内容，规范了旅游经营与服务特别是将民宿及农家乐的经营活动纳入监管范畴，细化了假日旅游预报制度和旅游警示信息发布制度等。《条例》的施行，将进一步助推甘肃省文旅强省建设。

十三　文化和旅游部重点实验室首次落户甘肃

2021 年 7 月 31 日，旅游信息融合处理与数据权属保护文化和旅游部重点实验室在兰州大学正式揭牌，这是文化和旅游部重点实验室首次落户甘肃，也是甘肃省文旅厅与兰州大学科技合作建设的一项重大成果。文旅部通过逐级推荐、现场考察、专家评审等程序，此次在全国共认定重点实验室 18 个。这些重点实验室的主要任务是紧密围绕文化和旅游行业的科技需求，积极开展基础与应用基础研究，培养领军科技人才，进行高水平学术交流。

旅游信息融合处理与数据权属保护重点实验室揭牌后，将抢抓“一带一路”特别是“网上丝绸之路”建设重大机遇，致力于促进文化和旅游科技发展，探索人工智能、云计算、机器学习、数据权属及个人隐私保护技术在智慧旅游方面的深度应用，打造智慧旅游管理、服务和运营的新增长极，形成文化旅游数字知识产权保护体系，为服务甘肃乃至全国文化旅游业以及大数据产业高质量发展提供强大的科技支撑。

十四　大力培育文旅康养产业链

2021 年以来，省文旅厅认真落实省委省政府把文旅康养产业培育成“千亿级产业集群”部署，推进产业延链补链强链，支持建立文化旅游康养产业链链长推进机制，启动实施一批文旅康养项目，拓展一批文化旅游康养新业态，包装打造一批甘肃文化旅游康养特色商品。研究制定了《全省文化旅游康养产业链发展实施方案》，建立了《甘肃省文化旅游康养产业发展一本账》，以 2019 年全省文化旅游综合收入 3000 亿元为基数，“十四五”期间，年平均增长 15%，到 2025 年，全省文化旅游综合收入达到 6000 亿元以上，实现倍增目标。截至目前，全省已注册经营文旅康养企业 50 家，谋划储备文旅康养重点投资项目 316 个，指导市州加快推进文旅康养产业项目建设。

十五　文旅助力脱贫攻坚助推乡村振兴成效显著

近年来，省级旅游专项资金每年安排 1 亿元，累计整合各类扶贫资金 12 亿元，扶持贫困地区发展乡村旅游。“十三五”期间全省建设乡村旅游示范村 310 个，全国乡村旅游重点村 32 个，4A 级标准乡村旅游景区 10 个，培训村干部和乡村旅游从业人员 3.6 万人次，通过发展乡村旅游带动 55.46 万贫困群众实现脱贫。2021 年，投资 1 亿元重点创建乡村旅游示范县 8 个、文旅振兴乡村样板村 60 个、合作社 70 个。联合新华社共同发布中国·甘肃

乡村旅游发展指数，联合携程集团等共建美丽乡村国际学院。甘肃乡村旅游助力脱贫攻坚入选 2021 年世界旅游联盟—旅游助力乡村振兴案例。连续五年乡村旅游接待人数和综合收入均保持 25% 以上的增长速度，乡村旅游已经成为乡村振兴的“生力军”、脱贫攻坚的“突击队”、生态产业的“排头兵”。

中国社会发展数据库（下设12个专题子库）

紧扣人口、政治、外交、法律、教育、医疗卫生、资源环境等12个社会发展领域的前沿和热点，全面整合专业著作、智库报告、学术资讯、调研数据等类型资源，帮助用户追踪中国社会发展动态、研究社会发展战略与政策、了解社会热点问题、分析社会发展趋势。

中国经济发展数据库（下设12专题子库）

内容涵盖宏观经济、产业经济、工业经济、农业经济、财政金融、房地产经济、城市经济、商业贸易等12个重点经济领域，为把握经济运行态势、洞察经济发展规律、研判经济发展趋势、进行经济调控决策提供参考和依据。

中国行业发展数据库（下设17个专题子库）

以中国国民经济行业分类为依据，覆盖金融业、旅游业、交通运输业、能源矿产业、制造业等100多个行业，跟踪分析国民经济相关行业市场运行状况和政策导向，汇集行业发展前沿资讯，为投资、从业及各种经济决策提供理论支撑和实践指导。

中国区域发展数据库（下设4个专题子库）

对中国特定区域内的经济、社会、文化等领域现状与发展情况进行深度分析和预测，涉及省级行政区、城市群、城市、农村等不同维度，研究层级至县及县以下行政区，为学者研究地方经济社会宏观态势、经验模式、发展案例提供支撑，为地方政府决策提供参考。

中国文化传媒数据库（下设18个专题子库）

内容覆盖文化产业、新闻传播、电影娱乐、文学艺术、群众文化、图书情报等18个重点研究领域，聚焦文化传媒领域发展前沿、热点话题、行业实践，服务用户的教学科研、文化投资、企业规划等需要。

世界经济与国际关系数据库（下设6个专题子库）

整合世界经济、国际政治、世界文化与科技、全球性问题、国际组织与国际法、区域研究6大领域研究成果，对世界经济形势、国际形势进行连续性深度分析，对年度热点问题进行专题解读，为研判全球发展趋势提供事实和数据支持。

法律声明